ARWEINIAD AR GYFER GWAITH CWRS

PENNOD 1

Y BROSES ASESU

Nod gwaith cwrs Dylunio a Thechnoleg yw rhoi cyfle i chi ddangos eich gallu i ddefnyddio'ch sgiliau, eich gwybodaeth a'ch dealltwriaeth o'r pwnc. Bydd yr adran hon o'r canllaw adolygu yn rhoi arweiniad a fydd yn eich helpu i ennill marc uwch am eich gwaith cwrs TGAU. Bydd adrannau dilynnol y llyfr hwn yn cynnwys yr agweddau hynny o wybodaeth a dealltwriaeth a ddylai ymddangos drwy gydol eich gwaith cwrs.

Gwnewch yn siŵr eich bod yn gyfarwydd â'r broses ddylunio a welir yn y rhagymadrodd i Adran 3 'Dylunio'. Mae'r broses hon yn cynnig y fframwaith ar gyfer trefnu'ch gwaith cwrs, ac ar gyfer ei asesu.

Bydd y gwaith cwrs yn cael ei asesu gan eich athro/athrawes o fewn eich ysgol eich hun. Yna bydd marciau'r athro/athrawes yn cael eu safoni gan gynrychiolydd y bwrdd arholi. Mae safoni'n broses sy'n sicrhau bod y marcio'n cael ei wneud yn gywir a bod safon y marciau yr un fath ar draws ystod o ysgolion. Mae hyn yn sicrhau bod y broses yn un deg a chyfartal ble bynnag rydych chi'n byw neu'n mynd i'r ysgol.

Mae'n bwysig iawn eich bod chi'n gyfarwydd â'r broses asesu a ddefnyddir ar gyfer eich gwaith cwrs. Bydd eich athro/athrawes wedi derbyn copi ohoni fel rhan o faes llafur yr arholiad, a bydd yn sicrhau bod un ar gael i chi ar ddechrau eich gwaith cwrs TGAU. Bydd eich gwaith cwrs yn cael ei fesur yn ôl y meini prawf hyn ac felly bydd angen i chi eu deall.

Mae'r canlynol yn samplau o asesiadau gwaith cwrs gan nifer o fyrddau arholi. Fe welwch yn syth nad oes llawer o wahaniaeth rhyngddynt. Sylwch hefyd pa mor agos maen nhw'n cadw at fodel y broses ddylunio sydd i'w gweld yn Adran 3 o'r llyfr hwn ac sy'n sail i'ch holl waith.

Yma, caiff y broses asesu ei rhannu'n bedwar cam:
- Briff dylunio, manyleb, ymchwil ac astudiaeth;
- Cynhyrchu a datblygu datrysiadau dylunio;
- Gwneud;
- Gwerthuso.

BRIFF DYLUNIO, MANYLEB, YMCHWIL AC ASTUDIAETH

Mae Ffigur 1.1 yn dangos rhan o grid asesu sy'n ymdrin â dwy agwedd ar asesu: 'Fformiwleiddio'r briff dylunio a'r fanyleb' ac 'Ymchwil – astudiaeth'. Er mwyn gwneud asesiad bydd eich gwaith cwrs yn cael ei gymharu â'r disgrifiadau yn y blychau a chymerir y marciau o'r ystod a welir uwchben y blwch, gan ddibynnu pa mor agos mae eich gwaith yn cyfateb i'r disgrifiad.

Nodyn Asesu 1

Os bu angen llawer o gymorth arnoch chi i ysgrifennu briff dylunio, ac os yw eich manyleb yn gyfyngedig, yna fyddwch chi ddim yn ennill mwy na rhwng 0 a 3 marc allan o gyfanswm o 15 ar gyfer yr adran hon. Ar y llaw arall, os yw eich gwaith yn cyfateb i'r disgrifiad yn y blwch ar yr ochr dde, yna gallwch ennill rhwng 13 a 15 marc.

Nodyn Asesu 2

Er mwyn symud o'r blwch sy'n cynnwys rhwng 11 a 15 o farciau yn 'Ymchwil – astudiaeth' i'r blwch marciau 16-20 rhaid i chi fod wedi enwi ffynhonnell eich gwybodaeth, a threfnu eich ymchwil. Mae hyn yn pwysleisio pwysigrwydd bod yn drefnus. Fel rheol, mae'n gymharol hawdd cyrraedd ystod uwch o farciau drwy astudio'r cynllun marcio a deall beth sydd ei angen.

1

GRID ASESU

O dan bob un o'r penawdau asesu mae'r grid asesu hwn yn disgrifio continwwm perfformiad wedi'i seilio ar yr hyn y disgwylir i ymgeisydd ei gyflawni erbyn diwedd Cyfnod Allweddol 4. Mae'r disgrifwyr a welir ar hyd y llinellau asesu yn helpu athrawon i wneud penderfyniad sy'n adlewyrchu perfformiad yr ymgeisydd ac yn sicrhau bod y gwaith a'r marc a roddir amdano'n cyd-fynd.

FFORMIWLEIDDIO'R BRIFF DYLUNIO A'R FANYLEB				
0 1 2 3	4 5 6	7 8 9	10 11 12	13 14 15
Angen cymorth sylweddol i fformiwleiddio'r briff dylunio. Manyleb gyfyngedig gyda nodweddion allweddol ar goll.	Yn gallu ymateb i awgrymiadau a dechrau fformiwleiddio briff dylunio. Yn gallu paratoi manyleb/rhestr gyfyngedig o feini prawf dylunio sy'n nodi rhai o'r nodweddion.	Yn gallu paratoi briff dylunio, ond efallai bydd angen cyngor o bryd i'w gilydd. Yn gallu fformiwleiddio manyleb resymegol ond gyda rhai agweddau sy'n berthnasol i'r dyluniad ar goll.	Yn gallu nodi angen/dull sylfaenol a pharatoi briff dylunio addas. Yn gallu fformiwleiddio rhestr o feini prawf dylunio/manyleb sy'n cymryd i ystyriaeth ymddangosiad, swyddogaeth, diogelwch a dibynadwyaeth.	Yn annibynnol, yn gallu adnabod problem wreiddiol a chreu briff sy'n rhoi amlinelliad clir o'r amcan dylunio, gyda rhestr gryno o feini prawf dylunio a manyleb i'w gefnogi.

YMCHWIL – ASTUDIAETH				
0 1 2 3 4 5	6 7 8 9 10	11 12 13 14 15	16 17 18 19 20	21 22 23 24 25
Yn gallu casglu dim mwy na gwybodaeth sylfaenol yn unig o ystod gyfyng iawn o ffynonellau. Yn gwneud defnydd cyfyngedig o wybodaeth sy'n bodoli am gynhyrchion cyfarwydd wrth gynllunio a gwneud.	Yn gallu casglu gwybodaeth sylfaenol o ystod o ffynonellau sy'n bodoli drwy ddechrau deall bod gan ddefnyddwyr flaenoriaethau wrth ddewis, a chymryd rhai ohonynt i ystyriaeth wrth ddylunio. Yn defnyddio gwybodaeth sy'n bodoli am gynhyrchion cyfarwydd, defnyddiau a phrosesau wrth gynllunio a gwneud.	Yn gallu casglu ystod ddefnyddiol o wybodaeth a data sy'n berthnasol i'w gweithgareddau dylunio. Ceir rhyfaint o drefnu a choladu deunydd ymchwil er mwyn cefnogi'r broses ddylunio a gwneud.	Yn gallu adnabod ffynonellau priodol o wybodaeth ar gyfer dylunio a gwneud sy'n: • cyfiawnhau anghenion/cyfleoedd • helpu i gynhyrchu syniadau • cyfrannu gwybodaeth i gynorthwyo cynllunio a gwneud • Yn dangos rhywfaint o dystiolaeth o ddidoli/trefnu a dadansoddi gwybodaeth ymchwil.	Yn gallu adnabod sut mae anghenion a blaenoriaethau dewis defnyddwyr i'w gweld mewn cynhyrchion a marchnadoedd sy'n bodoli, a chymhwyso'r wybodaeth hon at eu gwaith eu hunain er mwyn • cyfiawnhau anghenion/cyfleoedd • cefnogi eu penderfyniadau dylunio • cynorthwyo cynllunio a gwneud Yn dangos dirnadaeth wrth gasglu, dewis, trefnu a dadansoddi gwybodaeth ymchwil.

Ffigur 1.1 Maes llafur AQA SEG 2000 – briff dylunio, manyleb ac ymchwil.

RHESTR GYFEIRIO

Er mwyn ennill marciau o fewn bandiau uchaf 'Briff dylunio, manyleb, ymchwil ac astudiaeth' pob bwrdd arholi rhaid i chi gynnwys y canlynol yn eich portffolio:

- adnabyddiaeth o broblem wreiddiol;
- briff sy'n amlinellu eich bwriad dylunio;
- manyleb sy'n cynnwys rhestr o feini prawf dylunio;
- astudiaeth o gynhyrchion sydd eisoes ar gael ac sy'n debyg i'ch dyluniad, a chyfeiriad at sut mae'r rhain yn ateb anghenion defnyddwyr y cynhyrchion hynny;
- cyfeiriad at sut mae cynhyrchion sydd eisoes ar gael wedi dylanwadu ar, cyfiawnhau a chefnogi eich penderfyniadau dylunio eich hun;
- ymchwil sy'n berthnasol i'r project ac wedi'i osod mewn trefn;
- dadansoddiad o'ch ymchwil.

Os nad ydych chi'n defnyddio'r grid asesu a welir yn Ffig 1.1, yna astudiwch eich un chi a lluniwch restr gyfeirio debyg.

TGAU

gu
wn

&Th:

Defny   annol

Colin Chapman

Golygydd   Jayne de Courcy

Cynnwys

607 42

Sut bydd y llyfr hwn yn eich helpu...

Does dim gwahaniaeth os ydych chi'n gweithio tuag at ffug-arholiadau ym Mlwyddyn 11, neu ar fin gwneud eich arholiad TGAU – **bydd y llyfr hwn yn eich helpu i roi o'ch gorau.**

Sut bynnag y byddwch chi'n dewis adolygu, mae'r llyfr hwn yn cynnig popeth sydd ei angen arnoch:

❶ Cefnogaeth ar gyfer adolygu cyflawn
② Adolygu sydyn
③ Ymarfer ar gyfer arholiad

1

Cefnogaeth ar gyfer adolygu cyflawn

Popeth sydd angen i chi ei wybod

Mae'r llyfr hwn yn cynnwys pob maes o fewn Dylunio a Thechnoleg: byddwch wedi gweithio ar Ddefnyddiau Gwrthiannol yn barod yn yr ysgol. Mae'n cynnwys pob pwnc a sgil y gofynnir amdanynt gan bob Bwrdd Arholi.

Adrannau byr, hawdd eu defnyddio

Wrth adolygu, os oes angen mynd dros rywbeth nad ydych chi wedi ei ddeall, fe gewch hyd iddo'n hawdd yn y llyfr hwn. Rydym wedi rhannu pob pennod yn nifer o adrannau byr gyda phenawdau clir. Does dim ond rhaid chwilio'r rhestr gynnwys neu'r mynegai am yr wybodaeth sydd ei hangen arnoch.

Mae llawer o'r ffeithiau'n ymddangos fel pwyntiau bwled byr, eglur, fel eu bod yn hawdd eu cofio.

Mae cymorth gyda'r gwaith cwrs hefyd!

Cewch lawer o wybodaeth am y pethau mae'r arholwr yn chwilio amdanynt er mwyn gallu rhoi marciau uchel i aseiniad gwaith cwrs. Mae cymorth hefyd ynglŷn â sut i drefnu a chyflwyno eich gwaith cwrs.

...Trowch drosodd ar gyfer ADOLYGU SYDYN ac YMARFER AR GYFER ARHOLIAD... →

Adolygu Sydyn

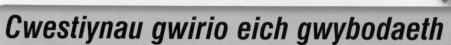

Cwestiynau gwirio eich gwybodaeth

Mae'n anodd gwybod ble i ddechrau wrth adolygu. Dydy eistedd i lawr a mynd drwy dudalennau o ffeithiau ddim yn hawdd. Byddwch chi'n siŵr o gysgu cyn y trydydd tudalen! Mae'r llyfr hwn yn eich cadw chi'n effro – **am ei fod yn gwneud adolygu'n rhywbeth GWEITHREDOL.**

Cawsom y syniad o roi **cwestiynau 'Gwiriwch eich gwybodaeth'** ar ddiwedd pob pennod. **Mae'r cwestiynau'n profi eich dealltwriaeth o ffeithiau a syniadau pwysig** pob pennod. Yn y ffordd yma gallwch weld faint rydych chi'n ei wybod, yn gyflym ac yn hawdd. Does dim rhaid i chi ddarllen drwy'r holl destun yn gyntaf – dim ond rhoi cynnig ar y cwestiynau. Os ydych yn ateb pob cwestiwn yn gywir, gallwch symud ymlaen i'r bennod nesaf. Os atebwch nifer o'r cwestiynau'n anghywir, byddwch chi'n gwybod bod angen darllen drwy'r bennod gyfan yn ofalus. **Mae hyn yn golygu y byddwch chi'n treulio llai o amser yn adolygu – a bydd yn eich helpu i ganolbwyntio ar y pethau y mae angen eu gwella.**

Atebion a Thiwtorialau

Os ydych am i'r cwestiynau 'Gwiriwch eich gwybodaeth' fod yn brawf teg o faint rydych chi'n ei wybod, yna rhaid i chi guddio'r atebion. Ond, os yw'n well gennych chi, gallwch ddarllen drwy'r cwestiwn, yr ateb a'r **'tiwtorial'.** Bydd hyn hefyd yn werthfawr – a does dim rhaid gwneud cymaint o ymdrech!

Rydym wedi cynnwys 'tiwtorialau' yn ogystal ag atebion, er mwyn rhoi mwy fyth o gymorth i chi gyda'ch adolygu. Mae'r tiwtorialau hyn yn cynnwys gwybodaeth ychwanegol, yn tynnu sylw at gamgymeriadau cyffredin a welwyd gan yr awdur yng ngwaith ymgeiswyr, ac yn cynnig awgrymiadau ynglŷn ag ateb cwestiynau tebyg mewn arholiad.

Blychau geiriau allweddol

Mae'r blychau hyn yn ymddangos yn aml ym mhob pennod. **Maen nhw'n ffordd bwysig o weld a ydych chi'n deall y geiriau allweddol sy'n debygol o godi yn eich arholiad.**

Rhestri cyfeirio ar gyfer arholiad

Mae'r rhain yn gymorth adolygu pwysig arall. **Mae'r rhestri cyfeirio'n crynhoi popeth y dylech ei wybod ac y gallwch ei wneud ym mhob maes pwnc.** Defnyddiwch nhw i gadarnhau'r pethau rydych chi'n eu gwybod - ac i weld ble mae angen mwy o waith.

3

Ymarfer ar gyfer Arholiad

Techneg arholiad

Mae'n bwysig gwybod y ffeithiau. Ond **mae'n bwysicach fyth gwybod sut i'w defnyddio i ateb cwestiynau arholiad yn gywir**. Mae'r awdur wedi gweld llawer o bapurau arholiad, ac yn aml iawn mae myfyrwyr yn colli marciau, nid am nad ydynt yn gwybod y ffeithiau, ond oherwydd **nad ydynt wedi deall sut i ateb cwestiynau arholiad**.

Cwestiynau ac atebion myfyrwyr sampl

Yn aml, y ffordd hawsaf o esbonio beth i'w wneud a beth i beidio â'i wneud yw drwy edrych ar **enghreifftiau go iawn o atebion myfyrwyr i gwestiynau arholiad**. Dyna pam rydym wedi cynnwys enghreifftiau o atebion yn y llyfr hwn.

Mae'r rhain yn atebion nodweddiadol, nid yn atebion perffaith. **Drwy gynnwys sylwadau'r arholwr, mae'r awdur yn dangos yn glir beth sydd angen i chi ei wneud er mwyn ennill marciau llawn wrth ateb y cwestiynau.**

Rydym hefyd wedi cynnwys **un papur arholiad cyflawn gydag atebion myfyrwyr** ar ddiwedd y llyfr er mwyn i chi gael syniad o sut mae papur cyflawn yn edrych.

Cwestiynau i'w Hateb

Rydym hefyd wedi cynnwys llawer o gyn-gwestiynau arholiad gan wahanol Fyrddau Arholi, er mwyn i chi roi cynnig arnynt. Mae'r atebion yng nghefn y llyfr fel ei bod hi'n hawdd osgoi twyllo. Rhowch gynnig ar y cwestiynau ac yna cymharwch nhw gyda'r atebion. **Rydym wedi cynnwys sylwadau ar y rhan fwyaf o'r atebion er mwyn eich helpu** – ac os ydych chi'n dal i fod yn ansicr, gallwch fynd yn ôl at yr adran berthnasol yn y llyfr.

Tri awgrym terfynol:

1 Gweithiwch gyda chymaint o gysondeb ag y gallwch drwy gydol eich cwrs TGAU Dylunio a Thechnoleg: Defnyddiau Gwrthiannol. Cynlluniwch eich project gwaith cwrs yn ofalus a gweithiwch yn galed arno. Cofiwch ei fod yn cynrychioli 60% o'ch marc.

2 Cynlluniwch eich adolygu'n ofalus gan ganolbwyntio ar y meysydd sy'n anodd i chi. Bydd y cwestiynau 'Gwiriwch eich gwybodaeth' yn y llyfr hwn yn eich helpu.

3 Gwnewch ymdrech i ateb rhai o'r cwestiynau arholiad fel pe baech chi yn yr arholiad ei hun. Amserwch eich hunan a pheidiwch â thwyllo drwy edrych ar yr atebion nes y byddwch wedi ymdrechu'n galed i ateb y cwestiynau.

Gwybodaeth am eich cwrs TGAU Technoleg: Defnyddiau Gwrthiannol

Meysydd llafur TGAU

Rhaid i holl feysydd llafur y Byrddau Arholi gydymffurfio â gofynion Cwricwlwm Cenedlaethol Dylunio a Thechnoleg. Mae hyn yn golygu eu bod yn debyg i'w gilydd. Ysgrifennwyd y llyfr hwn i gefnogi holl feysydd llafur TGAU Technoleg Defnyddiau Gwrthiannol ac mae'n cynnig cymorth ac arweiniad ar gyfer yr arholiad a'r gwaith cwrs.

Beth sy'n cael ei asesu?

Wrth astudio Dylunio a Thechnoleg TGAU rhaid i chi ddatblygu eich gwybodaeth a'ch dealltwriaeth o ddefnyddiau a chydrannau, technegau dylunio, systemau a rheoli, a'r diwydiant gweithgynhyrchu. Mae'r llyfr hwn yn ymdrin â phob un o'r meysydd hyn.

Wedyn, rhaid i chi gymhwyso'r wybodaeth hon drwy ddefnyddio sgiliau dylunio a gwneud.

Mae dylunio'n golygu cyfuno gwybodaeth a dealltwriaeth â'r sgiliau dylunio a chyfathrebu sydd eu hangen er mwyn dylunio cynhyrchion ar gyfer pwrpas penodol.

Mae gwneud yn golygu gwybod am, a deall, offer, defnyddiau, technegau a phrosesau er mwyn gwneud cynhyrchion ar gyfer pwrpas penodol.

Yn Dylunio a Thechnoleg TGAU, cewch eich asesu ar eich gallu i ddylunio a'ch gallu i wneud, yn eich gwaith cwrs a'ch arholiad ysgrifenedig. Caiff y marciau eu dosbarthu fel hyn:

> *Dylunio – 40% o'r cyfanswm marciau*
> *Gwneud – 60% o'r cyfanswm marciau*

Gwaith cwrs a'r arholiad ysgrifenedig

Bydd eich gradd TGAU derfynol yn dod o'r marciau am eich gwaith cwrs ac am eich arholiad. Bydd eich gwaith cwrs yn cyfrif am 60% o'ch gradd TGAU derfynol, a'ch arholiad, 40%.

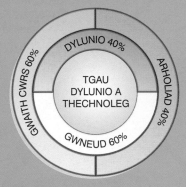

Er mwyn cael gradd dda mewn Dylunio a Thechnoleg dylech gynllunio'ch gwaith cwrs yn dda, ei orffen ar amser a chyrraedd safon uchel. Mae Adran 1 o'r llyfr hwn yn rhoi llawer o arweiniad ynglŷn â sut mae gwaith cwrs yn cael ei asesu, a sut i ennill marciau uchel.

Papurau haenau Sylfaen ac uwch

Does dim haenau o fewn eich gwaith cwrs ond yn eich arholiad byddwch yn sefyll naill ai'r haen Sylfaenol neu'r haen Uwch. Mae'r haen Sylfaenol yn eich galluogi i ennill graddau o G i C. Mae'r haen Uwch yn eich galluogi i ennill graddau rhwng D ac A*.

Haen Uwch						
A*	A	B	C	D	E	F	G
			Haen Sylfaen				

Does dim gwahaniaeth yng nghynnwys maes llafur y ddwy haen. Bydd eich athro/athrawes wedi marcio'ch gwaith cwrs cyn gorffen eich cofrestru ar gyfer yr arholiad. Mae hyn yn golygu y bydd gan eich ysgol syniad da ynglŷn â pha haen sydd orau i chi yn eich arholiad.

CYNHYRCHU A DATBLYGU DATRYSIADAU DYLUNIO

Mae'r enghreifftiau yn y grid asesu a welir yma yn dod o fwrdd arholi arall; maen nhw wedi'u gosod allan mewn ffordd wahanol ond mae'r hyn maen nhw'n ei ddweud a'r ffordd y caiff y marciau eu rhannu yn debyg iawn.

DYLUNIO A THECHNOLEG
ASESU GWAITH CWRS

Cynhyrchu Datrysiadau Dylunio

Lefel Ymateb	Ystod marciau
Un neu fwy o ddatrysiadau wedi'u cynnig. **Ychydig neu ddim** gwerthuso. Mae'r gwaith a gyflwynwyd yn dangos technegau cyfathrebu o **safon isel**.	0–3
Nifer o ddatrysiadau wedi'u cynnig. Gwerthuso **arwynebol. Dim cefndir** i'r cynnig dylunio a ddewiswyd. Bydd y cyfathrebu o **safon gymharol dda**, ac yn defnyddio nifer **cyfyngedig** o dechnegau.	4–6
Ystod o ddatrysiadau **priodol** wedi'u cynnig. Cynnig dylunio wedi'i ddewis, **yn cael ei gefnogi gan werthusiad clir**. Bydd y cyfathrebu o **safon dda**, ac wedi'i gyflwyno'n dda gan ddefnyddio ystod o dechnegau **priodol**.	7–10
Ystod eang o ddatrysiadau **priodol** wedi'u cynnig. Cynnig dylunio wedi'i ddewis o ganlyniad i **werthusiad manwl ac ystyriaeth** o'r **angen** a'r **addasrwydd at y pwrpas**. Bydd y cyfathrebu o **safon uchel**, wedi'i gyflwyno'n dda ac yn defnyddio **ystod eang** o dechnegau **priodol**.	11–14
CYFANSWM	14

Datblygu'r cynnyrch

Lefel Ymateb	Ystod marciau
Adnabyddiaeth o **rai defnyddiau a dulliau cynhyrchu**. Wedi **gwneud ymgais** i fodelu rhan o'r datrysiad terfynol. **Dim ond ychydig o fanylion** wedi'u cynnig ar gyfer y datrysiad terfynol. Y gwaith a gyflwynwyd yn dangos technegau cyfathrebu o **safon isel**.	0–3
O ganlyniad i'r **astudio, rhai penderfyniadau** wedi'u gwneud ynglŷn â **defnyddiau, dulliau cynhyrchu** ac eitemau wedi'u gweithgynhyrchu. Wedi **modelu i wirio** bod y cynnyrch yn cwrdd â'r briff dylunio. **Rhai** manylion **pwysig** wedi'u cynnwys mewn perthynas â'r datrysiadau terfynol a sut y byddai modd gwneud mwy nag un o'r cynnyrch. Bydd y cyfathrebu o **safon gymharol dda**, ac yn defnyddio nifer cyfyngedig o dechnegau.	4–6
Rhywfaint o brofi a threialu, gan arwain at **benderfyniadau** ynglŷn â **defnyddiau, dulliau cynhyrchu** ac eitemau wedi'u gweithgynhyrchu. Wedi gwneud defnydd o **fodelu a phrofi i sicrhau** bod y cynnyrch yn cwrdd â'r briff dylunio. Wedi cynnwys y **mwyafrif o'r manylion** ynglŷn â'r datrysiad terfynol a'r system weithgynhyrchu berthnasol. Bydd y cyfathrebu o **safon dda**, wedi'i gyflwyno'n dda, ac yn defnyddio **ystod** o dechnegau **priodol**.	7–10
Profi a threialu priodol gan arwain at **benderfyniadau sy'n dangos ôl rhesymu** ynglŷn â **defnyddiau, dulliau cynhyrchu** ac **eitemau wedi'u gweithgynhyrchu**. Wedi defnyddio dulliau **modelu a phrofi** er mwyn **adnabod** unrhyw **addasiadau angenrheidiol** ac i **sicrhau** bod y cynnyrch yn cwrdd â'r briff dylunio. Yn cynnwys **manylion llawn** am y datrysiad terfynol a'r rheolaeth effeithiol sydd ei angen dros y system er mwyn cynhyrchu nifer o'r cynnyrch. Bydd y cyfathrebu o **safon uchel**, wedi'i gyflwyno'n dda ac yn defnyddio **ystod eang** o dechnegau **priodol**.	11–14
CYFANSWM	14

Ffigur 1.2 Maes llafur OCR – cynhyrchu datrysiad dylunio a datblygu'r cynnyrch.

3

Nodyn Asesu 3

Edrychwch yn ofalus ar y camau yn y marciau ar gyfer 'Cynhyrchu datrysiadau dylunio' a sylwch ar y dilyniant. Er enghraifft, mae'r llinyn sy'n cyfeirio at 'datrysiadau a gynigir' wedi'i raddio o 'un datrysiad' i 'nifer o ddatrysiadau' i 'datrysiadau priodol' ac yn olaf i 'ystod eang o ddatrysiadau priodol'. I ennill marciau uchel, rhaid bod gennych ddatrysiadau dylunio sy'n:

- eang eu cwmpas – nid amrywiadau ar yr un syniad;
- briodol – yn berthnasol i'ch manyleb dylunio.

Nodyn Asesu 4

O fewn yr asesiad 'Datblygu cynnyrch' mae pedwar llinyn amlwg:

1 Deunyddiau a gweithgynhyrchu

2 Modelu a phrofi

3 Manylion a datrysiad terfynol

4 Ansawdd cyfathrebu

Fe welwch fod hyn yn nodweddiadol o'r holl gridiau asesu. Rhaid i chi sicrhau eich bod yn cyrraedd safon gyson ym mhob un o'r llinynnau hyn. Er enghraifft, ni allwch ennill marciau o'r ystod uchaf 11-14 os yw safon eich cyfathrebu mor isel fel nad yw'n haeddu mwy na 4-6 o farciau.

RHESTR GYFEIRIO

Er mwyn ennill marciau o fewn haenau uchaf 'Cynhyrchu a datblygu datrysiadau dylunio' pob bwrdd arholi rhaid cynnwys yn eich portffolio:

- ystod eang o ddatrysiadau dylunio priodol;
- gwerthusiad o'ch datrysiadau dylunio sy'n cyfeirio at yr angen am y cynnyrch ac at ei bwrpas bwriadedig;
- canlyniadau profi a threialu defnyddiau a phrosesau gweithgynhyrchu;
- modelau (nid 3-ddimensiwn o anghenraid) a ddefnyddiwyd gennych er mwyn profi ac addasu eich dyluniad;
- safon dda o gyfathrebu sy'n dangos eich gallu i ddefnyddio ystod eang o dechnegau cyfathrebu megis brasluniau, lluniadau cyflwyno, prosesu geiriau, lluniadu drwy gymorth cyfrifiadur, ac ati.

Os nad ydych yn defnyddio'r grid asesu a welir yn Ffig. 1.2 yna astudiwch eich un chi a lluniwch restr gyfeirio debyg.

GWNEUD

Mae'r enghraifft o grid asesu a welir yma yn Ffig. 1.3 yn dod o fwrdd arholi sy'n defnyddio system o raddio yn hytrach na system marcio. Fe welwch fod y disgrifiad o allu'r myfyriwr i 'wneud' wedi'i strwythuro yn ôl graddau TGAU G i A.

Nodyn Asesu 5

Mae'n bwysig cofio bod 'gwneud' yn cynrychioli 60% o'ch marciau TGAU. Mae hon yn agwedd bwysig iawn o'ch dylunio a thechnoleg. Rhaid i chi gynllunio'ch gwneud yn ofalus, cyflawni eich gwaith i'r safon uchaf posibl, a chadw at y targedau amser a osodir. Byddwn yn dychwelyd at drefnu a rheoli'ch amser yn ddiweddarach yn yr adran hon. Cofiwch hefyd fod 'gwneud' yn cael ei asesu drwy'r wybodaeth a'r dealltwriaeth sydd gennych am 'brosesau gwneud' a brofir yn eich arholiad.

Meini Prawf Asesu
Bydd ymgeiswyr wedi

Gradd	Gwneud
G	1 defnyddio offer yn ddiogel dan oruchwyliaeth fanwl; 2 cynhyrchu canlyniad heb ôl ymdrech neu sy'n anghyflawn.
F	1 dangos bron ddim cynllunio ymlaen llaw; 2 defnyddio offer yn gywir ac yn ddiogel; 3 creu canlyniad sy'n gymharol gyflawn ond heb ôl ymdrech; 4 dangos cywirdeb a gorffeniad mewn rhannau o'r cynnyrch.
E	1 dangos rhywfaint o gynllunio ymlaen llaw; 2 cywiro camgymeriadau gweithio lle bo angen; 3 defnyddio offer a phrosesau'n gywir ac yn ddiogel; 4 cynhyrchu canlyniad clir; 5 dangos cywirdeb a gorffeniad yn y cynnyrch.
D	1 cynllunio dilyniant o weithgareddau gwneud; 2 cywiro camgymeriadau gweithio mewn dull priodol; 3 defnyddio offer a phrosesau priodol yn gywir ac yn ddiogel; 4 cynhyrchu canlyniad sy'n gymharol gyflawn ac effeithiol; 5 dangos lefel gymharol dda o gywirdeb a gorffeniad yn y cynnyrch.

Meini Prawf Asesu
Bydd ymgeiswyr wedi

Gradd	Gwneud
C	1 cynllunio dilyniant cywir o weithgareddau gwneud; 2 adnabod yr angen am a chyfiawnhau unrhyw newidiadau neu addasiadau; 3 defnyddio offer a phrosesau priodol yn gywir ac yn ddiogel; 4 cynhyrchu canlyniad sy'n gyflawn, yn effeithiol ac wedi'i gydosod yn dda; 5 dangos lefel cywirdeb a gorffeniad yn y cynnyrch sy'n cwrdd â'r mwyafrif o ofynion y datrysiad dylunio.
B	1 cynllunio dilyniant cywir o weithgareddau gwneud; 2 cofnodi a chyfiawnhau'r angen am unrhyw newidiadau neu addasiadau; 3 defnyddio offer a phrosesau priodol yn fedrus, yn gywir ac yn ddiogel; 4 cynhyrchu canlyniad sy'n gyflawn, yn effeithiol ac wedi'i gynhyrchu'n fedrus; 5 dangos lefel cywirdeb a gorffeniad yn y cynnyrch sy'n cwrdd â gofynion y datrysiad dylunio.
A	1 cynhyrchu dilyniant cywir o weithgareddau sy'n dangos ble, pam a sut y cafodd penderfyniadau ymarferol ynglŷn â'r cynhyrchu eu gwneud; 2 cofnodi a chyfiawnhau'r angen am unrhyw newidiadau neu addasiadau; 3 defnyddio offer a phrosesau priodol yn gywir, yn fedrus ac yn ddiogel bob tro; 4 cynhyrchu cynnyrch cyflawn o ansawdd uchel; 5 dangos y gallu i gwrdd â holl ofynion y datrysiad dylunio yn gywir ac yn gyflawn.

Ffigur 1.3 *AQA, maes llafur NEAB – gwneud.*

Nodyn Asesu 6

Os dilynwch y llinyn 'canlyniad' o fewn y grid asesu mae'n hawdd gweld na fedrwch ennill mwy na gradd D os yw canlyniad eich cynnyrch yn anghyflawn. Edrychwch ar yr adran sy'n ymwneud â 'dewis project' ym Mhennod 2.

Nodyn Asesu 7

Cymharwch y gwahaniaeth rhwng gradd D a gradd A yn ofalus. Fe welwch nifer o eiriau allweddol sy'n gwneud gwahaniaeth mawr:

- dilyniant **cywir** o weithgareddau;
- newidiadau **wedi'u cofnodi** a'u **cyfiawnhau**;
- **yn gyson** gywir;
- cynnyrch **cyflawn**;
- yn dangos **gallu**.

RHESTR GYFEIRIO

Er mwyn ennill marciau o fewn bandiau uchaf 'Gwneud' pob bwrdd arholi rhaid i chi:

- gynllunio drwy gynhyrchu trefn gywir o weithgareddau sy'n dangos ble, pam a sut y cafodd penderfyniadau ymarferol ynglŷn â chynhyrchu eu gwneud;

- gofnodi a chyfiawnhau yr angen am unrhyw newidiadau neu addasiadau;

- ddefnyddio offer a phrosesau priodol yn gywir, yn fedrus ac yn ddiogel bob tro;

- greu cynnyrch cyflawn o ansawdd uchel;

- ddangos y gallu i gwrdd â holl ofynion y datrysiad dylunio yn gywir ac yn gyflawn.

Os nad ydych yn defnyddio'r grid asesu a welir yn Ffig. 1.3, yna astudiwch eich un chi a lluniwch restr gyfeirio debyg.

GWERTHUSIAD

Mae'r enghraifft olaf hon yn dangos grid asesu gan fwrdd arholi arall. Mae'r pedwar grid asesu yn y bennod hon yn cwmpasu pob un o'r prif fyrddau arholi.

GWERTHUSIAD	
Dylai myfyrwyr ddangos tystiolaeth o adolygu, profi a gwerthso parhaol yn ôl meini prawf yr angen neu'r cyfle gwreiddiol, ac o'r penderfyniadau a wnaed o ganlyniad i hynny.	
Marc	**TASG DDYLUNIO A GWNEUD**
Isel 0–3	• Gwerthuso dewisiadau gwahanol o fewn cynllun dewisol, heb gyfiawnhau'r datrysiad a ddewiswyd. • Cymharu'r cynnyrch terfynol gyda'r syniad gwreiddiol. • Cynnig profion ar gyfer y cynnyrch terfynol. • Gwneud cysylltiad arwynebol rhwng yr hyn mae'r cynnyrch terfynol yn ei wneud a'r modd mae'n ei wneud.
Canolig 4–7	• Gwerthuso dulliau gwahanol a chyfiawnhau'r datrysiad a ddewiswyd. • Dangos tystiolaeth o ymchwil a modelu, gan gynnwys dull gweithio systematig. • Cymharu'r cynnyrch terfynol â'r fanyleb ddylunio ond gan wneud dim ond ychydig sylw ar wahaniaethau neu eu harwyddocâd. • Profi'r cynnych terfynol a chymharu'r canlyniadau â'r angen a welwyd yn wreiddiol. Gwneud gwerthusiad rhesymol o'r gwaith yn ystod y broses weithgynhyrchu.
8–10	• Cynnig dadl fanwl o blaid ac yn erbyn ystod o ddewisiadau gwahanol. • Cefnogi'r datrysiad a ddewiswyd drwy ymchwil, synthesis a modelu pellach. • Mabwysiadu dull o weithio sy'n systematig ac yn ddadansoddol drwy'r amser. • Gwneud asesiad beirniadol o'r datrysiad a ddewiswyd yn ei gyfanrwydd, gan gynnwys tystiolaeth o werthusiad y farchnad lle mae hynny'n briodol. • Cymharu'r cynnyrch terfynol â'r fanyleb ddylunio, gan gyfrif am wahaniaethau ac asesu eu pwysigrwydd. • Awgrymu datblygiadau pellach. • Profi'r cynnyrch terfynol mewn perthynas â'r briff a'r fanyleb ddylunio wreiddiol. • Gwneud gwerthusiad manwl o'r gwaith dros gyfnod y cynhyrchu gan ddangos y cryfderau a'r gwendidau'n glir.

Ffigur 1.4 EDEXCEL, maes llafur Llundain – gwerthuso.

Nodyn Asesu 8

Rhaid ichi asesu eich gwaith yn barhaol. Rhaid gwerthuso'ch syniadau, eich gwneud a'ch cynnyrch terfynol. Gwnewch yn siŵr fod hwn yn cael ei gofnodi fel llinyn drwy eich portffolio dylunio.

Nodyn Asesu 9

Dylai eich asesiad o'ch gwaith cwrs fod yn wrthrychol yn hytrach na goddrychol. Cyfeiriwch at Adran 3 Pennod 11. Gwerthuswch eich canlyniad cynnyrch yn ôl eich manyleb ddylunio gan y dylai hyn ddangos bwriad y gweithgaredd 'dylunio a gwneud'. Efallai y bydd angen i chi edrych eto ar eich manyleb; peidiwch â newid y gwreiddiol ond yn hytrach, cymerwch y cyfle i gyfiawnhau newidiadau a llunio rhestr ddiwygiedig o feini prawf ar gyfer eich gwerthusiad.

RHESTR GYFEIRIO

Er mwyn ennill marciau o fewn bandiau uchaf 'Gwerthuso' pob bwrdd arholi rhaid cynnwys y canlynol yn eich portffolio:

- dull o weithio sy'n systematig a dadansoddol wrth werthuso;
- gwerthusiad o ddatrysiadau dylunio gwahanol a thystiolaeth i gefnogi'r datrysiad a ddewiswyd drwy ymchwil a modelu;
- cymariaethau rhwng y canlyniad cynnyrch a'r fanyleb ddylunio;
- cofnod o'r profion a wnaed, gydag awgrymiadau ar gyfer datblygiad a gwelliannau pellach;
- gwerthusiad o'ch gwaith wrth weithgynhyrchu'r canlyniad cynnyrch.

Nodyn

Sylwch y bydd pob un o'r pwyntiau uchod yn dod ar ddiwedd eich gwaith cwrs; dylech werthuso'n barhaol.

Os nad ydych yn defnyddio'r grid asesu a welir yn Ffigur 1.4 yna astudiwch eich un chi a lluniwch restr gyfeirio debyg.

ASESU GWAITH CWRS PWYNTIAU ALLWEDDOL

- Mae asesu gwaith cwrs yn ymarfer cadarnhaol. Bydd eich athro/athrawes yn awyddus i roi pob marc posibl i chi ond dim ond am y gwaith sydd yno y gellir rhoi marciau.
- Gallwch helpu'ch athro/athrawes i roi marciau i chi drwy asesu'ch gwaith eich hunan yn gyntaf a llenwi'r bylchau.
- Defnyddiwch y grid asesu i'ch arwain wrth weithio, peidiwch â threulio llawer o amser ar bethau dibwys.
- Trefnwch eich portffolio i gyd-fynd â'r grid asesu.
- Mae cyflwyniad yn bwysig. Mae gwaith a gyflwynwyd yn dda yn dangos safon y gwaith yn well na gwaith blêr.
- Bydd eich gwaith yn cael ei farnu yn ôl ei ansawdd, nid yn ôl ei faint.

TREFNU'CH GWAITH

Mae gwaith cwrs yn brawf nid yn unig o'ch gallu i drefnu'ch gwaith ac i orffen tasg ond hefyd o'ch gallu ym maes dylunio a thechnoleg. Mae mwy o fyfyrwyr yn colli marciau drwy orfod rhuthro neu fethu gorffen na thrwy unrhyw wendid arall. Edrychwch yn ôl ar asesiad 'Gwneud' Pennod 1. Ni allwch gael mwy na gradd D am broject anorffenedig.

DEWIS PROJECT

Byddwch yn glir ynglŷn â phwrpas cwrs TGAU; mae TGAU mewn Dylunio a Thechnoleg yn gymhwyster a fydd yn hybu eich gobeithion o addysg uwch neu'n eich cynorthwyo gyda'ch gyrfa ddewisedig. Peidiwch â meddwl amdano fel cyfle i wneud rhywbeth ar gyfer eich cartref, fel rhan o'ch hobi neu rywbeth yr hoffech chi roi cynnig ar ei wneud. Rhaid i chi wneud darn o waith sydd o ddiddordeb i chi ac sy'n eich ysgogi i wneud yn dda, ond ystyriwch yn ofalus - mae'n bwysig bod eich dewis yn rhoi cyfle i chi ddangos eich gallu a hefyd i lwyddo.

Dyma rai pwyntiau y dylech eu hystyried. Dewiswch broject sydd:

- ychydig y tu hwnt i'ch gallu presennol fel y byddwch yn cael eich ymestyn yn ystod eich cwrs ac yn dysgu mwy;
- o ddiddordeb i chi – os collwch ddiddordeb, yna ni fyddwch yn cael eich ysgogi i orffen eich gwaith i safon uchel;
- yn cynnig nifer o ddatrysiadau dylunio fel y gallwch edrych ar ystod o opsiynau ac ymchwilio'n eang;
- yn rhoi cyfle i chi ddangos eich gallu i weithio gyda mwy nag un defnydd a defnyddio mwy nag un agwedd ar TGCh, lle mae hynny'n berthnasol;
- yn gymharol fach; mae projectau mawr yn aml yn creu problemau mawr, ac mae'n golygu mwy o waith glanhau a thacluso;
- yn bosibl i'w gwblhau cyn y dyddiad gorffen fel bod cyfle i chi wneud gwerthusiad cyflawn a dychwelyd at unrhyw wendidau yn eich gwaith.

Mae Ffigur 2.1 yn dangos ystod o gynhyrchion wedi'u seilio ar oleuadau yn y cartref. Dyma enghraifft dda o'r cyfleoedd sy'n bodoli o fewn maes fel goleuo. Gellir defnyddio nifer fawr o bosibiliadau o ran defnyddiau a datrysiadau dylunio, ac mae pob un o'r cynhyrchion o faint sy'n hawdd ei drin, a gellir eu gorffen i safon uchel. Y prif ddefnyddiau yn yr enghreifftiau hyn yw acrylig, ar ffurf llen a rhoden, ac alwminiwm.

Mae topigau eraill fel clociau a theganau plant yn cynnig cyfleoedd tebyg ar gyfer dewis project synhwyrol a realistig.

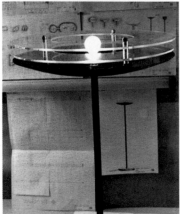

Ffigur 2.1

TREFNU'CH AMSER

Nid yw'r byrddau arholi'n dweud wrth ysgolion pryd y dylai myfyrwyr ddechrau ar eu projectau ond maen nhw'n dweud erbyn pa ddyddiad y dylid marcio'r project a sicrhau ei fod yn barod ar gyfer y safoni. Bydd eich athro/athrawes yn dweud wrthych pryd y bydd eich gwaith cwrs yn dechrau, ac efallai yn rhoi thema, topig neu briff dylunio i chi i weithio arno. Cewch wybod hefyd erbyn pa ddyddiad y dylai eich gwaith fod wedi'i orffen ac yn barod i'w farcio. Rhaid i chi sicrhau eich bod yn trefnu'ch amser yn ofalus rhwng dechrau a diwedd y project. Mae'n syniad da llunio graff trefnu project tebyg i'r un a welir yn Ffig. 2.2.

Dilynwch y camau hyn:

1 Llenwch y llinell amser ar yr echelin lorweddol gyda dyddiadau o'r dechrau i'r dyddiad gorffen. Gwnewch yn siŵr eich bod yn cynnwys y gwyliau. Rhaid i chi benderfynu os ydych am gael amser rhydd neu weithio'n galed yn ystod eich gwyliau; argymhellir ychydig o'r ddau.

2 Marciwch gamau eich project ar echelin fertigol. Mae'n syniad da rhannu'r gweithgynhyrchu'n gamau gweithgynhyrchu realistig. Bydd hyn yn eich helpu i gadw golwg ar ddatblygiad eich gweithgynhyrchu.

3 Mae defnyddio'r graff yn hawdd, y peth pwysig yw cadw'ch hun o fewn yr adran 'datblygiad da'. Unwaith y byddwch wedi llithro i'r 'ardal beryglus' rhaid i'ch graff fynd yn fwy serth er mwyn cyrraedd y dyddiad gorffen. Mae'n anodd dringo'n ôl, felly cadwch ar ochr gywir y llinell darged.

Mae'r graff yn dangos datblygiad dau broject. Edrychwch pa mor bell mae'r ddau wedi mynd oddi wrth ei gilydd. Nawr bydd rhaid i Enghraifft 2 ddringo'n galed i gyrraedd yr amser gorffen, ac ni fydd llawer o amser ar gael ar gyfer gwneud gwelliannau.

Ffordd arall o drefnu amser yw drwy ddefnyddio siart Gant. Defnyddir y rhain yn aml mewn diwydiant i gynllunio gweithgareddau a allai ddigwydd yr un pryd (yn gyfamserol). Gan ddefnyddio siart Gant gallwch gynllunio gweithgareddau gyda amserau cychwyn a gorffen sy'n gorgyffwrdd â'i gilydd. Mae'r enghraifft a welir yn Ffig 2.3 yn dod o blygell project TGAU. Dim ond y camau ar gyfer gweithgynhyrchu'r cynnyrch a geir yma, ond byddai wedi bod yn bosibl ei ymestyn i gynnwys yr holl broject.

Ffigur 2.2 *Graff trefnu project.*

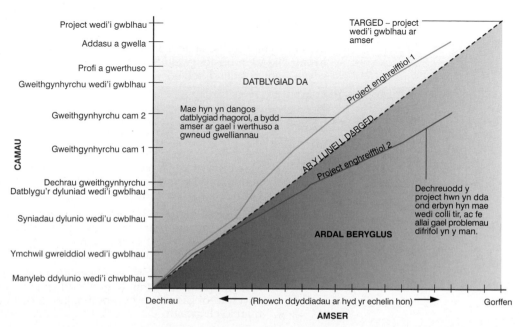

Siart Gant ar gyfer cynhyrchu fy nghynnyrch

TASG	ORIAU																																								
---	1	2	3	4	5	6	7	8	9	10	11	12	13	14	15	16	17	18	19	20	21	22	23	24	25	26	27	28	29	30	31	32	33	34	35	36	37	38	39	40	41
Torri'r tiwb yn 6 darn o'r un hyd	█	█																																							
Torri'r cydrannau acrylig			█	█	█	█	█																																		
Plygu pob cydran acrylig sydd ei angen								█	█	█	█																														
Melino holltau'n llorweddol i lawr y tiwbiau												█	█	█																											
Cysylltu'r goleddau y tu mewn i'r tiwbiau															█	█	█																								
Cysylltu'r tiwbiau â'r sylfaen																		█	█	█																					
Drilio a thorri'r holltau i mewn i'r casyn																					█	█	█																		
Torri pob rhoden alwminiwm i'r hyd cywir																								█	█																
Torri'r colfachau i'r hyd cywir																										█															
Cysylltu'r colynnau â'r sylfaen a'r echelau edau																											█	█													
Cysylltu'r colfachau â'r sylfaen a'r lifer																													█	█											
Cysylltu'r colfach â'r cafn llithro a'r sylfaen																															█	█									
Torri a phlygu'r dur meddal i'w siâp																																	█	█	█						
Weldio'r pedal i'r dur meddal																																				█					
Cysylltu'r gliced ryddhau â'r casyn																																					█	█			
Dylunio a chynhyrchu sticeri																																							█		
Cyffyrddiadau olaf (llathru a llyfnu)																																								█	█

Ffigur 2.3 *Siart Gant.*

ADNODDAU AR GYFER EICH GWAITH PROJECT

Bydd cynllunio'ch amser yn ofalus yn ofer os byddwch yn profi oedi hir. Cynlluniwch ymlaen llaw os ydych yn defnyddio defnyddiau neu gydrannau sy'n gorfod cael eu harchebu a'u cludo. Archebwch yn gynnar, hyd yn oed os yw'r cwmni'n gwarantu y bydd eich archeb yn cyrraedd y diwrnod canlynol, a cheisiwch osgoi cyfnod y Nadolig rhag ofn y bydd y post yn araf.

TREFNU'CH PORTFFOLIO

Yn aml, bydd ymgeiswyr arholiad yn gwneud cam â'u hunain mewn ffyrdd syml. Rhaid cofio bod athro/athrawes a hefyd safonwr o'r bwrdd arholi'n mynd i asesu'ch gwaith. Os yw'n anodd iddyn nhw ddod o hyd i waith sy'n haeddu marciau, yna mae posibilrwydd na welant y gwaith ac na chewch y marciau hynny. Nid yw'n bosibl gweld beth sydd yn eich meddwl na gwybod pa waith yr ydych wedi ei wneud heb edrych ar y gwaith a gyflwynir ar gyfer ei asesu.

RHESTR GYFEIRIO PORTFFOLIO

- Mae cyflwyniad yn bwysig. Cadwch eich gwaith yn lân ac yn daclus, a gadewch ddigon o amser i ailweithio dalennau sydd wedi mynd yn flêr neu wedi'u difrodi.
- Mae papur plaen yn edrych yn well gyda border da, ond peidiwch â threulio cymaint o amser yn gwella ymddangosiad y dalennau fel nad ydych yn talu sylw i'r cynnwys. Mae borderi prydferth yn dda wrth gyflwyno, ond nid ydynt yn ennill marciau ar eu pen eu hunain.
- Trefnwch eich portffolio yn ôl cynllun marcio'r bwrdd arholi. Bydd hyn yn cynnig strwythur i chi a fydd yn eich helpu i sicrhau nad ydych wedi gadael unrhyw beth allan, a bydd yn helpu'r person sy'n marcio'ch gwaith.

- Rhifwch y tudalennau gyda phensil i ddechrau. Efallai y bydd angen i chi ychwanegu tudalennau wrth adolygu cynnydd eich gwaith; mae tudalennau wedi'u rhifo yn 5a, 5b ac ati yn awgrymu diffyg cynllunio. Pan fyddwch yn siŵr eich bod wedi gorffen, gallwch wneud y rhifau'n rhai parhaol.

- Peidiwch â chael eich temtio i gynnwys llawer o daflenni gwybodaeth y gwneuthurwr er mwyn gwneud i'r gwaith edrych yn fwy. Dylech roi trefn ar eich ymchwil a chynnwys dim ond yr hyn sy'n berthnasol, gyda nodiadau a sylwadau priodol.

- Rhoddir marciau am ddefnyddio TGCh, megis prosesu geiriau, lluniadau cynllunio drwy gymorth cyfrifiadur (CAD) a thaenlenni. Gwnewch yn siŵr eich bod yn defnyddio'r rhain lle bo hynny'n briodol. Gwnewch yn siŵr, hefyd, eich bod yn cynnwys mathau eraill o gyfathrebu. Rhoddir marciau yn aml am ddangos ystod o dechnegau.

- Dylai eich enw ac enw eich ysgol fod ar flaen eich gwaith, a dylech ddweud yn glir pa arholiad rydych yn ei sefyll.

- Storiwch eich gwaith yn fflat a phan fyddwch wedi ei orffen, clipiwch neu rhwymwch y dalennau gyda'i gilydd gan gynnwys clawr neu gefn caled, neu fel arall defnyddiwch ffolder. Bydd gan eich athro/athrawes lawer o bortffolios i ofalu amdanynt a'u storio, ac mae'n hawdd i ddalennau unigol ddisgyn allan a chael eu difrodi neu efallai fynd ar goll.

MONITRO CYNNYDD A HUNANASESU

Monitrwch eich cynnydd a gwiriwch eich gwaith yn gyson. Bydd hyn yn eich helpu i sicrhau bod y gwaith o safon uchel. Os na wnewch hyn yn ddigon buan, yna yn aml bydd yn anodd cadw pethau dan reolaeth. Ffordd o reoli ansawdd yw hunanasesu. Gydag unrhyw fath o reoli ansawdd rhaid i chi fod yn ymwybodol o'r safon rydych yn anelu ati. Mae'r cynllun marcio'n dangos beth sy'n rhaid ei wneud, ond yn aml mae hwn yn rhy gymhleth i'w ddefnyddio drwy'r amser.

MONITRO GWAITH CWRS A'R DDALEN HUNANASESU

Bydd y ddalen a welir yn Ffig. 2.4 yn eich helpu i fonitro eich cynnydd ac i asesu eich gwaith eich hun. Efallai y bydd angen addasu'r amcanion asesu at eich maes llafur arholiad chi, ond ni fydd y newidiadau hynny'n rhai mawr.

Monitro cynnydd

Nodwch y dyddiad erbyn pryd y dylid cwblhau'r gwaith a ddisgrifiwyd ac yna yn y golofn 'wedi'i gwblhau' rhowch y dyddiad pan orffennir y gwaith. Mae'r golofn nesaf yn bwysig. Os yw'r gwaith yn gyflawn, ble mae dod o hyd iddo? Yma ychwanegwch rif y tudalen priodol yn eich portffolio neu leoliad eich gwaith ymarferol.

Dylunio a Thechnoleg TGAU
Monitro gwaith cwrs a hunanasesu

Amcanion Asesu	dyddiad cyflwyno'r gwaith	dyddiad cwblhau'r gwaith	lleoliad/rhif tudalen	Hunanasesu				Gweithredu		
				gwan	boddhaol	da	rhagorol	dim	ailweithio	dyddiad gorffen diwygiedig
Ymchwil, dadansoddi a manyleb ddylunio										
Ystod o syniadau cychwynnol										
Defnydd bwriadedig o'r cynnyrch dan sylw ⟶										
Ymchwil a dadansoddi ⟶										
Manyleb ddylunio ⟶										
Syniadau cychwynnol ⟶										
Datblygu'r dyluniad										
Modelu, profi a dethol										
Datblygu'r dyluniad ⟶										
Modelu a phrofi ⟶										
Defnyddiau a gweithgynhyrchu ⟶										
Lluniad gweithio ⟶										
Cynllunio										
Gweithgynhyrchu'r cynnyrch										
Cynllunio ar gyfer gweithgynhyrchu ⟶										
Gwybodaeth am ddefnyddiau ⟶										
Gwybodaeth am offer a chyfarpar ⟶										
Prosesau gweithgynhyrchu ac arferion gweithio diogel ⟶										
Canlyniad cynnyrch safonol ⟶										
Profi a gwerthuso terfynol										
Profi ⟶										
Gwerthuso ⟶										
Casgliadau a chynigion ⟶										
Technoleg Gwybodaeth a Chyfathrebu										
Cyflwyniad										
Defnydd o TGCh ⟶										
Cyflwyno'r portffolio ⟶										

Ffigur 2.4

Hunanasesu

Rhowch dic yn y golofn sydd, yn eich barn chi, yn berthnasol i'ch gwaith. Mae hunanasesu'n rhan bwysig o'ch datblygiad personol. Wrth feirniadu'ch gwaith rhaid i chi holi'ch hunan ac ateb yn onest.

- A fedrwn i wneud yn well pe bawn i'n gweithio'n galetach?
- A fedrwn i gael canlyniad gwell drwy roi mwy o sylw i fanylion?
- A ydw i wedi gadael digon o amser i brofi, gwerthuso a gwneud unrhyw addasiadau angenrheidiol?
- Ai dyma'r gorau y galla i ei wneud, neu a allwn wneud yn well?

Os ydych yn credu y gallech wneud yn well, yna defnyddiwch y golofn 'gweithredu'.

Gweithredu

Pan fyddwch yn fodlon eich bod wedi gwneud eich gwaith gorau, yna ticiwch 'dim' i ddangos nad oes angen gwneud mwy. Os penderfynwch fod lle i wella yna ticiwch 'ailweithio', a gosodwch ddyddiad cau newydd ar gyfer cwblhau'r gwaith i safon uwch.

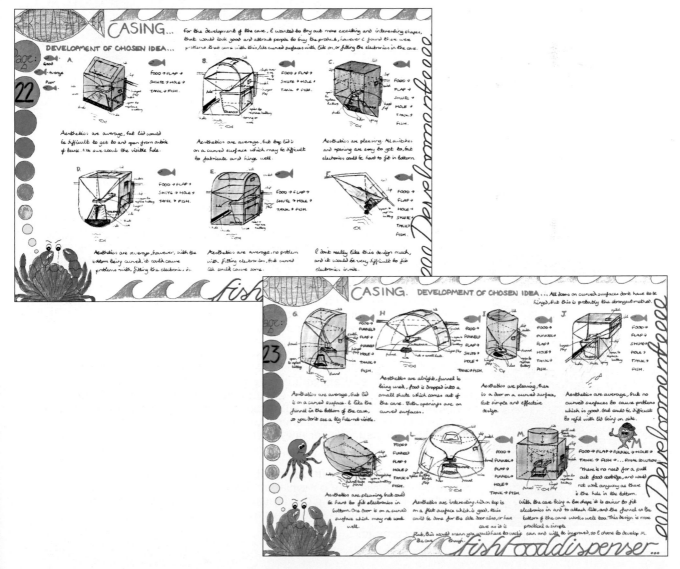

Yn Adran 3 'Dylunio' ceir cyngor da ac ymarferion a gynlluniwyd i ddatblygu eich technegau graffig sylfaenol. Bydd y bennod hon yn dangos i chi sut i ddatblygu'r technegau graffig hynny ymhellach a gwneud defnydd da ohonynt o fewn portffolio eich gwaith cwrs.

GOLAU, ARLLIW A LLIW

Mae defnyddio golau a chysgod yn rhoi ffurf i luniad o wrthrych a ddylai edrych yn dri dimensiwn. Mae siapiau fel cylchoedd a sgwariau yn ddau ddimensiwn – maen nhw'n fflat. Mae gwrthrychau fel sfferau a chiwbiau yn dri dimensiwn am fod ganddynt ffurf yn ogystal â siâp. Bydd arlliwio syml gyda phensil yn rhoi ffurf i wrthrych, a thrwy ddangos ble mae'r golau'n disgyn ar y gwrthrych bydd yn gwneud iddo edrych yn fwy real hefyd.

Ffigur 3.1 *Creu ffurf drwy ddefnyddio golau a chysgod.*   Ffigur 3.2 *Defnyddio lliw.*

Ystyriwch y sffêr yn Ffig. 3.1. Heb yr arlliwio ni fyddai unrhyw ffurf ac ni fyddech yn gwybod a ydych yn edrych ar sffêr neu gylch.

Mae lliw hefyd yn gwneud lluniadau'n fwy real ond rhaid i chi feddwl yn ofalus sut a phryd yr ydych am ddefnyddio lliw yn eich portffolio dylunio. Bydd gormod o liw neu'r lliw anghywir yn difetha'ch lluniadau. Mae Ffig. 3.2 yn dangos sut y gellir defnyddio lliw i amlygu a chyfathrebu datrysiadau dylunio.

Dysgwch am liw drwy edrych o'ch cwmpas. Edrychwch ar bosteri a hysbysebion a gofynnwch i chi'ch hun pam fod pethau fel y maen nhw. Weithiau defnyddir lliw i greu harmoni ac i adael i bethau ymdoddi i'w gilydd a'r pethau o'u hamgylch, fel yr arddangosfa ffenestr yn Ffig. 3.3.

Y dewis arall yw cyferbynnu lliwiau. Mae hyn yn gwneud i eiriau, symbolau a gwrthrychau sefyll allan yn erbyn y pethau oddi amgylch. Defnyddir lliwiau sy'n cyferbynnu mewn arwyddion ffyrdd a rhybuddion er mwyn tynnu'ch sylw at eu neges. Yn aml o fewn eich gwaith dylunio mae'n bwysig gwneud i syniadau sefyll allan yn erbyn eu hamgylchedd ac felly gellir gwneud defnydd da o liwiau cyferbyniol a thechnegau eraill. Gellir goleubwyntio drwy ddefnyddio lliw neu arlliw er mwyn cyferbynnu â ffurf y gwrthrych neu wynder y papur.

Mae Ffigur 3.4 yn enghraifft dda o'r ffordd y gall goleubwyntio a defnyddio lliw dynnu sylw at agweddau o'r syniadau dylunio sydd angen eu datblygu ymhellach. Mae ystod eang o gyfryngau graffig y gellir eu defnyddio i oleubwyntio syniadau yn y ffordd yma:

- creonau;
- pasteli;

Ffigur 3.3 *Effaith lliwiau sydd mewn harmoni.*

- paent dyfrlliw;
- marcwyr gwirod;
- ysgrifbinnau lliwddangos testun;
- effeithiau tasgu drwy ddefnyddio brws dannedd neu chwistrell.

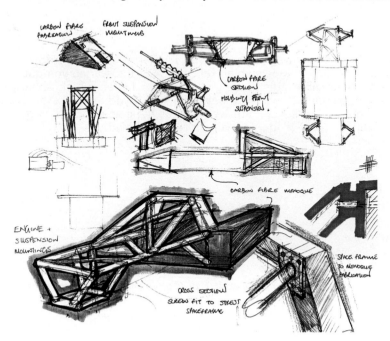

Ffigur 3.4 *Effaith syniadau goleubwyntio.*

Defnyddiwch liw, arlliw a goleubwyntio er mwyn cael yr effaith rydych yn chwilio amdani. Peidiwch â 'lliwio' eich lluniadau heb reswm neu fe fyddan nhw'n llai effeithiol.

Mae Ffigur 3.5 yn dangos effaith techneg o'r enw 'llinell bwysol'. Dyma ffurf arall ar oleubwyntio sy'n golygu gwneud llinell dywyllach neu dewach o gwmpas gwrthrych er mwyn iddo sefyll allan yn erbyn ei gefndir.

Mae'r lluniad o fecanwaith cranc beic a welir yn Ffig. 3.6 wedi'i wneud ag ysgrifbin technegol ac yn cynnwys goleubwyntio drwy ddefnyddio paent dyfrlliw. Gellir hefyd wneud defnydd da o ysgrifbinnau blaen ffibr tenau ac ysgrifbinnau pengrwn, wrth luniadu a chyflwyno'ch syniadau dylunio. Mae'n bwysig arbrofi a defnyddio cyfrwng sy'n addas i chi.

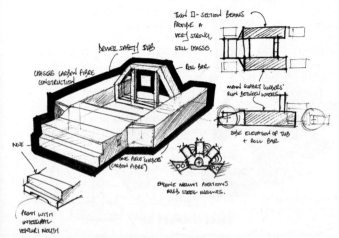

Ffigur 3.5 *Effaith llinell bwysol.*

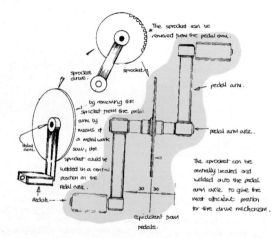

Ffigur 3.6 *Lluniad inc gyda goleubwyntio dyfrlliw.*

Ffigur 3.7 *Canhwyllbren.*

Ffigur 3.9 *Mae Hannah wedi defnyddio'i dychymyg wrth gyflwyno'i gwaith : mae llawer o ddisgyblion yn cynnwys detholiadau o gatalogau neu gylchgronau ond nid ydynt bob amser yn gwneud defnydd ohonynt nac yn eu defnyddio fel ffynhonnell gwybodaeth wrth feddwl am eu dyluniad.*

DETHOLIADAU O BORTFFOLIO DYLUNIO

CANHWYLLBREN GAN HANNAH LOY

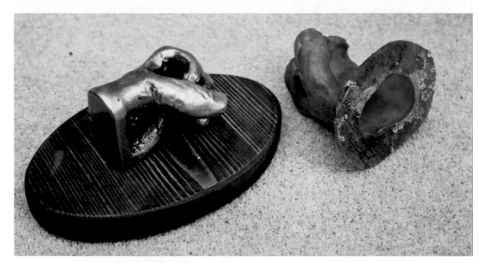

Ffigur 3.8 *Dyma ganhwyllbren diddorol arall. Cafodd yr un yma ei gastio mewn alwminiwm a'i fowntio ar waelod pren. Gwnaed y 'llaw' o blastisin yn gyntaf cyn gwneud y mowld rwber; mae hwn hefyd yn y ffotograff. Cafodd plastr Paris ei gastio yn y mowld ac yna defnyddiwyd y 'llaw' plastr fel patrwm ar gyfer proses gastio'r alwminiwm.*

Ffigur 3.10 *Mae Hannah wedi cyflwyno'i gwaith mewn ffordd 'sgyrsiol' ac wedi cadw synnwyr parhad o fewn ei ffolder drwy gynnwys rhifau tudalen o fewn canhwyllau. Cofiwch – peidiwch â threulio gormod o amser ar yr agwedd hon o'ch gwaith.*

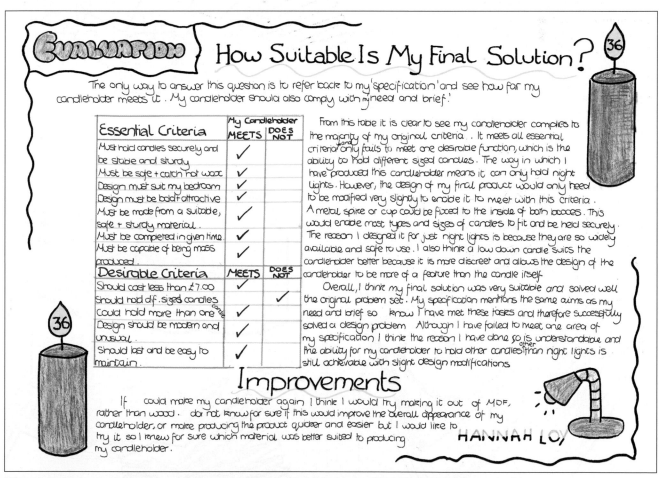

Ffigur 3.11 *Mae gwerthusiad Hannah yn cymharu'r fanyleb ddylunio wreiddiol â'i chanlyniad cynnyrch. Mae hi hefyd yn cyfeirio at addasiadau ac yn awgrymu gwaith pellach y dylai ei wneud. Un ffordd y gallai Hannah fod wedi gwella'i gwaith fyddai drwy gynnal profion i benderfynu pa mor sefydlog yw'r canhwyllbren. Mae hi wedi dweud bod sadrwydd yn rhan hanfodol bwysig o ddyluniad y cynnyrch.*

RHESEL STORIO CDau GAN XERXES SETHNA

Ffigur 3.12 *Rhesel CDau.*

Ffigur 3.13 *Mae'r detholiad hwn o amrediad syniadau Xerxes yn fywiog ac yn defnyddio amrywiaeth ddiddorol o gyfryngau graffig. Mae e wedi defnyddio creon a lluniadau ysgrifbinnau blaen ffibr tenau, yn ogystal â phensil gyda marcwyr gwirod a llinellau pwysol.*

Evaluation

MARKS OUT OF 10?	WOULD YOU BUY IT?	HOW MUCH WOULD YOU PAY?	£0 - £10	£11 - £20	£21 - £30	£30+	ANY COMMENTS?
10	YES	➜				✓	"It's pretty damn perfect but there isn't enough capacity"
10	YES	➜			✓		"Shiny and well finished"
10	YES	➜			✓		"Looks really professional"
9	YES	➜			✓		"A bit sharp on the corners, otherwise very professional"
10	YES	➜				✓	"Very professional"
10	YES	➜		✓			"Looks good"
10	YES	➜		✓			"Pretty good but a bit small"
10	YES	➜		✓			"Very, very good"
8	NO	➜	✓				"Attractive but over-engineered"
8	YES	➜		✓			"Bit sharp on corners"

Analysing Results

The results show that my CD Rack scored 95/100 marks. 9 out of 10 people would buy the CD Rack if they saw it in a shop.

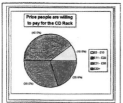

As the graph on the left shows, 40% of people interviewed would pay between £11 and £20 for the CD Rack and 30% would pay between £21 and £30 for the CD Rack.

Criticisms

The major criticism levelled at the CD Rack was that it was a safety hazard because of it's sharp corners. I had already identified this problem.

The second criticism was that it was not capacious enough to suit the needs of the user. In industry, a small module CD Rack would not be manufactured to be over capacious in the hope that users would buy multiple CD Racks to store their CD collection in. A future idea could be the possibility of some sort of linkage to join one CD Rack module to another - with one standing on top of the other.

Feedback

Generally, however, my CD Rack was praised for its quality finish which impressed the target group with its level of professionalism. The CD Rack is indeed very attractive, quite bold and "macho." The surface finish is aesthetically pleasing and futuristic with the myriad light reflections that play across the Aluminium, and the colour changes that occur in different lights.

The finished prototype.

Evaluation

Above: Only 88 components. Easy to assemble (honest)

Above: Just one of the many ways that CDs can be displayed in the Rack

Ffigur 3.14 Mae portffolio dylunio Xerxes yn gwneud defnydd da ac eang o TGCh gan greu gwaith sy'n edrych yn broffesiynol. Mae'r gwerthuso – rhan ohono'n unig a geir yma – yn drylwyr iawn ac yn elwa o gynnwys ffotograffau diddorol.

DOSBARTHWR BWYD PYSGOD

GAN REBECCA CAPPER

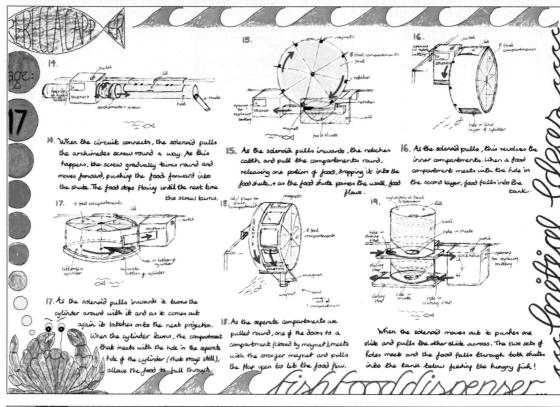

14. When the circuit connects, the solenoid pulls the archimedes screw round a way. As this happens, the screw gradually turns round and moves forward, pushing the food forward into the shute. The food stops flowing until the next time the screw turns.

15. As the solenoid pulls inwards, the notches catch and pull the compartments round, releasing one portion of food, dropping it into the food shute, + as the food shute passes the wall, food flows.

16. As the solenoid pulls, this revolves the inner compartments. When a food compartment meets with the hole in the second layer, food falls into the tank.

17. As the solenoid pulls inwards it turns the cylinder around with it and as it comes out again it latches onto the next projection. When the cylinder turns, the compartment that meets with the hole in the separate hole of the cylinder (that stays still), allows the food to fall through.

18. As the separate compartments are pulled round, one of the doors to a compartment (closed by magnet) meets with the stronger magnet and pulls the flap open to let the food flow.

19. When the solenoid moves out it pushes one slide and pulls the other slide across. The two sets of holes meet and the food falls through both shutes into the tank below feeding the hungry fish!

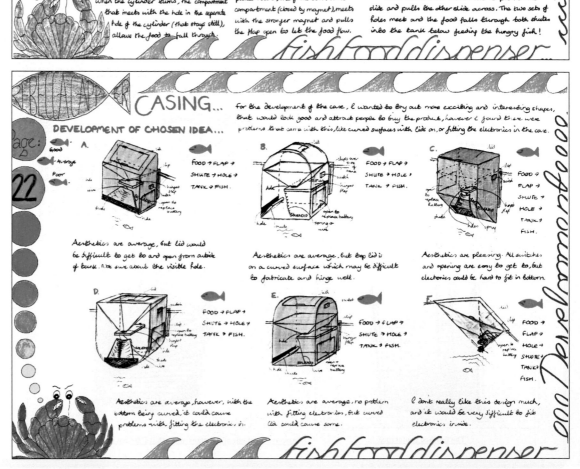

CASING...

For the development of the case, I wanted to try out more exciting and interesting shapes, that would look good and attract people to buy the product, however I found there were problems that came with this, like curved surfaces with lids on, or fitting the electronics in the case.

DEVELOPMENT OF CHOSEN IDEA...

Good
Average
Poor

A. FOOD → FLAP → SHUTE → HOLE → TANK → FISH.
Aesthetics are average, but lid would be difficult to get to and open from outside of tank. Not sure about the visible hole.

B. FOOD → FLAP → SHUTE → HOLE → TANK → FISH.
Aesthetics are average. But top lid is on a curved surface which may be difficult to fabricate and hinge well.

C. FOOD → FLAP → SHUTE → HOLE → TANK → FISH.
Aesthetics are pleasing. All switches and openings are easy to get to, but electronics could be hard to fit in bottom.

D. FOOD → FLAP → SHUTE → HOLE → TANK → FISH.
Aesthetics are average, however, with the bottom being curved it could cause problems with fitting the electronics in.

E. FOOD → FLAP → SHUTE → HOLE → TANK → FISH.
Aesthetics are average, no problem with fitting electronics, but curved lid could cause some.

F. FOOD → FLAP → HOLE → SHUTE → TANK → FISH.
I don't really like this design much, and it would be very difficult to fit electronics inside.

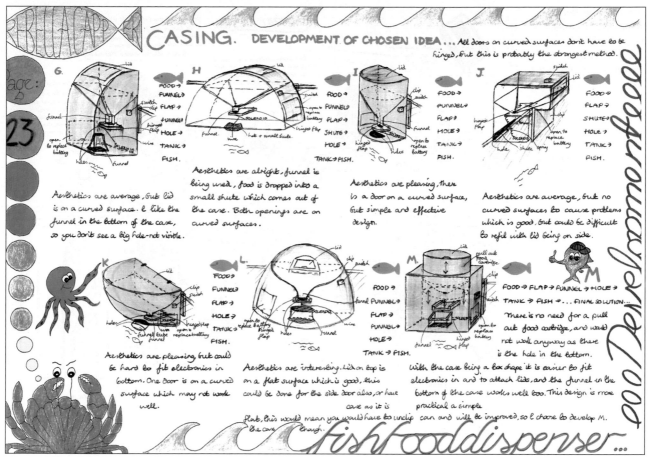

Ffigur 3.15 *Mae portffolio Rebecca'n cynnwys amrywiaeth eang o syniadau, ac mae pob un ohonynt yn cynnwys sylwebaeth a gwerthuso synhwyrol. Mae hi wedi strwythuro datblygiad ei chynllun yn dda ac yn drylwyr. Mae hi wedi defnyddio ysgrifbin blaen ffibr tenau a golchiad syml sy'n defnyddio dyfrlliwiau. Dyma enghraifft dda o sut i archwilio a datblygu syniadau dylunio. Cafodd border ei dalennau dylunio ei lungopïo ac yna ychwanegwyd y teitl a'r lliw yn ddiweddarach.*

TEGAN MECANYDDOL GAN JASON GUNN

Ffigur 3.16 *Tegan ar ffurf camelion*

Ffigur 3.17 *Mae dalen syniadau gychwynnol Jason yn archwilio amrywiaeth eang o syniadau sy'n ymateb i'r briff i ddylunio a gwneud tegan mecanyddol doniol. Nid yw'n meddwl ar hyn o bryd sut i greu symudiadau arbennig – mae hyn yn golygu bod y syniadau'n gallu llifo'n ddirwystr:*

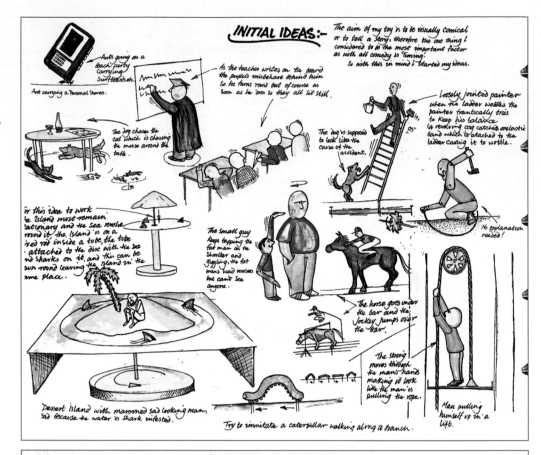

Ffigur 3.18 *Ar ôl penderfynu datblygu camelion sy'n dal pryfed, mae Jason wedi gweithio ar bapur a defnyddio cerdyn i wneud model sy'n dangos sut y gallai greu'r effaith iawn. Mae'n edrych ar gamau a chranciau ac yna'n ymchwilio i sut y gellir eu cynnwys yng ngwaelod y tegan, a fydd hefyd yn dal y mecanwaith.*

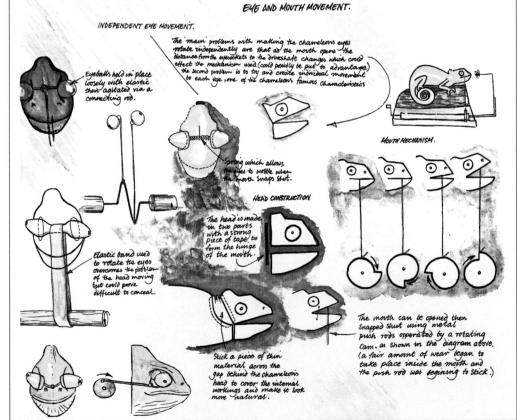

MOUTH MECHANISM II

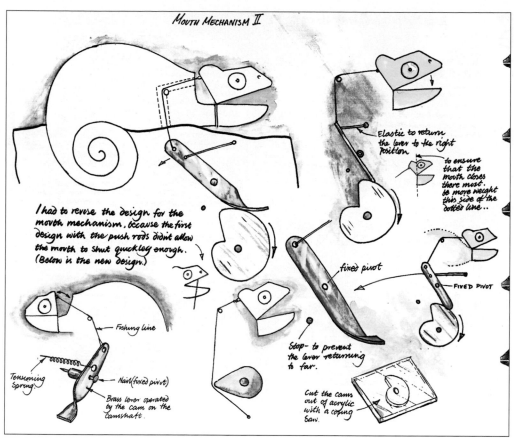

Elastic to return the lever to the right position

to ensure that the mouth closes there must be more weight this side of the dotted line..

I had to revise the design for the mouth mechanism, because the first design with the push rods didn't allow the mouth to shut quickly enough. (Below is the new design.)

Fishing line

fixed pivot

FIXED PIVOT

Tensioning Spring.

Nail (fixed pivot)

Brass lever operated by the cam on the Camshaft.

Stop- to prevent the lever returning to far.

Cut the cams out of acrylic with a coping saw.

MECHANISM LAYOUT AND CONSTRUCTION

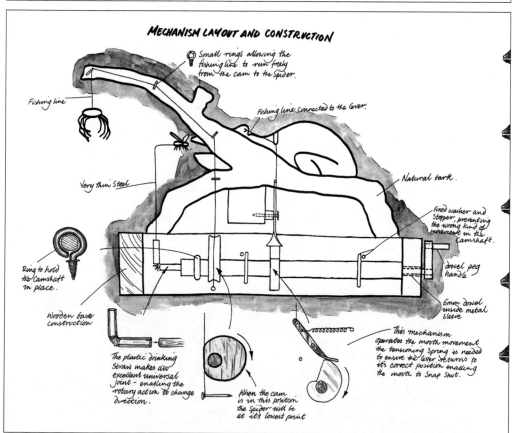

Small rings allowing the fishing line to run freely from the cam to the Spider.

Fishing line

Fishing line connected to the lever.

Very thin Steel

Natural bark.

Fixed washer and Stopper, preventing the wrong kind of movement in the camshaft.

Dowel peg handle

Ring to hold the Camshaft in place.

Wooden base construction

6mm dowel inside metal sleeve

The plastic drinking straw makes an excellent universal joint - enabling the rotary action to change direction.

When the cam is in this position the Spider will be at it's lowest point.

This mechanism operates the mouth movement the tensioning Spring is needed to ensure the lever returns to its correct position enabling the mouth to Snap Shut.

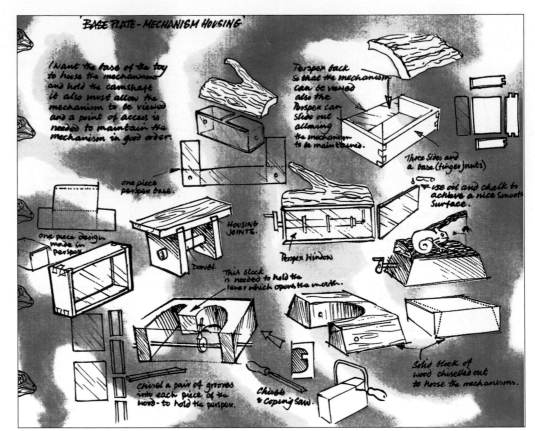

Ffigur 3.19 *Er mwyn datblygu'r project ymhellach mae Jason wedi edrych ar sut y gallai bacio'i degan er mwyn ei werthu. Mae'r syniadau'n cynnwys defnyddio cerdyn, metel, plastig a phren.*

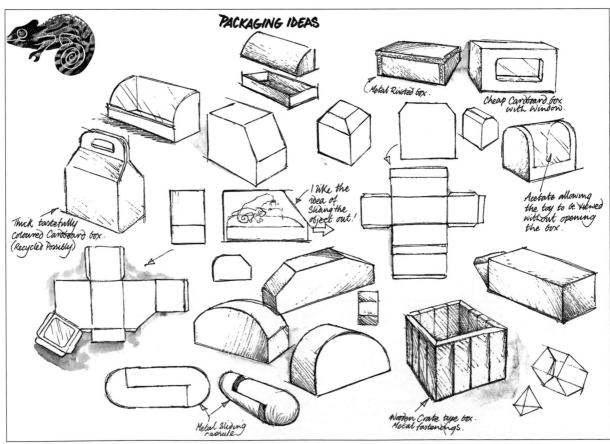

24

RHESTR GYFEIRIO PORTFFOLIO

Er mwyn creu portffolio dylunio sydd wedi'i gyflwyno'n dda, rhaid i chi gymryd diddordeb yn eich gwaith. Rhaid i chi fedru gweld gwendidau a bod yn barod i ailweithio agweddau nad ydyn nhw'n eich bodloni 100%.

Rhaid i chi:

- edrych am gyfleoedd i wneud pob tudalen yn ddiddorol. Mae tudalen A3 llawn ysgrifen yn waith caled i unrhyw arholwr.

- wneud defnydd deallus o bob cyfrwng graffig a bod yn feirniadol o'ch gwaith eich hun. Peidiwch â defnyddio gormod o liwiau cryf ac ysgrifbinnau blaen ffelt. Gorau po symlaf yn aml.

- edrych yn gyson ar hysbysebion a chylchgronau am syniadau ynglŷn ag arddangos a chyflwyno, ac ystyried a allech eu defnyddio i wella'ch cyflwyniad eich hun.

- chwilio am gamgymeriadau sillafu. Mae'n hawdd iawn gadael llythrennau allan o eiriau wrth weithio ar benawdau mawr a thudalennau teitl.

- arolygu'ch gwaith yn gyson. Dros gyfnod o amser mae'n bosibl y bydd newidiadau wedi digwydd yn eich steil.

- dreulio digon o amser ar ymddangosiad eich portffolio, ond peidiwch ag anghofio mai'r cynnwys sy'n ennill y marciau, nid y cyflwyniad. Ystyr cyflwyniad, fel mae'r gair yn ei awgrymu, yw ffordd o gyflwyno'ch gwaith.

DETHOL A DEWIS

Mae gallu dewis y defnydd cywir ar gyfer tasg benodol yn rhan hanfodol o weithgaredd gweithgynhyrchu. Mae'n bwysig, felly, eich bod yn gwybod digon am ddefnyddiau er mwyn llwyddo mewn dylunio a thechnoleg. Nid yw'n hawdd dethol bob amser, ac yn aml mae'n rhaid cyfaddawdu. Rhaid seilio'ch dewis, er hynny, ar eich dealltwriaeth o briodweddau defnydd a'r ffordd y gellir ei ddefnyddio.

Wrth gymharu defnyddiau dylech fedru dangos ymwybyddiaeth o sut i ddefnyddio cronfa ddata defnyddiau er mwyn eich helpu i drefnu, cymharu a gwneud penderfyniadau.

Bydd angen i chi ystyried y pwyntiau canlynol wrth ddewis defnydd ar gyfer cymhwysiad arbennig:

- Y gofynion swyddogaethol, a elwir hefyd yn ymarferoldeb;
- Y gofynion gweithgynhyrchu;
- Argaeledd a chyflenwi;
- Economeg.

Y GOFYNION SWYDDOGAETHOL

Mae hyn yn cyfeirio at swyddogaeth y cynnyrch gorffenedig a beth fydd rhaid i unrhyw ddefnyddiau a ddefnyddir ei wneud. Mae'n golygu matsio'r dasg â'r defnydd.

Mae enghreifftiau o ofynion swyddogaethol yn cynnwys: y gallu i wrthsefyll traul, caledwch, gwydnwch, ymddangosiad, gwead yr arwyneb, dargludedd trydanol, ac ati. Gallwch weld bod gofynion swyddogaethol y defnydd yn dibynnu ar ofynion y cynnyrch, felly mae'n bwysig deall beth ydynt. Er enghraifft, gall fod yn bwysig bod cynhwysydd ar gyfer cemegau yn ysgafn ac yn gallu gwrthsefyll cyrydiad. Ni fydd ei ddargludedd trydanol yn bwysig gan nad yw dargludedd yn un o ofynion swyddogaethol cynhwysydd.

Y GOFYNION GWEITHGYNHYRCHU

Wrth ddewis defnydd, mae bob amser yn bwysig ystyried sut y bydd y cynnyrch yn cael ei wneud a beth yw graddfa'r cynhyrchu, hynny yw, faint o'r cynnyrch sy'n mynd i gael ei wneud. Mae'n rhwyddach gweithio ac i uno rhai defnyddiau nac eraill. Mae llawer yn gallu newid eu siâp o dan amgylchiadau arbennig, yn aml drwy ddefnyddio prosesau gwresogi er mwyn eu toddi neu eu meddalu. Mae'r defnyddiau hyn yn gallu cael eu castio, eu hanffurfio, eu hailffurfio a'u mowldio. Gellir cysylltu defnyddiau eraill yn rhwydd drwy ddefnyddio technegau ffabrigo fel weldio neu drwy ddefnyddio adlynion. Mae rhai defnyddiau yn addas ar gyfer nifer o brosesau gweithgynhyrchu, a dyna pryd fel arfer y bydd y penderfyniad yn cael ei wneud yn ôl graddfa'r cynhyrchu. Er enghraifft, mae llawer o ddefnyddiau plastig sy'n gallu cael eu huno'n llwyddiannus gydag adlyn hefyd yn gallu cael eu mowldio drwy brosesau mowldio chwistrellu neu gastio. Gall costau offeru'r prosesau hyn fod yn ddrud, fodd bynnag, ac felly maen nhw'n briodol dim ond pan fyddwch yn ystyried cynhyrchu ar raddfa fawr.

ARGAELEDD A CHYFLENWI

Mae'r mwyafrif o ddefnyddiau a ddefnyddir mewn gweithdy ar gael mewn ffurfiau a meintiau safonol. Yr enw ar y rhain yw **ffurfiau safonol** a **meintiau safonol dewisol**. Mae'n ddrud iawn mentro y tu allan i'r safonau hyn, ac nid yw'n addas dim ond ar gyfer cynhyrchu ar raddfa fawr iawn. Disgrifir ffurf (trawstoriad) y defnydd mewn perthynas â'r math o ddefnydd ydyw. Er enghraifft, mae metelau ar gael ar ffurf gwifren, cylch, sgwâr, stribed, dalen, bar, tiwb, ongl a sianel; mae'n bosibl cael pren wedi'i fraslifio neu gydag ymylon wedi'u plaenio mewn amrywiaeth o feintiau; mae plastigion ar gael mewn ffurfiau tebyg i fetel a hefyd fel gronigion a resinau hylifol.

ECONOMEG

Mae cost bob amser yn bwysig wrth ddewis. Mae rhai defnyddiau, fel metelau gwerthfawr, yn llawer drutach nag eraill. Nid yw hyn yn golygu na allwch eu hystyried dan rai amgylchiadau; gallai arian, er enghraifft, fod yn ddewis da ar gyfer darn bach o emwaith, ond ni fyddai'n ddewis priodol ar gyfer rhesel CDau. Gan ddibynnu ar y defnydd, mae'r dull o weithgynhyrchu hefyd yn ddewis sy'n cael ei ddylanwadu gan gost. Bydd defnyddiau sy'n cymryd mwy o amser i'w trin neu sy'n gofyn am brosesau uno drud yn golygu y bydd y canlyniad cynnyrch yn ddrutach. Mae'n amlwg bod hon yn ystyriaeth bwysig o fewn diwydiant gweithgynhyrchu sy'n cynhyrchu ar raddfa fawr.

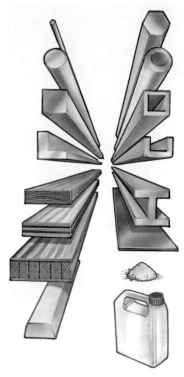

Ffigur 4.1 *Ffurf (trawstoriad) defnyddiau cyffredin.*

PRIODWEDDAU DEFNYDDIAU

Mae'n bwysig eich bod yn deall priodweddau defnyddiau ac yn gallu defnyddio'r derminoleg gywir ar gyfer y defnyddiau hynny. Nid yw'n briodol defnyddio'r term 'caled' os ydych yn golygu 'gwydn'. Mae gwydr yn galed am ei fod yn gwrthsefyll triniaeth sgraffiniol fel crafu, ond mae'n amlwg nad yw'n wydn. Ystyr gwydnwch yw y gallu i wrthsefyll cael ei dorri wrth brofi sioc sydyn.

Ceir dau brif ddosbarth o briodweddau defnyddiau:

- **Priodweddau ffisegol** Dyma'r priodweddau sy'n ymwneud â gwneuthuriad ac adeiledd cemegol neu atomig y defnydd.

- **Priodweddau mecanyddol** Dyma'r priodweddau sy'n ymwneud â'r ffordd mae defnydd yn ymateb dan bwysau grymoedd allanol. Yn aml, mae'r priodweddau hyn yn bwysicach i'r dylunydd a'r technolegydd.

PRIODWEDDAU FFISEGOL

Ystyr **dwysedd** yw faint o fás a geir i bob uned o gyfaint, sef faint o fater (más) sy'n cael ei gynnwys o fewn gofod penodol (cyfaint).

Ystyr **ymdoddadwyedd** yw gallu defnydd i droi yn hylif pan fydd yn cael ei gynhesu i dymheredd penodol, sef yr **ymdoddbwynt**. Mae hyn yn bwysig wrth ystyried prosesau fel castio, weldio a mowldio. Gellir toddi metelau a phlastigion thermoplastig wrth eu cynhesu i dymheredd priodol. Nid yw'n bosibl gwneud hynny â phlastigion thermosodol a defnyddiau organig fel pren.

Ystyr **dargludedd trydanol** yw gallu defnydd i ddargludo cerrynt trydanol. Mae metelau – yn enwedig copr, pres, arian ac aur – yn **ddargludyddion** trydan da. Mae anfetelau – yn enwedig cerameg, gwydr a phlastigion fel PVC a neilon – yn dda am wrthsefyll llif trydan. Yr enw ar y defnyddiau hyn yw **ynysyddion**.

Ffigur 4.2 *Ynysyddion ceramig ar beilon trydan.*

Ffigur 4.3 *Mae gan sosbenni gyrff metel ar gyfer dargludedd thermol a dolennau plastig ar gyfer ynysiad thermol.*

Gelwir maint y GRYM i bob uned yn DDIRIANT

Gelwir dadleoliad (afluniad drwy ymestyniad neu gywasgiad) i bob uned o hyd yn STRAEN

$$\text{Diriant} = \frac{\text{Llwyth}}{\text{Arwynebedd}}$$

$$\text{Straen} = \frac{\text{Ymestyniad}}{\text{Hyd cyflawn}}$$

Ffigur 4.4 *Grym, diriant a straen.*

Ystyr **dargludedd thermol** yw gallu defnydd i ddargludo gwres. Mae metelau'n ddargludyddion gwres da ac mae anfetelau'n ynysyddion da. Fel rheol, mae metelau sy'n dargludo trydan yn dda hefyd yn ddargludyddion thermol da. Mae aer yn ynysydd thermol arbennig o dda ac felly mae'r defnyddiau hynny sy'n trapio pocedi o aer, fel dillad gwlân, hefyd yn ynysyddion da.

PRIODWEDDAU MECANYDDOL

Priodweddau mecanyddol yw'r priodweddau hynny sy'n ymwneud â'r ffordd mae defnydd yn ymateb dan bwysau grymoedd allanol. Mae'n bwysig eich bod yn deall effaith grym ar ddefnyddiau. Mae grym yn creu diriant mewn defnyddiau. **Diriant** yw faint o lwyth a roddir ar arwynebedd penodol. Mae **straen** yn ganlyniad arall i roi pwysau ar rywbeth. Mae hwn yn cael ei ddiffinio fel maint yr afluniad (ymestyniad neu gywasgiad) i bob uned o hyd.

Cryfder yw gallu defnydd i wrthsefyll grym heb dorri neu blygu'n barhaol. Mae Ffigur 4.5 yn dangos sut mae gwahanol fathau o gryfder yn gwrthsefyll gwahanol fathau o rym.

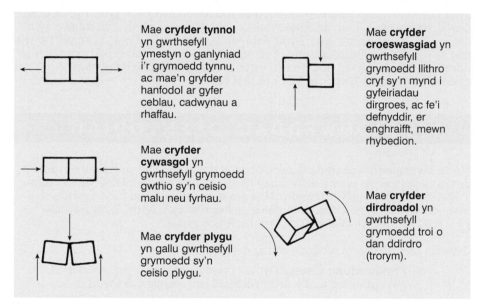

Mae **cryfder tynnol** yn gwrthsefyll ymestyn o ganlyniad i'r grymoedd tynnu, ac mae'n gryfder hanfodol ar gyfer ceblau, cadwynau a rhaffau.

Mae **cryfder cywasgol** yn gwrthsefyll grymoedd gwthio sy'n ceisio malu neu fyrhau.

Mae **cryfder plygu** yn gallu gwrthsefyll grymoedd sy'n ceisio plygu.

Mae **cryfder croeswasgiad** yn gwrthsefyll grymoedd llithro cryf sy'n mynd i gyfeiriadau dirgroes, ac fe'i defnyddir, er enghraifft, mewn rhybedion.

Mae **cryfder dirdroadol** yn gwrthsefyll grymoedd troi o dan ddirdro (trorym).

Ffigur 4.5 *Mathau o gryfder.*

Ystyr **elastigedd** yw gallu defnydd i blygu ac ystwytho dan bwysau grym ac yna i ddychwelyd i'w ffurf wreiddiol pan dynnir y grym i ffwrdd. Rhaid bod gan adeiladweithiau fel pontydd ac adeiladau uchel rywfaint o elastigedd.

Plastigrwydd yw gallu defnydd i newid ei siâp yn barhaol (anffurfio) dan bwysau grym allanol heb dorri neu gracio. Mae'r mwyafrif o ddefnyddiau'n troi'n fwy plastig wrth gael eu cynhesu. **Hydrinedd** yw'r gair a ddefnyddir i ddisgrifio i ba raddau y gellir newid siâp defnydd drwy forthwylio, rholio neu wasgu. Term arall sy'n gysylltiedig â hyn yw **hydwythedd**; dyma'r gallu i brofi anffurfiad plastig oer drwy blygu neu ymestyn. Mae pob defnydd hydwyth yn hydrin, ond nid yw defnydd hydrin bob amser yn hydwyth.

Ystyr **caledwch** yw'r gallu i wrthsefyll traul sgraffiniol, pantiad ac anffurfiad. Mae hon yn briodwedd bwysig i offer torri fel offer tyrnio, driliau, ffeiliau a llifiau. **Gwydnwch** yw'r gallu i wrthsefyll diriant sydyn ar ffurf siociau neu ergydion heb

Trefn	Hydrinedd	Hydwythedd
1	Arian	Arian
2	Copr	Haearn
3	Alwminiwm	Nicel
4	Tun	Copr
5	Plwm	Alwminiwm
6	Sinc	Sinc
7	Haearn	Tun
8	Nicel	Plwm

Ffigur 4.6 *Tabl cymharu metelau cyffredin: 1, mwyaf, i 8, lleiaf.*

dorri. Mae hefyd yn golygu'r gallu i wrthsefyll cracio dan bwysau grymoedd plygu. Bydd plygu parhaus yn golygu bod gwydnwch rhai defnyddiau'n lleihau gan beri iddynt dorri yn y man.

Breuder yw gwrthwyneb gwydnwch. Ni all defnydd brau wrthsefyll siociau neu blygu heb dorri.

Parhauster yw'r gallu i wrthsefyll traul a gwisgo a dirywiad gydag amser. Mae parhauster yn cyfeirio at briodweddau mecanyddol ac ymddangosiad y defnydd. **Cyrydiad** yw'r gair a ddefnyddir i ddisgrifio hindreuliad ac ymosodiad cemegol ar yr arwyneb, yn enwedig arwynebau metelau. Fel arfer mae defnyddiau plastig yn llai tebygol o gyrydu ac felly maen nhw'n para.

Sefydlogrwydd yw'r gallu i wrthsefyll newid mewn siâp a maint dros gyfnod o amser. Mae pren yn ansefydlog iawn ac yn tueddu i gamdroi a dirdroi wrth i'r lleithder newid. Mae metelau a rhai plastigion yn tueddu i anffurfio'n raddol dan ddiriant dros gyfnodau hir; yr enw ar y broses hon yw **ymgripio**.

Gwiriwch eich gwybodaeth

CWESTIYNAU

C1 Beth yw'r berthynas rhwng dethol defnyddiau ac ystyriaethau dylunio?

C2 Beth a olygir wrth 'priodweddau mecanyddol' defnydd a sut mae'r rhain yn wahanol i 'priodweddau ffisegol'?

C3 Eglurwch ystyr parhauster a rhowch dair enghraifft wahanol sy'n dangos ei bwysigrwydd.

C4 Eglurwch y gwahaniaeth rhwng elastigedd a phlastigrwydd.

COFIWCH! Cuddiwch yr atebion os ydych chi'n dymuno.

ATEBION

A1 Mae'r dewis o ddefnydd yn dibynnu ar swyddogaeth y cynnyrch. Dylid matsio priodweddau'r defnydd â gofynion y cynnyrch sy'n cael ei ddylunio.

TIWTORIALAU

T1 Y cyfeiriad allweddol yma yw'r un at 'swyddogaeth' y cynnyrch ac i gydweddiad neu briodoldeb priodweddau'r defnydd wrth ystyried gofynion y cynnyrch. Er enghraifft, meddyliwch pa mor briodol yw alwminiwm, defnydd ysgafn sy'n gymharol gryf ac sy'n gallu gwrthsefyll cyrydiad, ar gyfer ei ddefnyddio mewn awyrennau.

ATEBION

A2
Priodweddau mecanyddol yw'r priodweddau hynny sy'n ymwneud â sut mae defnydd yn adweithio dan bwysau. Mae priodweddau ffisegol yn ymwneud â gwneuthuriad y defnydd ac nid ydynt yn ymwneud ag unrhyw ddylanwad allanol.

A3
Ystyr parhauster yw gallu defnydd i wrthsefyll traul a gwisgo dros gyfnod o amser. Mae parhauster yn bwysig ar gyfer: dodrefn gardd, arwynebau dal pwysau o fewn peiriannau, offer coginio.

A4
Y gwahaniaeth yw bod plastigrwydd yn golygu newid parhaol mewn siâp dan bwysau grym, lle mae defnyddiau elastig yn dychwelyd i'w hen siâp pan dynnir y grym.

TIWTORIALAU

T2
Mae'n bwysig sicrhau, wrth ateb cwestiwn am wahaniaethau neu debygrwydd, eich bod yn ateb drwy edrych am yr elfen gyffredin sydd wrth wraidd y gwahaniaeth, yn yr achos hwn bodolaeth neu absenoldeb grymoedd allanol.

T3
Mae'r cwestiwn yn gofyn am ateb uniongyrchol sy'n diffinio'r pwnc, sef parhauster. Rhan o'r ateb yn unig yw traul a gwisgo a rhaid cyfeirio hefyd at amser. Gall unrhyw ddefnydd wrthsefyll traul am gyfnod byr.

Yn yr ail ran, lle gofynnir am enghreifftiau, rhaid i chi bob amser geisio cael hyd i enghreifftiau gwahanol iawn, ac nid rhai tebyg. Er enghraifft, mae llidiart gardd, cadair blygu a siglen yn debyg iawn i'w gilydd am eu bod wedi'u gwneud o bren y gellir gwneud iddo bara'n hirach drwy ei drin â chadwolyn.

T4
Y gwahaniaeth allweddol rhwng elastigedd a phlastigrwydd yw eu 'parhad'. Mae'n bwysig sylweddoli beth yw'r gair allweddol.

GEIRIAU ALLWEDDOL

Dyma'r geiriau allweddol. Rhowch dic os ydych chi'n credu eich bod chi'n eu deall. Fel arall, chwiliwch am eu hystyr.

swyddogaeth	**diriant**	**hydwythedd**
argaeledd	**straen**	**caledwch**
ffurf safonol	**cryfder tynnol**	**gwydnwch**
maint dewisol safonol	**cryfder cywasgol**	**breuder**
priodweddau ffisegol	**plygu**	**parhauster**
priodweddau mecanyddol	**croeswasgiad**	**cyrydiad**
dargludedd trydanol	**dirdro**	**sefydlogrwydd**
dargludedd thermol	**elastigedd**	**ymgripiad**
ynysiad trydanol	**plastigrwydd**	
ynysiad thermol	**hydrinedd**	

Mae pren yn adnodd naturiol defnyddiol iawn a ddefnyddiwyd gan bobl drwy'r oesoedd ar gyfer peiriannau, teithio, tai a dodrefn. Mae'r rheolaeth ar goed er mwyn creu adnodd adnewyddadwy yn fater ecolegol pwysig. Coedwigoedd yw un o'r ychydig adnoddau yn y byd y gellir, drwy reolaeth ofalus, eu hadnewyddu mewn cyfnod cymharol fyr o amser.

Mae gwahanol fathau o goed yn rhoi gwahanol fathau o bren gyda nodweddion unigryw sy'n cynnwys: lliw, patrwm graen, gwead, cryfder, pwysau, sefydlogrwydd, parhauster a hwyluster gweithio. Mae'n bosibl eu rhannu'n ddau ddosbarth:

- **Pren caled**, o goed llydanddail;
- **Pren meddal**, o goed conwydd.

PREN CALED

Mae'n bwysig deall bod 'pren caled' yn ddosbarthiad botanegol ac nid yw'n golygu o reidrwydd bod y pren yn 'galed' yn hytrach na'n 'feddal' wrth gael ei dorri neu ei weithio.

Mae coed llydanddail, ffynhonnell pren caled, yn tyfu mewn hinsoddau tymherus, cynnes yn Ewrop, Japan, Seland Newydd, Chile a rhanbarthau trofannol Canolbarth a De America, Affrica ac Asia. Mae'r rhan fwyaf o'r coed yn colli eu dail bob blwyddyn; dyma'r rhai collddail (yn colli eu dail) ond ceir rhai eithriadau fel celyn a'r llawryf. Mae prennau caled trofannol yn cadw eu dail hefyd, ac felly'n tyfu'n fwy ac yn gyflymach.

Mae angen i chi fod yn ymwybodol o'r dadleuon ecolegol ynglŷn â 'chynaeafu' coed pren caled, yn arbennig o rannau o Ganolbarth a De America ac Asia. Bydd y coedwigoedd hynny nad ydynt yn cael eu cynnal drwy ailblannu yn diflannu am byth. Mae hyn yn fater difrifol wrth ystyried yr atmosffer, erydiad pridd, afonydd, draeniad ac o bosibl, felly, lles y blaned yn y dyfodol.

Ffigur 5.1 *Mae'r dderwen yn enghraifft o goeden collddail pren caled.*

PREN MEDDAL

Mae'r rhan fwyaf o goed pren meddal yn fythwyrdd a hefyd yn goed conwydd (yn cynhyrchu conau), gyda dail tenau sy'n debyg i nodwyddau. Maen nhw'n tyfu mewn hinsoddau tymherus oerach, yn arbennig yn Llychlyn, Canada, Gogledd Ewrop ac ar uchderau mewn mannau eraill. Maen nhw'n tyfu'n gyflymach o lawer na'r prennau caled ac mae'r rhan fwyaf o'r coed yn aeddfedu o fewn deg ar hugain o flynyddoedd. Mae hyn yn golygu bod prennau meddal yn rhatach ar gyfer eu gwerthu na phrennau caled ac yn haws eu cynnal.

Ffigur 5.2 *Mae pinwydden yr Alban yn enghraifft o goeden conwydd pren meddal.*

DEWIS PREN AR GYFER CYNHYRCHU

Mae coed yn cael eu trawsnewid drwy broses o dorri, llifio a sychu er mwyn eu troi'n bren y gellir ei ddefnyddio. Pan fydd coeden yn cael ei thorri, bydd yn cynnwys llawer o sudd a lleithder. Unwaith y bydd wedi cael ei thorri a'i throi'n slabiau a phlanciau, bydd hefyd yn hydrosgopig; mae hyn yn golygu ei bod yn amsugno lleithder atmosffer llaith ac yn rhoi lleithder i atmosffer sych. Mae hyn yn creu defnydd ansefydlog sy'n chwyddo, crebachu, camdroi, plygu, dirdroi a hollti. Mae sychu'n broses o drin pren newydd er mwyn creu peth sadrwydd drwy sychu'r gormodedd sudd a lleithder. Caiff y pren ei sychu naill ai drwy bentyrru'r coed a gadael i'r aer eu sychu'n naturiol, neu drwy ddefnyddio odynnau sychu.

Enw	Ffynhonnell/lliw	Priodweddau a nodweddion gweithio	Defnydd
Ffawydden	Ewrop Gwyn i frown pincaidd	Graen clos, caled, gwydn a chryf, hawdd ei weithio a'i orffen ond yn tueddu i gamdroi	Dodrefn ymarferol (e.e. cadeiriau, teganau, offer, argaen, gwaith wedi'i durnio, agerblygu).
Llwyfen	Ewrop Cochfrown golau	Gwydn, yn para'n dda, graen croes sy'n golygu ei fod yn anodd ei weithio, ddim yn hollti'n rhwydd, yn tueddu i gamdroi, yn dda mewn dŵr	Dodrefn gardd (ar ôl cael ei drin), turnwriaeth a dodrefn
Derwen Ewropeaidd Goesynnog Japaneaidd	Ewrop Brown golau	Cryf iawn, trwm, yn para'n dda, caled a gwydn, yn gorffennu'n dda, graen agored, yn cynnwys asid tanig sy'n cyrydu mân daclau haearn/dur gan adael staen glas tywyll yn y pren, yn ddrud	Dodrefn o ansawdd uchel, mân daclau, adeiladu cychod, dodrefn gardd, pyst, argaen
	Japan Melynfrown	Ychydig yn llai caled, haws ei weithio ond yn para am lai o amser	Gwaith coed a dodrefn mewnol
Onnen	Ewrop Lliw hufen golau a brown golau	Graen agored, gwydn a hyblyg, nodweddion elastig da, yn dda i'w weithio, gorffennu'n dda	Carnau offer, cyfarpar chwaraeon, adeiladu coetsis traddodiadol, ysgolion, lamineiddio
Mahogani Affricanaidd (e.e. Sapele, utile)	Canolbarth-De America, India'r Gorllewin, Gorllewin Affrica Cochfrown pincaidd	Hawdd ei weithio, cymharol gryf, pwysau canolig, yn para'n dda, ar gael ar ffurf byrddau hir, llydan, rhywfaint o raen rhyng-gloëdig cymhleth, tueddu i gamdroi	Dodrefn mewnol a mân daclau siop, paneli, argaen
Tîc	Burma, India Brown euraid	Caled, cryf ac yn para'n arbennig o dda, olewau naturiol yn golygu ei fod yn gallu gwrthsefyll lleithder, asidau ac alcalïau yn effeithiol iawn, hawdd ei weithio ond yn pylu offer yn gyflym, yn tywyllu yn y golau, drud iawn	Dodrefn o ansawdd, dodrefn awyr agored, adeiladu cychod, cyfarpar labordy, turnwriaeth, argaen
Collen Ffrengig Affrica	Ewrop, UDA, Gorllewin Affrica Melyn, brown, efydd, llinellau tywyll	Deniadol, yn dda i'w weithio, yn para'n dda, graen croes yn aml sy'n ei wneud yn anodd ei blaenio a'i orffennu, ar gael mewn meintiau mawr	Dodrefn, carnau gynnau, argaenau dodrefn

Ffigur 5.3 *Prennau caled cyffredin.*

Enw	Ffynhonnell/lliw	Priodweddau a nodweddion gweithio	Defnydd
Pinwydden yr Alban (pren coch)	Gogledd Ewrop, Rwsia Hufen, brown golau iawn	Graen syth ond ceinciog, yn weddol gryf, hawdd ei weithio, rhad ac yn hawdd ei gael	Gwaith adeiladu yn bennaf, yn dda ar gyfer ei baentio, angen ei amddiffyn rhag y tywydd
Cedrwydden Goch	Canada, UDA Tywyll, brown cochaidd	Pwysau ysgafn, dim ceinciau, meddal, graen syth sidanaidd, olewau naturiol yn ei amddiffyn rhag y tywydd, pryfed a phydredd, hawdd ei weithio, ond gwan a drud	Ar gyfer yr awyr agored, cladin pren ar gyfer adeiladau allanol, hefyd paneli waliau
Pinwydden Parana	De America Melyn golau gyda llinellau coch/brown	Caled, graen syth, bron ddim ceinciau yn y pren, yn weddol gryf ac yn para, gorffeniad llyfn, yn tueddu i gamdroi, drud	Gwaith asiedydd mewnol o'r ansawdd uchaf, e.e. grisiau, dodrefn gosod
Pyrwydden (pren gwyn)	Gogledd Ewrop, America Gwyn hufennaidd	Gweddol gryf, ceinciau bach caled, yn gwrthsefyll hollti, rhai pocedi resin, ddim yn para	Gwaith mewnol cyffredinol, dodrefn pren gwyn (e.e. ceginau)

Ffigur 5.4 *Prennau meddal cyffredin.*

Gellir seilio'r dewis o bren ar gyfer pwrpas penodol ar rai neu bob un o'r meini prawf canlynol:

- **Pwysau** Mae hyn yn amrywio'n fawr ond mae prennau caled yn tueddu i fod yn drymach na phrennau meddal. Yr eithriad amlwg i hyn yw balsa, sy'n bren caled ysgafn (a meddal) iawn.

- **Lliw** Fel rheol mae prennau meddal yn oleuach na phrennau caled ac mae'r mwyafrif o brennau yn colli lliw yn y golau (mae rhai ohonynt, megis tîc, yn tywyllu).

- **Graen** Mae rhai yn syth ac eraill yn afreolaidd. Fel rheol mae prennau caled yn fwy addurniadol ac felly'n cael eu dewis ar gyfer dodrefn. Yn aml, mae modd adnabod y pren drwy edrych ar y graen. Mae gwedd yn nodwedd o'r graen.

- **Parhauster a'r gallu i wrthsefyll dirywiad** Mae'n bwysig ystyried y rhain wrth ddefnyddio pren yn yr awyr agored. Mae prennau caled yn tueddu i fod yn fwy parhaus ac yn gwrthsefyll pydru'n well. Mae cedrwydden, sy'n bren meddal, yn eithriad gan ei fod yn gallu gwrthsefyll y tywydd, pryfed a phydru. Oherwydd hyn mae'n ddewis poblogaidd ar gyfer dodrefn gardd.

- **Cost** Mae prennau meddal yn llawer rhatach na phrennau caled, yn bennaf am fod prennau caled yn cymryd amser hir i dyfu ac aeddfedu.

- **Hwyluster gweithio** Fel arfer mae prennau caled yn anoddach eu gweithio na phrennau meddal, ac yn pylu offer yn gyflymach. Mae ffactorau eraill fel ceinciau a sadrwydd hefyd yn achosi problemau wrth weithio gyda phren. Cofiwch bob amser fod pren yn ddefnydd naturiol ac felly mae'n anodd gosod rheolau pendant.

ARGAELEDD A FFURFIAU MASNACHOL

Ar ôl cael ei drawsnewid bydd pren naill ai'n arw neu wedi'i blaenio ac ar gael mewn nifer o feintiau dewisol.

Yr enw arall ar fraslifiad yw maint enwol am fod y pren yn tueddu i fod o'r maint a enwyd. Pan fydd wedi'i blaenio ar ddau wyneb cyferbyn fe'i gelwir yn PBS ('wedi'i blaenio ar y ddwy ochr') a phan fydd wedi'i blaenio ar bob ochr fe'i gelwir yn PAR. Mae'n bwysig bod yn ymwybodol o'r ffaith fod pren sydd wedi'i blaenio ar bob ochr (PAR) tua 3mm yn llai na'r maint a enwyd oherwydd y plaenio.

Mae Ffigur 5.5 y dangos y meintiau dewisol safonol ar gyfer pren.

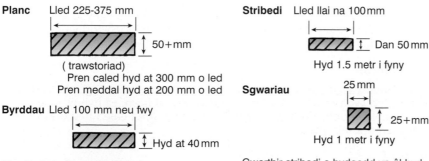

Planc Lled 225-375 mm
50+mm
(trawstoriad)
Pren caled hyd at 300 mm o led
Pren meddal hyd at 200 mm o led

Byrddau Lled 100 mm neu fwy
Hyd at 40mm

Mae hyd planciau a byrddau'n amrywio o 1.8 metr i fyny
Trwch cyffredin PBS 9, 12, 16, 19, 22, 25
Gwerthir yn ôl y metr sgwâr
Arwynebedd (metr sgwâr) =
$\frac{\text{hyd bwrdd (m)} \times \text{lled (mm)}}{1000}$

Stribedi Lled llai na 100mm
Dan 50mm
Hyd 1.5 metr i fyny

Sgwariau 25mm
25+mm
Hyd 1 metr i fyny

Gwerthir stribedi a hydoedd yn ôl hyd, e.e. yn ôl y metr llinol

Ffigur 5.5 *Meintiau dewisol safonol ar gyfer pren.*

Hoelbren
(trychiad crwn Ø3-Ø387)

Hanner crwn

Pedrant

Trychiadau architraf

Ffigur 5.6 *Enghreifftiau o fowldinau safonol.*

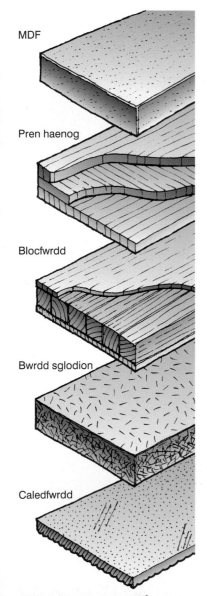

MDF

Pren haenog

Blocfwrdd

Bwrdd sglodion

Caledfwrdd

Ffigur 5.7 *Prennau cyfansawdd.*

Yr enw ar drychiadau bach o bren, a geir fel rheol mewn meintiau 2 fetr o hyd, yw mowldinau. Mae Ffigur 5.6 yn dangos rhai enghreifftiau o'r nifer o wahanol fathau o fowldinau sydd ar gael.

PREN CYFANSAWDD

Defnyddiau sail pren yw prennau cyfansawdd a gynhyrchir drwy fondio stribedi pren, argaenau (haenau tenau), mwydion neu ronynnau gyda'i gilydd. Maen nhw'n cynrychioli defnydd gweithgynhyrchu pwysig iawn, yn arbennig o fewn y diwydiant dodrefn.

Mae gan brennau cyfansawdd nifer o fanteision o'u cymharu â bwrdd pren llydan neu blanciau:

- Dim ond hyn a hyn o fyrddau llydan y gellir eu torri o goeden ac mae hyn yn ei wneud yn ddrud.

- Mae pren cyfansawdd ar gael mewn meintiau hyd at 1525 mm o led ond 300 mm yw lled nodweddiadol pren caled a 200 mm yw lled pren meddal.

- Mae pren cyfansawdd yn sad ac o drwch ac ansawdd cyson.

MATHAU O BREN CYFANSAWDD

Bwrdd ffibr dwysedd canolig (MDF)

Fe'i gwneir drwy wasgu a gludio gronynnau pren bach iawn gyda'i gilydd i greu bwrdd dwys sydd ar gael mewn amrywiaeth eang o siapiau a thrawstoriadau, gan gynnwys mowldinau a phaneli wedi'u mowldio. Mae'n sad iawn a gellir ei lamineiddio'n hawdd ag argaen blastig denau neu argaen pren caled. Gwneir defnydd mawr o MDF ar gyfer dodrefn yn y gegin ac mewn mannau gwaith.

Pren haenog

Fe'i ffurfir mewn gweisg mawr o **argaenau** (haenau tenau) o bren wedi'u bondio gyda'i gilydd ag adlyn. Gelwir y broses hon yn **lamineiddio**. Caiff yr argaen ei osod gyda'r graen mewn cyfeiriadau croes i sicrhau'r cryfder mwyaf. Ceir odrif (3, 5 neu 7) o argaenau bob amser; mae hyn yn sicrhau wynebau gwastad a sadrwydd. Defnyddir pren haenog ar gyfer drysau a phan mae'n rhaid cael llenddefnydd tenau iawn, e.e. gwaelod droriau.

Blocfwrdd

Fe'i gwneir drwy ludio stribedi o bren meddal ochr yn ochr â'i gilydd ac yna ychwanegu argaen tenau i'r wynebau uchaf ac isaf. Mae blocfwrdd yn gryf iawn ac yn cael ei ddefnyddio ar gyfer dodrefn a gwaith adeiladu trwm.

Bwrdd sglodion

Fe'i gwneir drwy wasgu a gludio darnau bach iawn o bren gyda'i gilydd. Nid yw'n hawdd gweithio gyda bwrdd sglodion ac nid yw'n gryf iawn. Er hynny, mae'n rhad ac yn cael ei ddefnyddio gyda wyneb ag argaen pren caled neu blastig er mwyn gwneud dodrefn rhad.

Caledfwrdd

Fe'i gwneir drwy ludio a gwasgu mwydion coed. Mae caledfwrdd yn denau ac mae ganddo un arwyneb llyfn ac un gweadog. Nid yw'n gryf iawn, ond mae'n ddewis rhad yn lle pren haenog pan nad yw cryfder yn bwysig.

GORFFENNU PREN

Pwrpas gorffennu pren a phrennau cyfansawdd wyneb-pren yw:

- rhwystro pren rhag amsugno lleithder a thrwy hynny droi'n ansad;
- creu amddiffyniad yn erbyn dirywiad ac ymosodiad gan bryfed;
- gwella ymddangosiad y cynnyrch terfynol.

Paratoi yw cam cyntaf pob proses orffennu. Dylid gwneud arwynebau'n llyfn drwy ddefnyddio plaen llyfnhau a/neu bapur gwydr. Cofiwch weithio ar hyd y graen bob amser, er mwyn osgoi crafu'r wyneb.

MATHAU O ORFFENNU

Staen

Defnyddir staen i liwio a gwella golwg y graen. Gellir matsio'r staeniau â lliwiau ac â mathau o bren, e.e. staen derw golau, neu gellir eu hychwanegu i greu lliw tra'n gadael i'r graen ddangos trwodd ar yr un pryd. Nid yw staeniau fel arfer yn gwarchod y pren.

Olew

Gellir defnyddio hwn i gynnal ymddangosiad naturiol y pren ac i warchod yr arwyneb i ryw raddau. Mae datblygiadau diweddar mewn gorffeniadau sail olew yn golygu eu bod yn gallu gwarchod a gwella golwg gwaith coed allanol.

Llathrydd

Defnyddir llathrydd cwyr gwenyn yn aml ar gyfer dodrefn pren pinwydd 'naturiol' mewnol. Yn y rhan fwyaf o achosion, mae gorffeniadau synthetig modern wedi cymryd lle llathrydd Ffrengig traddodiadol.

Resinau synthetig/farneisiau plastig

Gellir rhoi gorffeniadau deniadol a gwydn i arwynebau o ganlyniad i ddatblygiadau modern mewn gorffeniadau sail plastig fel farnais polywrethan. Gellir eu cael ar ffurf glir neu mewn amrywiaeth o liwiau. Gellir rhoi gorffeniad mat, sidan neu sglein uchel i arwynebau â brws neu chwistrell. Gorau oll os defnyddir nifer o haenau tenau, gan rwbio'r arwyneb â gwlân dur rhwng yr haenau.

Paent

Mae paent yn rhoi lliw ac yn gwarchod. Dylid ychwanegu cuddiwr ceinciau i geinciau a allai ollwng resin a difetha'r peintwaith gorffenedig. Yna dylid preimio a thanbeintio'r arwynebau. Gellir defnyddio sawl math o baent:

- Mae **paent emwlsiwn** yn ddyfrsail ac nid yw'n gwrthsefyll dŵr nac yn para.
- Mae **paent sail olew** yn ddrutach ond yn gwrthsefyll dŵr ac yn fwy gwydn. Mae paent polywrethan yn gwisgo'n arbennig o dda.

35

Gwiriwch eich gwybodaeth

CWESTIYNAU

C1 Cymharwch y ddau brif gategori o bren.

C2 Sut mae lleithder yn y pren yn debyg o achosi problem?

C3 Pa fanteision sydd gan prennau cyfansawdd o'u cymharu â phren solet?

C4 Mae'n rhaid i wneuthurwr teganau pren plant ystyried sawl peth:

i) Beth yw'r meini prawf pwysig y mae'n rhaid eu hystyried wrth wneud dewisiadau ynglŷn â'r cynnyrch hwn?

i) Eglurwch pa fath o bren solet allai fod yn addas.

i) Awgrymwch orffeniad addas ar gyfer y cynnyrch.

COFIWCH! Cuddiwch yr atebion os ydych chi'n dymuno.

ATEBION

A1 Pren caled a phren meddal yw'r ddau brif gategori. Mae prennau caled yn tyfu'n arafach ac yn ddrutach na phrennau meddal. Ar y cyfan, mae prennau meddal yn haws eu gweithio ac yn cael eu defnyddio ar gyfer gwaith adeiladu. Defnyddir prennau caled yn fwy ar gyfer dodrefn o ansawdd uchel a phan mae'n bwysig bod y pren yn para.

A2 Mae lleithder mewn pren yn ei wneud yn ansad ac yn achosi iddo ddirdroi a throelli. Os bydd hyn yn digwydd, yna bydd yn anodd ei weithio a bydd y cynnyrch terfynol yn methu.

A3 Mae prennau cyfansawdd yn lletach na phren solet, yn fwy sad, ac o drwch ac ansawdd cyson.

TIWTORIALAU

T1 Does dim ond angen penderfynu beth yw'r prif bwyntiau a fydd yn eich galluogi i wneud y gymhariaeth. Mae'n bwysig bob amser eich bod yn dangos eich dealltwriaeth o sut mae modd cymhwyso defnyddiau.

T2 Cyfeiriad syml at sadrwydd yw'r peth pwysig yma. Mae'r ateb hwn yn dangos ychydig mwy o ddealltwriaeth am ganlyniad yr ansadrwydd. Does dim rhaid cyfeirio at sychu neu achos y lleithder; nid yw'r cwestiwn yn gofyn am hyn.

T3 Y pedwar pwynt a geir yn yr ateb yw'r rhai pwysicaf. Gallech ddweud hefyd bod llawer o brennau cyfansawdd yn rhatach na phren solet, ond nid yw hyn yn wir yn achos pren haenog o'r ansawdd gorau.

ATEBION

A4

i) Y meini prawf pwysig wrth ddewis yw cost, gan ei fod yn bosibl y bydd llawer o'r teganau hyn yn cael eu gwneud, a pha mor hawdd yw'r defnydd i'w weithio, gan ei fod yn bosibl y bydd gan y teganau siapiau cymhleth. Byddai gwydnwch yn fantais.

ii) Y math orau o bren solet fyddai pren meddal fel pinwydden, neu ffawydden, sy'n bren caled ond sy'n hawdd ei weithio ac yn wydn.

iii) Gellir staenio a farneisio neu beintio'r ddau bren. Mae'n bwysig bod y gorffeniad yn ddiwenwyn ac yn ddiogel.

TIWTORIALAU

T4

Yn aml mae mwy nag un ateb derbyniol i gwestiwn o'r math yma. Yr hyn sy'n bwysig yw rhoi rhesymau dros eich ateb sy'n dangos lefel eich dealltwriaeth. Cyngor da yma: os yw cwestiwn yn cyfeirio at gynnyrch sy'n ymwneud â phlant dylai eich ateb gyfeirio at ystyriaethau diogelwch.

GEIRIAU ALLWEDDOL

Dyma'r geiriau allweddol. Rhowch dic os ydych chi'n credu eich bod chi'n eu deall.
Fel arall, chwiliwch am eu hystyr.

pren caled	pinwydd	blocfwrdd
pren meddal	PBS	bwrdd sglodion
ecoleg	PAR	caledfwrdd
sychu	prennau cyfansawdd	staen
graen (mewn pren)	argaenau	llathrydd
ffawydd	MDF	resinau synthetig
derw	pren haenog	farneisiau plastig
mahogani	laminiadu	paent

Mae elfennau sylfaenol pob metel yn dod o'r ddaear. Ar ôl cael eu hechdynnu ar ffurf mwyn cânt eu puro a'u prosesu mewn amrywiaeth o ddulliau i greu defnyddiau y mae modd eu defnyddio. Fel arfer mae metelau a ddefnyddir mewn gweithgynhyrchu ar gael mewn amrywiaeth eang o ffurfiau a siapiau (gweler Ffig. 6.1). Rhaid cael amrywiaeth eang o feintiau am nad yw'n hawdd newid maint metel, yn wahanol i bren.

Ffigur 6.1 *Ffurfiau metel sy'n gyffredin.*

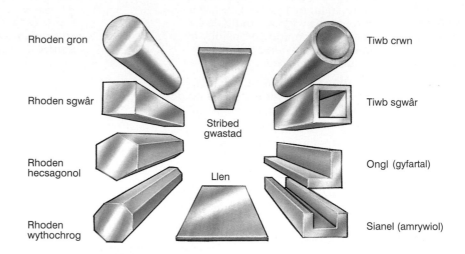

Rhoden gron

Rhoden sgwâr

Rhoden hecsagonol

Rhoden wythochrog

Stribed gwastad

Llen

Tiwb crwn

Tiwb sgwâr

Ongl (gyfartal)

Sianel (amrywiol)

MATHAU O FETEL

Mae dau brif grŵp o fetelau:

- mae **metelau fferrus** yn cynnwys haearn;
- nid yw **metelau anfferrus** yn cynnwys haearn.

METELAU FFERRUS

Haearn yw sylfaen pob metel fferrus, ond nid yw'n ddefnydd ymarferol iawn ynddo'i hun. Caiff mwyn haearn ei brosesu a'i droi'n amrywiaeth o ddefnyddiau defnyddiol drwy gyfrwng prosesau cynhesu a chymysgu aloi sy'n cynnwys ychwanegu a rheoli'r cynnwys carbon.

Mae **cymysgu aloi'n** cyfeirio at y broses o gyfuno dau neu fwy o fetelau, yn aml gydag elfennau eraill, i greu metel newydd a gwell o ran ei briodweddau a'i nodweddion. Mae **dur gwrthstaen** (dur a cromiwm) a dur buanedd uchel (dur a twngsten) yn enghreifftiau o **aloiau fferrus** (yn cynnwys haearn).

Mae'r tabl yn Ffigur 6.2 yn dangos sut mae ychwanegu metelau ac elfennau eraill yn gallu gwella priodweddau'r defnydd. Mae angen i chi wybod yn arbennig sut y defnyddir defnyddiau a beth yw'r priodweddau sy'n eu gwneud yn addas ar gyfer tasg. Er enghraifft, wrth edrych ar y tabl dylech fedru gweld bod dur buanedd uchel yn cael ei ddefnyddio ar gyfer offer torri am ei fod yn galed iawn.

Enw ac ymdoddbwynt	Cyfansoddiad	Priodweddau a nodweddion gweithio	Defnydd
Haearn bwrw 1200°C	Haearn + 3.5% carbon, amrediad eang o aloiau, ffurfiau gwyn, llwyd a hydrin	Croen caled, craidd meddal bregus, cryf wrth gael ei gywasgu, hunaniro, ni ellir ei blygu na'i ofannu	Peiriannau trwm sy'n malu'n fân Drymiau neu ddisgiau brêc ceir Feisiau neu ddarnau peiriant
Dur Dur meddal 1600°C	Aloiau o haearn a charbon 0.15 – 0.35% carbon	Gwydn, hydwyth a hydrin, cryfder tynnol da, hawdd ei uno, weldio, nid yw'n gwrthsefyll cyrydiad yn dda, ni ellir ei galedu a'i dymheru, at ddibenion cyffredinol	Hoelion, sgriwiau, nytiau a bolltau Hytrawstiau Cyrff ceir
Dur carbon canolig	0.4 – 0.7% carbon	Cryf a chaled, ond llai hydwyth, gwydn a hydrin	Offer garddio (trywel, fforch) Sbringiau Rheiliau
Dur carbon uchel (dur arian) 1800°C	0.8 – 1.5%	Caled iawn, ond llai hydwyth, gwydn a hydrin, anodd ei dorri, hawdd ei uno drwy driniaeth wresogi carbon, cryfder yn lleihau uwchlaw 0.9%	Offer llaw (morthwylion, cynion, tyrnsgriwiau, pynsiau)
Dur aloi Dur gwrthstaen	Aloiau 18% cromiwm 8% nicel 8% magnesiwm	Caled a gwydn, gwrthsefyll traul, gwrthsefyll cyrydiad, ffurfiau gwahanol yn effeithio ar hydrinedd (mathau 18/8), anodd ei dorri a'i ffeilio	Sinciau Cyllyll a ffyrc Llestri, tebotau
Dur buanedd uchel	Dur carbon canolig + twngsten + cromiwm + fanadiwm	Caled iawn, gwrthsefyll gwres ffrithiannol hyd yn oed gwres coch, gellir ei falu'n unig	Offer torri turn Driliau Melinwyr
Dur ucheldynnol	Dur carbon isel + nicel	Gwrthsefyll cyrydiad, ehangu'n araf, cryfder a gwydnwch eithriadol	Gerau/falfiau peiriant Llafnau tyrbinau
Dur manganîs	1.5% manganîs	Gwydnwch eithriadol	Cadwynau Bachau a chyplyddion

Ffigur 6.2 *Metelau fferrus.*

METELAU ANFFERRUS

Mae **alwminiwm** (metel mwyaf toreithiog y Ddaear), **copr**, **tun**, **plwm**, **aur** ac **arian** yn enghreifftiau o fetelau anfferrus. Mae **pres** ac **efydd** yn anfferrus hefyd ond fel y gwelwch o'r tabl yn Ffigur 6.3 maen nhw'n aloiau o gopr. Yn nodweddiadol, mae pres yn gyfuniad o 65% copr a 35% sinc.

Enw ac ymdoddbwynt	Cyfansoddiad	Priodweddau a nodweddion gweithio	Defnydd
Alwminiwm 660°C	Metel pur	Cymhareb cryfder/pwysau uchel, ysgafn, meddal a hydwyth (FCC), gwaith galedu pan yn oer, rhaid anelio, anodd ei uno, diwenwyn, dargludo gwres a thrydan yn dda, yn gwrthsefyll cyrydiad, yn llathru'n dda.	Offer coginio ar gyfer cegin (pedyll) pacio, caniau, ffoiliau fframiau ffenestri
Aloi castin (LM 4) (LM 6)	3% copr 5% silicon 12% silicon	Castio'n dda, castio tywod a deigastio, yn peiriannu'n dda, yn fwy gwydn a chaled, mwy o lifedd	Cydrannau peiriant Pennau silindr
Dwralwmin	4% copr 1% manganîs + magnesiwm	Bron o gryfder dur meddal ond dim ond 30% o'r pwysau, yn caledu gydag amser, yn peiriannu'n dda ar ôl anelio	Adeiledd awyren
Copr (Cu) 1083°C	Metel pur	Hydrin, hydwyth (FCC), gwydn, addas ar gyfer ei weithio'n boeth ac oer, dargludo gwres a thrydan yn dda, yn gwrthsefyll cyrydiad, hawdd ei uno, yn sodro a phresyddu'n dda, yn llathru'n dda, cymharol ddrud	Silindrau storio dŵr poeth Pibau/tiwbiau gwres canolog Gwifrau trydanol Bwrdd wedi'i orchuddio â chopr (cylchedau)
Aloiau copr Metel euro	15% sinc	Cryfach, lliw aur, yn enamlo, hawdd ei uno	Gwaith metel pensaernïol Gemwaith
Pres 900 - 1000°C	35% sinc	Yn gwrthsefyll cyrydiad, mwy o galedwch, yn castio'n dda, gwaith galedu, hawdd ei uno, yn dargludo gwres a thrydan yn dda, yn llathru'n dda	Castio (e.e. falfiau) Mân daclau cwch Addurniadau
Efydd 900 - 1000°C	10% tun	Cryf a gwydn, nodweddion gwisgo da, yn gwrthsefyll cyrydiad	Cerfluniau Darnau arian Berynnau
Tun (Sn) 232°C	Metel pur	Meddal a gwan, hydwyth a hydrin, yn gwrthsefyll cyrydiad yn rhagorol, hyd yn oed pan yw'n llaith, ymdoddbwynt isel	Metelau beryn Sodr
Tunplat	Plât dur ag argaen tun	Plygu gyda chraidd dur meddal, diwenwyn	Caniau tun
Plwm (Pb) 327°C	Metel pur	Trwm iawn, meddal, hydrin a hydwyth ond gwan, yn gwrthsefyll cyrydiad hyd yn oed gan asid, ymdoddbwynt isel, yn castio'n dda, priodweddau trydanol	Gorchuddion to – plygiadau plwm Plymwaith Ynysiad rhag pelydredd
Sinc (Zn) 419°C	Metel pur	Gwan iawn, cymhareb cryfder/pwysau gwael, yn gwrthsefyll cyrydiad atmosfferig yn arbennig o dda, ymdoddbwynt isel, hydwyth (CPH) ond anodd ei weithio, drud	Dur galfanedig, biniau sbwriel To llenni haearn rhychiog Aloiau deigastio a phaentiau gwrthrwd

Ffigur 6.3 *Metelau anfferrus a'u haloiau.*

TRIN METELAU Â GWRES

Gellir defnyddio'r broses o boethi ac oeri metelau er mwyn newid eu priodweddau a'u nodweddion.

Mae'n bwysig sylweddoli y gall **gweithio** oer fel morthwylio a phlygu achosi newidiadau drwy achosi diriant ar arwyneb y defnydd. Enw arall ar hyn yw **gwaith galedu**. Gellir defnyddio triniaeth wres i adfer priodweddau gwreiddiol y metel hwnnw.

PROSESAU TRINIAETH WRES

Anelio

Dyma'r broses lle defnyddir gwres i leihau diriannau mewnol.

Caiff **metelau fferrus** eu poethi nes cyrraedd **gwres cochias** (725°C), yna gadewir iddynt **drochi** ar y tymheredd hwn cyn eu hoeri'n araf.

Caiff **alwminiwm** ei boethi hyd at 350-400°C ac yna gadewir iddo oeri. Mae sebon sy'n dangos tymheredd yn cael ei rwbio ar yr arwyneb ac mae hwn yn troi'n ddu pan gyrhaeddir y tymheredd iawn.

Caiff **copr** ei boethi nes cyrraedd **lliw coch llwydaidd** ac yna caiff naill ai ei drochoeri mewn dŵr neu gadewir iddo oeri.

Caiff **pres** ei boethi nes cyrraedd **lliw coch llwydaidd** ac yna gadewir iddo oeri.

Mae'n rhaid piclo copr a phres mewn asid sylffwrig gwanedig ar ôl eu trin i gael gwared â chennau arwyneb.

Normaleiddio dur

Defnyddir y broses hon ar gyfer **dur** yn unig er mwyn coethi adeiledd y defnydd ar ôl gwaith galedu. Mae hyn yn cynnwys poethi'r dur i'w '**derfan critigol uchaf**', sef rhwng 700 a 900°C yn dibynnu ar faint o garbon sydd yn y dur, ei drochi ar y tymheredd hwnnw am gyfnod byr, ac yna gadael iddo awyr-oeri.

Mae'r broses hon yn creu metel sy'n fwy gwydn na'r hyn a geir drwy ddefnyddio proses anelio.

Caledu dur

Mae priodweddau ffisegol dur yn amrywio yn ôl faint o garbon sydd ynddo. Caiff dur ei galedu drwy ei boethi i dymheredd uwch na'r **pwynt critigol uchaf** ac yna, ar ôl ei drochi ar y tymheredd hwn, ei oeri'n gyflym drwy drochoeri. Caiff trochoeri ei wneud fel arfer mewn dŵr er bod modd oeri'n gyflymach drwy ddefnyddio heli (dŵr halen). Mae'n bosibl ei oeri'n arafach drwy ddefnyddio olew. Yn achos duroedd carbon uchel, defnyddir olew i'w trochoeri er mwyn lleihau'r perygl o gracio'r dur.

Mae'r caledwch yn dibynnu ar faint o garbon sy'n bresennol. Ni ellir caledu dur meddal, sy'n cynnwys llai na 0.4% o garbon, yn y ffordd yma. Mae duroedd carbon uchel, fodd bynnag, yn mynd mor galed fel eu bod yn rhy frau ar gyfer nifer o gymwysiadau ac felly rhaid eu **tymheru** i'w gwneud yn fwy gwydn.

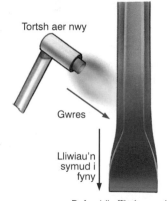

Tortsh aer nwy

Gwres

Lliwiau'n symud i fyny

Defnyddio ffilmiau ocsid

Ffigur 6.4 *Tymheru cŷn oer mewn gweithdy.*

Lliw	Caletaf	Tymheredd yn fras (°C)	Defnydd
Gwellt golau	Caletaf	230	Offer turn, sgrafelli, sgrifelli
Gwellt		240	Driliau, melinwyr
Gwellt tywyll		250	Tapiau a deiau, pynsiau, agorellau
Brown		260	Heyrn plaenio, gwelleifiau, canolau turn
Brown-borffor		270	Sisyrnau, offer gwasgu, cyllyll
Porffor		280	Cynion caled, bwyeill, llifiau
Porffor tywyll		290	Tyrnsgriwiau, allweddi crafanc
Glas	Gwydnaf	300	Sbringiau, sbaneri, nodwyddau

Ffigur 6.5
Tymheru dur.

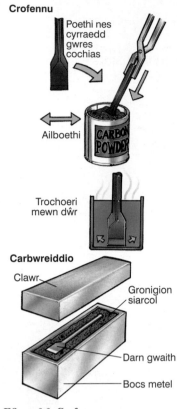

Crofennu

Poethi nes cyrraedd gwres cochias

Ailboethi

Trochoeri mewn dŵr

Carbwreiddio

Clawr

Gronigion siarcol

Darn gwaith

Bocs metel

Ffigur 6.6 *Crofennu a charbwreiddio.*

Tymheru

Mae'r broses hon yn golygu codi tymheredd y dur a galedwyd i 230-300°C gan ddibynnu ar y defnydd a wneir ohono. O fewn y diwydiant gweithgynhyrchu, mae hyn yn digwydd mewn ffwrn lle gellir rheoli'r tymheredd. Mewn gweithdy mae tymheru'n golygu glanhau'r dur a galedwyd gyda chlwt emeri nes ei fod yn loyw fel bod modd gweld y lliwiau ocsid a fydd yn dangos beth yw'r tymheredd. Wrth boethi'r dur a galedwyd gyda thortsh aer nwy, bydd ocsidau lliw yn datblygu ac yn symud ar hyd y dur wrth i'r gwres gael ei ddargludo. Pan fydd y lliw cywir yn cyrraedd darn gweithio yr erfyn, yna caiff yr erfyn ei drochoeri ar unwaith mewn dŵr oer.

Crofennu dur meddal

Rydym wedi gweld na ellir caledu dur meddal gan y broses uchod am nad yw'n cynnwys llawer o garbon. Mae crofennu'n golygu rhoi arwyneb o garbon ar y dur fel y gellir wedyn galedu'r arwyneb allanol yma. Mae modd gwneud hyn naill ai drwy boethi'r dur nes cyrraedd gwres cochias a'i ddipio mewn carbon – caiff y broses hon ei hailadrodd sawl gwaith i'w wneud yn fwy trwchus – neu drwy bacio'r dur mewn carbon a'i bobi mewn ffwrn ar dymheredd o 900°C am nifer o oriau. Yr enw a roir ar bacio mewn carbon yw **carbwreiddio** neu bacgarbwreiddio.

Wedyn gellir caledu'r dur fel o'r blaen. Mantais crofennu yw bod craidd meddalach y dur yn aros yn wydn tra bod yr arwyneb allanol yn galed.

GORFFENNU METEL

Pwrpas gorffennu metelau yw:

- creu amddiffyniad yn erbyn tarneisio (ocsidiad) a chyrydiad;
- gwella ymddangosiad y cynnyrch terfynol.

Pa bynnag orffeniad neu amddiffyniad a roddir i fetelau, mae'n bwysig 'gorffennu'r' arwyneb yn gyntaf a sicrhau ei fod yn rhydd o faw, saim a ffilmiau ocsid. Dylid cymryd gofal wrth drafod y metel gan fod hyn yn un o'r prif resymau dros ddirywiad arwyneb.

Fel arfer, mae gorffennu â llaw yn cynnwys cyfres o driniaethau sgraffinio: ffeilio, darffeilio, clwt emeri a llathru. Caiff y prosesau hyn eu trafod ym Mhennod 13. Ni ddylai fod angen defnyddio'r prosesau hyn ar gyfer cydrannau a chynhyrchion a orffennir â pheiriant gan ei fod yn bosibl creu gorffeniad o safon uchel ar durn canol neu beiriant melino.

PROSESAU GORFFENNU METEL

Duo ag olew

Fel arfer defnyddir y broses draddodiadol a syml hon ar gyfer cynhyrchion a wnaed o ddur wedi'i ofannu. Mae'n cynnwys poethi'r dur nes cyrraedd gwres coch llwydaidd ac yna'i drochoeri mewn olew fflachbwynt uchel. Mae'r olew yn llosgi'n ddu ar yr arwyneb gan greu croen tenau amddiffynnol y gellir wedyn ei lacro i roi mwy o amddiffyniad.

Peintio

Er mwyn sicrhau bod paent yn aros ar arwynebau metel rhaid glanhau a datseimio'r metel yn drylwyr drwy ddefnyddio gwirod fel gwirod gwyn neu baraffîn, ac yna dylid ei breimio. Mae paentiau preimio metel fel ocsid coch a sinc cromad yn rhoi adlyniad i'r arwyneb metel ac yn creu arwyneb addas ar gyfer tanbaent sail olew ac yna'r got uchaf. Mae'n bwysig peidio halogi'r arwyneb a breimiwyd drwy roi saim arno wrth ei drafod â'r dwylo.

Araenu â phlastig

Mae modd defnyddio'r broses hon gyda'r mwyafrif o fetelau ac fe'i defnyddir i araenu basgedi metel gwifrog, rheseli a choesau ar gyfer offer fel sisyrnau a gefeiliau. Dylid glanhau, datseimio a phoethi'r cynnyrch mewn ffwrn i tua 180°C. Yr enw ar y broses o argaenu yw **hylifo** ac mae'n digwydd mewn tanc hylifo. Mae'r tanc yn cynnwys powdr plastig gydag aer yn pasio drwyddo sy'n gwneud iddo ymddwyn fel hylif. Caiff y gwaith ei blymio i mewn i'r powdr, ei adael yno am ychydig o funudau tra bod y plastig yn toddi ac ymdoddi yn erbyn yr arwyneb, ac yna ei dynnu allan.

Bydd dychwelyd y cynnyrch i'r ffwrn yn sicrhau arwyneb plastig llyfn â sglein uchel.

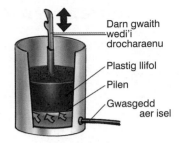

Ffigur 6.7 *Trocharaenu â phlastig.*

Darn gwaith wedi'i drocharaenu
Plastig llifol
Pilen
Gwasgedd aer isel

Lacro

Mae lacro'n golygu chwistrellu neu frwsio haen denau o gellwlos neu farnais ar yr arwyneb i'w ddiogelu rhag tarnais ac ocsidiad. Mae hyn yn arbennig o addas ar gyfer eitemau fel gemwaith wedi'i wneud o fetelau anfferrus deniadol fel copr gan ei fod yn gadael i liw'r metel ddangos trwodd.

Enamlo

Mae'r broses addurnol hon yn defnyddio gwydr powdr sy'n cael ei ddoddi er mwyn iddo lifo dros y metel a chreu gorffeniad lliwgar ac amddiffynnol.

Caiff enamlo gwydrog (stof) ei ddefnyddio ar ddur ar gyfer offer fel poptai ac mae'n rhoi gorffeniad sy'n gwrthsefyll gwres, cemegau, traul a chyrydiad. I wneud gemwaith enamlog defnyddir metel cyffredin fel copr neu fetel euro. Er mwyn gwneud hyn, rhaid defnyddio odynnau enamlo bychain.

Ffigur 6.8 *Gemwaith enamlog.*

Electroplatio

Mae electroplatio'n rhoi gorffeniad addurnol ac amddiffynnol i fetelau fel copr a phres. Mae'r cynnyrch sydd i'w araenu'n cael ei drochu mewn hydoddiant halwyn metelig a elwir yn **electrolyt**. Yna mae cerrynt yn cael ei yrru rhwng y metel a ddefnyddir ar gyfer yr araenu a'r cynnyrch gan achosi i ddyddodion o'r araen ffurfio ar y cynnyrch. Defnyddir electroplatio ar gyfer platio tapiau â chrôm a phlatio gemwaith ag arian.

Anodeiddio

Mae anodeiddio'n broses a ddefnyddir ar alwminiwm er mwyn gwneud yr haen ocsid ar yr arwyneb yn fwy trwchus. Mae'n electrobroses sy'n debyg i electroplatio ond yma ni ddefnyddir metelau eraill. Caiff llifynnau lliwio eu hychwanegu at y broses er mwyn creu gorffeniad lliwgar 'metelig' ar yr arwyneb.

Ffigur 6.9 *Tapiau wedi'u helectroplatio a chrôm.*

GEIRIAU ALLWEDDOL

Dyma'r geiriau allweddol. Rhowch dic os ydych chi'n credu eich bod chi'n eu deall. Fel arall, chwiliwch am eu hystyr.

metel fferrus	alwminiwm	gwaith galedu	ocsidiad
metel anfferrus	copr	caledu	araenu â phlastig
cymysgu aloi	tun	anelio	lacro
dur	plwm	efydd	enamlo
dur gwrthstaen	sinc (galfanu)	normaleiddio	electroplatio
dur buanedd uchel	pres	tymheru	anodeiddio
dur ucheldynnol	gweithio'n oer	crofennu	

Gwiriwch eich gwybodaeth

CWESTIYNAU

C1 Eglurwch y term 'aloi' a rhowch enghreifftiau o ddau aloi fferrus a dau anfferrus.

C2 Rhowch enghraifft o sut y byddai'n bosibl defnyddio'r metelau canlynol a dywedwch pa rai o nodweddion y defnydd sy'n ei wneud yn arbennig o addas ar gyfer y pwrpas a nodwyd.

i) Haearn bwrw
ii) Alwminiwm
iii) Copr
iv) Pres

C3 Eglurwch sut mae'r broses normaleiddio yn wahanol i'r broses anelio.

C4 Rhestrwch y camau mae'n rhaid eu dilyn wrth baratoi lifer dur meddal ar gyfer ei drocharaenu â phlastig.

COFIWCH! Cuddiwch yr atebion os ydych chi'n dymuno.

ATEBION

A1 Mae aloi'n fetel sydd wedi'i ffurfio o ddau neu fwy o fetelau.

Mae dur gwrthstaen a dur ucheldynnol yn aloiau fferrus.

Mae dwralwmin a phres yn aloiau anfferrus.

A2
i) Haearn bwrw – feisiau gweithdy – cryf, ac yn hawdd ei gastio.
ii) Alwminiwm – offer coginio – dargludo gwres yn dda.
iii) Copr – peipiau dŵr – yn hydrin
iv) Pres – tapiau dŵr – gwrthsefyll cyrydiad.

A3 Defnyddir y broses o normaleiddio gyda dur yn unig. Mae normaleiddio'n creu dur gwydnach nag anelio. Wrth normaleiddio rheolir y tymheredd yn ôl terfan critigol uchaf y dur dan sylw, tra bod anelio'n codi'r tymheredd hyd at wres cochias.

A4 Dylid gorffennu'r arwyneb drwy ffeilio, darffeilio ac yna defnyddio clwt emeri i gael gwared â phob crafiad. Wedyn dylid ei lanhau a chael gwared â saim drwy ddefnyddio gwirod fel gwirod gwyn.

TIWTORIALAU

T1 *Does dim llawer o aloiau cyffredin ac felly mae'n well bod yn ymwybodol o rai ohonynt. Defnyddir y term aloi alwminiwm yn aml. Gelwir olwynion sbortscar yn 'olwynion aloi' yn gyson. Mewn gwirionedd, maen nhw wedi'u gwneud o ddwralwmin, aloi alwminiwm sy'n ysgafn a chryf.*

T2 *Mae nifer o atebion i'r cwestiwn hwn, ond pan gewch gwestiwn o'r math yma, ewch yn syth at y pwynt a pheidiwch â rhoi gwybodaeth na ofynnir amdani. Yn yr enghraifft sy'n nodi haearn bwrw mae dau briodwedd yn cael eu henwi. Ni cheir marciau ychwanegol am yr ail, ac fe allech wneud camgymeriad gydag un ohonynt.*

T3 *Heb y frawddeg olaf ni fyddai'r ateb yma wedi ffocysu'n ddigon clir ar y cwestiwn. Mae'r cwestiwn yn gofyn am y gwahaniaeth yn y broses. Byddai wedi bod yn bosibl cyfeirio at naill ai'r cynnwys carbon neu'r terfan critigol uchaf.*

T4 *Mae'r ateb yn gywir er nad yw'n bwysig bod yr arwynebedd i'w argaenu yn rhydd o grafiadau. Y pwynt pwysig yw ei fod yn rhydd o saim.*

Caiff y gair plastig ei ddefnyddio i ddisgrifio'r amrywiaeth eang o ddefnyddiau a fu ar ryw bwynt mewn cyflwr plastig, hynny yw, y cyflwr rhwng hylif a solid. Mae pob maes llafur TGAU yn gofyn am wybodaeth a dealltwriaeth yn ymwneud â phlastigion synthetig (plastigion gwneud) ond mae'n werth bod yn ymwybodol, wrth edrych ar ddylunio a datblygu cynhyrchion, fod plastigion naturiol sy'n dod o blanhigion, anifeiliaid a phryfed wedi cael eu defnyddio yn y gorffennol.

Ymddangosodd plastigion synthetig ar ddechrau'r 20fed ganrif gyda defnyddiau fel **bakelite**. Dechreuwyd y diwydiant plastigion enfawr sy'n bodoli heddiw er mwyn ateb gofynion yr Ail Ryfel Byd. Yn dilyn rwber synthetig cynnar o'r enw **styren** cafwyd **polystyren**. O finyl daeth amrediad arall o blastigion, gan gynnwys **PVC**. Cafodd **acrylig** ei ddatblygu ar gyfer canopïau awyrennau ac yna fe'i datblygwyd ymhellach i greu **polythen**. Ar yr un pryd cynhyrchwyd **neilon** ac roedd yn bosibl ei nyddu'n ffibr i greu ffabrig newydd ar gyfer dillad a dodrefn. Y defnyddiau gwreiddiol a ddefnyddir i gynhyrchu plastigion synthetig yw olew crai, glo a nwy naturiol.

Ar y cyfan nid yw plastigion mor gryf â llawer o ddefnyddiau gweithgynhyrchu eraill fel metel ond am eu bod yn aml yn ysgafn, mae'n bosibl cael cymhareb cryfder i bwysau dda. Un o briodweddau pwysig plastigion yw eu gallu i wrthsefyll cyrydiad. Tra bod hyn yn dda ar gyfer gwrthsefyll y tywydd ac ymosodiadau gan gemegau, mae defnydd sydd bron yn amhosibl ei ddifetha yn gallu creu problemau o safbwynt yr amgylchedd. Po fwya mae plastigion yn cymryd lle defnyddiau fel gwydr ar gyfer pacio a storio, mwya'r broblem, er bod datblygiadau diweddar wedi arwain at greu amrediad o blastigion bioddiraddadwy. Byddai'n bosibl ailddefnyddio'r mwyafrif o thermoplastigau, ond nid yw'n effeithlon o ran egni na chost i wneud hynny bob tro.

Mae'n werth nodi bod materion sy'n ymwneud â thechnoleg nad yw'n bygwth yr amgylchedd yn codi mewn termau cyffredinol o fewn meysydd llafur arholiadau, ac felly gallwch ddisgwyl iddynt godi mewn arholiadau. Mae'n bwysig eich bod yn gwybod y diweddaraf am y datblygiadau yn y meysydd hyn.

Ffigur 7.1 *Ffôn cynnar wedi'i wneud o bakelite.*

Ffigur 7.2 *Ffôn modern wedi'i wneud o ABS.*

MATHAU O BLASTIGION

Mae dau fath o blastig:

- thermoplastigau;
- plastigion thermosodol.

THERMOPLASTIGAU

Mae thermoplastigau wedi'u ffurfio o foleciwlau cadwynol hir sydd wedi'u cymysgu ond heb eu bondio â'i gilydd. Mae hyn yn golygu bod modd toddi pob thermoplastig a'i ddychwelyd i'w gyflwr gwreiddiol, a dyma'r rheswm am y term thermoplastig: mae 'thermo' yn golygu gwres, ac mae 'plastig' yn cyfeirio at y cyflwr rhwng hylif a solid.

Ffigur 7.3 *Enghreifftiau o gynwysyddion plastig cyffredin.*

PLASTIGION THERMOSODOL

Fel y thermoplastigau, mae plastigion thermosodol (thermosetiau) wedi'u ffurfio o foleciwlau cadwynol hir ond pan gaiff y plastig ei ffurfio yn y lle cyntaf mae'r cadwynau yn bondio gyda'i gilydd. Mae hyn yn golygu nad yw'n bosibl aildoddi plastigion thermosodol. Mae plastigion thermosodol yn anhyblyg, hyd yn oed ar dymheredd uchel.

Mae'r tablau yn Ffig. 7.4 yn dangos yr amrediad o blastigion cyffredin. Dylech fod yn gyfarwydd â'r enwau cyffredin, sef y rhai mewn teip trwm. Ar lefel TGAU nid yw'n bwysig gwybod enw cemegol defnyddiau fel acrylig ac ABS.

Thermoplastigau

Enw	Priodweddau a nodweddion gweithio	Defnydd
Polythen (polyethylen) (LDPE)	Dwysedd isel: gwydn, plastig cyffredin, gwrthsefyll cemegau'n dda, hyblyg, meddal, yn denu llwch, ynysydd trydanol, amrywiaeth eang o liwiau	Glanedydd, poteli gwasgu, teganau, ffilm lapio, bagiau nwyddau, cebl teledu
(HDPE)	Dwysedd uchel: llai ystwyth, caletach, meddalbwynt uchel, gellir ei ddiheintio, teimlo fel cwyr	Cewyll llefrith, poteli, pibellau, offer tŷ, bwcedi, powlenni
Polypropylen (PP)	Ysgafn, caled, gwrthsefyll ardrawiad hyd yn oed ar dymheredd isel, gwrthsefyll cemegau'n dda, gellir ei ddiheintio, hawdd ei uno a'i weldio, gwrthsefyll traul gwaith yn dda, plygu, colfachau, yn dda yn fecanyddol	Offer meddygol, chwistrelli, cynwysyddion gyda cholfachau annatod, llinyn, rhaff, rhwydi, cewyll, cregyn cadeiriau, offer cegin, ffilm
Polystyren (PS)	a) Confensiynol: ysgafn, caled, anystwyth, di-liw, tryloyw, brau, nerth ardrawiad isel, diogel gyda bwyd, gwrthsefyll dŵr yn dda	Citiau model, defnydd pacio, platiau, cwpanau ac offer tafladwy, cabinet teledu, cynwysyddion
	b) Gwydn; yn cynyddu ardrawiad, cryfder, yn cynnwys pigment	Teganau, leinin oergelloedd
	c) Ymledol/ewyn: hynaf, ysgafn, yn briwsioni, ynysydd sŵn /gwres da	Ynysydd sŵn a gwres, defnydd pacio
uPVC (Polyfinyl clorid) Wedi'i blastigeiddio	(PVC) Gwrthsefyll cemegau a thywydd yn dda, anystwyth, caled, gwydn, ysgafn, amrywiaeth eang o liwiau, angen ei sefydlogi ar gyfer ei ddefnyddio yn yr awyr agored Meddal, hyblyg, ynysydd trydanol da	Pibellau, cafnau, poteli, gwadnau esgidiau, llenni toi, recordiau, fframiau ffenestri. Tan-sêl, peipiau dŵr rwber, gorchuddion wal
Acrylig (Polymethyl methacrylad)	Anystwyth, caled, clir, para'n dda iawn, gwrthiant ardrawiad IOX tebyg i wydr, ond yn crafu'n hawdd, yn trawsyrru golau'n ardderchog, nodweddion opteg ffibr, diogel gyda bwyd, ynysydd trydanol da, lliwio'n dda, hawdd ei beiriannu, llathru'n dda	Unedau golau, arwyddion wedi'u goleuo, cloriau chwaraewyr recordiau, canopïau awyrennau, ffenestri, goleuadau/adlewyrchyddion ôl car, dodrefn, darpariaeth mislif
Neilon (Polyamid)	Lliw hufennaidd, caled, gwydn, adlamol i draul, cyfernod ffrithiant isel, arwynebau berynnau, hunaniro, gwrthsefyll tymheredd eithafol, gwrthsefyll cemegau'n dda, peiriannu'n dda, anodd ei uno ac eithrio'n beiriannol	Berynnau, olwynion gêr, casinau ar gyfer offer pŵer, ffitiadau rheiliau llenni, cribau, dillad, hosanau, colfachau, ffilamentau ar gyfer brwshys
Asetad cellwlos	Gwydn, caled ac anystwyth (gellir ei wneud yn ystwyth), adlamol, ysgafn o ran pwysau, tryloyw, anfflamadwy, hawdd ei beiriannu, yn amsugno rhywfaint o leithder.	Casys ysgrifbinnau, ffilm ffotograffig, cyllyll a ffyrc, dolennau, byliau, cloriau, fframiau sbectols, cynwysyddion
ABS (Acrylonitril butadienestyren)	Nerth a gwydnwch ardrawiad uchel, gwrthsefyll crafu, ysgafn a gwydn, ymddangosiad da, gorffeniad arwyneb uchel, gwrthsefyll cemegau	Offer cegin, casys ar gyfer nwyddau defnyddwyr sy'n para (e.e. camerau), teganau, helmedau diogelwch, cydrannau car, ffonau, prosesyddion/cymysgwyr bwyd

Plastigion thermosodol

Enw	Priodweddau a nodweddion gweithio	Defnydd
Wrea-fformaldehyd (UF)	Anystwyth, caled, brau, gwrthsefyll gwres, ynysydd trydanol da, amrywiaeth eang o liwiau golau, adlynol (Aerolite)	Mân daclau trydanol (gwyn), darnau offer cartref (e.e. byliau), adlynion (pren), papur araenu, tecstil
Melamin-fformaldehyd (MF)	Anystwyth, caled, cryf, gwrthsefyll crafu, amsugniad dŵr isel, diarogl, gwrthsefyll staenio, gwrthsefyll rhai cemegau, amrywiaeth eang o liwiau	Llestri bwrdd, laminiadau addurnol ar gyfer arwynebau gwaith, ynysiad trydanol, botymau
Resin polyester (PR)	Anystwyth, caled, brau (adlamol pan yn GRP laminedig), gwrthsefyll gwres a chemegau'n dda, ynysydd trydanol, gwrthsefyll golau uwchfioled, yn dda yn yr awyr agored, cyfangu wrth sychu, derbyn lliw yn dda	Castio, mewngapsiwleiddio, mewnosod, paneli (gyda GRP), cychod, cyrff ceir, cregyn cadeiriau, cynwysyddion
Resin epocsi (epocsid) (ER)	Cryfder uchel o'i atgyfnerthu, gwrthsefyll cemegau a thraul yn dda, gwrthsefyll gwres hyd at 250°C, ynysydd trydanol, adlyn ar gyfer bondio defnyddiau annhebyg, culhad isel.	Araenau arwyneb, castinau, mewngapsiwleiddio cydrannau electronig, adlynion, papur laminiadu, PCB, tanciau, llestri gwasgedd

Ffigur 7.4

GORFFENNU PLASTIGION

Gan eu bod yn gwrthsefyll cyrydiad a dirywiad yn ardderchog, nid oes angen gorffennu plastigion. Mae plastigion yn cael eu gweld fel defnyddiau sy'n **hunanorffennu**. Wrth weithio gyda phlastigion, yn enwedig ar ffurf llenni, mae'n bwysig gwneud y mwyaf o orffeniad y defnydd drwy ddiogelu'r arwyneb wrth weithio a llathru ymylon ac arwynebeddau sydd wedi'u gweithio.

Yn aml, bydd cwestiynau'n codi mewn arholiadau sy'n ymwneud â chamau gweithgynhyrchu eitemau sy'n defnyddio llenddefnyddiau fel acrylig. Dylech gofio bod yr ymylon yn anos eu gorffennu unwaith mae'r llenddefnydd wedi cael ei ffurfio drwy ei blygu â gwres. Yn aml, felly, mae'n angenrheidiol gorffennu'r ymylon cyn i'r cynnyrch gyrraedd ei ffurf derfynol.

Ffigur 7.5 *Gorffennu'r ymyl â pheiriant bwffio.*

GEIRIAU ALLWEDDOL

Dyma'r geiriau allweddol. Rhowch dic os ydych chi'n credu eich bod chi'n eu deall. Fel arall, chwiliwch am eu hystyr.

plastig	plastig thermosodol	ABS	PVC	
thermoplastig	acrylig	polythen	neilon	hunanorffennu

Gwiriwch eich gwybodaeth

CWESTIYNAU

C1 Cymharwch y ddau brif gategori o blastig.

C2 Ar gyfer pob un o'r plastigion canlynol, rhowch enghraifft o sut y gellid eu defnyddio a dywedwch pa rai o'u nodweddion sy'n eu gwneud yn arbennig o addas at y pwrpas.

i) Polythen
ii) Neilon
iii) Acrylig
iv) ABS
v) Melamin fformaldehyd
vi) Resin epocsi

COFIWCH! Cuddiwch yr atebion os ydych chi'n dymuno.

ATEBION

A1 Y ddau brif gategori o blastigion yw thermoplastig a phlastig thermosodol. Mae'n bosibl poethi ac ailffurfio thermoplastigau nifer o weithiau ond nid yw'n bosibl gwneud hynny â phlastigion thermosodol. Mae plastigion thermosodol yn tueddu i fod yn galetach na thermoplastigau.

A2
i) Polythen – poteli gwasgu – gwrthsefyll cemegau ac yn ystwyth.
ii) Neilon – berynnau – cyfernod ffrithiant isel.
iii) Acrylig – arwyddion – lliwiau llachar.
iv) ABS – offer cegin – gwydn.
v) Melamin fformaldehyd – arwynebau gwaith – caled, gwrthsefyll crafu.
vi) Resin epocsi – adlyn – bondio â defnyddiau annhebyg.

TIWTORIALAU

T1 *Mae hon yn agwedd sylfaenol ar blastigion o fewn dylunio a thechnoleg. Bydd gennych brofiad o weithio dim ond gyda defnyddiau thermoplastig fel acrylig ond rhaid i chi fod yn ymwybodol o'r plastig thermosodol. Mae 'thermosod' yn derm arall am 'thermosodol'.*

T2 *Mae'n amlwg bod nifer o atebion i'r cwestiwn hwn, ond atebwch bob amser o fewn eich maes gwybodaeth. Mae'r plastigion hyn a'r defnydd a wneir ohonynt yn gyffredin mewn bywyd bob dydd. Edrychwch ar y siart plastigion a cheisiwch ddod yn gyfarwydd ag o leiaf un cymhwysiad cyffredin ar gyfer pob defnydd a phriodwedd priodol y defnydd.*

Yn yr ateb yma, byddai'r gair 'melamin' wedi bod yn dderbyniol yn lle 'melamin fformaldehyd'.

CYDRANNNAU

Fel rhan o'ch paratoadau ar gyfer arholiadau dylunio a thechnoleg dylech edrych ar gynhyrchion ac arteffactau technolegol mewn bywyd bob dydd. Wrth wneud hyn byddwch yn dechrau sylwi ar gynnydd yn nifer y cydrannau safonol sy'n cael eu defnyddio; o ddolennau drysau ceir i golfachau ar ddodrefn cegin.

Mae gwneuthurwr sy'n defnyddio '**cydrannau safonol**' a '**brynir i mewn**' yn aml yn elwa mewn sawl ffordd.

- Mae defnyddio cydrannau safonol yn sicrhau maint ac ansawdd cyson.
- Pan ddefnyddir yr un cydran mewn mwy nag un cynnyrch, nid oes rhaid dal cymaint o stoc. Mae stoc yn cynrychioli arian segur.
- Mae'n fwy tebygol y bydd modd cael gafael ar gydrannau safonol am gyfnodau hirach o amser ar gyfer amnewid a chynnal a chadw.
- Fel arfer mae cydrannau a brynwyd i mewn gan wneuthurwr arbenigol yn rhatach na gwneud rhai eich hun am eu bod yn arbenigo.

Mae cymhwysiad mwyaf cyffredin cydrannau yn digwydd gan amlaf o fewn maes cydosod cynhyrchion, wrth wneud dyfeisiau cau fel colfachau, sgriwiau, hoelion, nytiau a bolltau. Mae'n annhebygol y byddech yn ystyried gwneud unrhyw un o'r pethau yma; byddech yn defnyddio'r cydrannau safonol.

HOELION, PINNAU A STYFFYLAU

Mae'r rhain yn ddulliau cyflym a pharhaol o uno pren a'r mwyafrif o ddefnyddiau sail pren. Mae hoelion yn gafael drwy ffrithiant, mae'r ffibrau'n cael eu cywasgu a'u gorfodi i ffwrdd o ben yr hoelen a thrwy hynny yn gafael ac yn gweithredu yn erbyn cael eu tynnu allan.

Mae hoelion ar gael mewn amrywiaeth o hydoedd ac fel arfer maen nhw wedi'u gwneud o ddur, ond maen nhw hefyd ar gael wedi'u galfanu (wedi'u sincblatio) ac wedi'u gwneud o bres a chopr. Mae Ffigur 8.4 yn dangos detholiad o'r mathau mwyaf cyffredin.

(a) Mae **hoelion crwn** yn cael eu defnyddio ar gyfer gwaith coed cyffredinol, fframiau a phaledi.

(b) Mae **hoelion crwn pengoll** yn cael eu defnyddio ar gyfer gwaith lle mae angen pwnshio'r pen dan yr arwyneb.

(c) Mae **hoelion crwn hirgrwn** yn cael eu defnyddio pan fo perygl hollti'r graen.

(ch) Mae **pinnau panel** yn cael eu defnyddio mewn gwaith mân gyda defnyddiau tenau.

(d) Mae **styffylau** yn cael eu defnyddio fel dull cyflym o gysylltu. Cânt eu defnyddio wrth weithio gyda dodrefn a chlustogwaith, ac fel rheol cânt eu saethu o wn.

(dd) Mae **hoelion rhychiog** yn cael eu defnyddio ar gyfer gwaith syml a rhad.

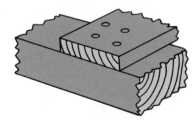

Mae daneddiadau yn rhoi gafael gwell

A

B

Hyd

Ffigur 8.1 *Cysylltu pren â hoelion.*

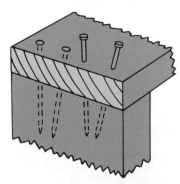

Ffigur 8.2 *Mae darwahanu hoelion yn osgoi hollti'r pren.*

Ffigur 8.3 *Mae hoelio 'cynffonnog' yn rhoi mwy o gryfder.*

Ffigur 8.4 *Hoelion, pinnau a styffylau.*

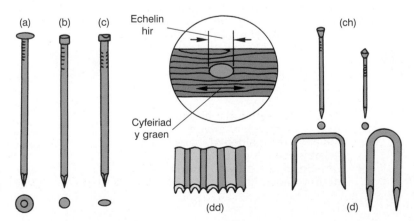

SGRIWIAU PREN

Mae sgriwiau pren yn cynnig dull taclus a chryf o gysylltu a all fod yn barhaol neu dros dro yn unig. Fel rheol gwneir sgriwiau o ddur y gellir ei alfanu (sincblatio), ei blatio â chrôm neu ei orchuddio â lacr du.

Dosberthir sgriwiau yn ôl: hyd, medrydd (4-10), defnydd, pen a math o rych, er enghraifft 50 mm, rhif 8, dur, pengwrthsodd, Phillips.

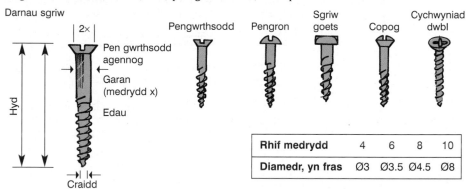

Rhif medrydd	4	6	8	10
Diamedr, yn fras	Ø3	Ø3.5	Ø4.5	Ø8

- Mae sgriwiau pengwrthsodd yn cael eu defnyddio pan fydd angen arwyneb cyfwyneb ac ar gyfer gosod colfachau.
- Mae sgriwiau pengrwn yn cael eu defnyddio ar gyfer cysylltu metel tenau a ffitiadau plastig.
- Mae sgriwiau copog yn addurnol ac fe'u defnyddir ar gyfer ffitiadau drws fel platiau cliciad.
- Mae gan sgriwiau cychwyniad dwbl edau 'gyflym' ac maen nhw wedi'u gwneud ar gyfer defnyddiau fel bwrdd sglodion.
- Mae sgriwiau coets yn cael eu defnyddio ar gyfer gwaith trwm a rhaid defnyddio sbaner i'w troi.

Rhaid dilyn dilyniant arbennig wrth osod sgriw pren:
1) Dewiswch y sgriw briodol.
2) Driliwch y twll cliriad i faint y rhif medrydd.
3) Driliwch dwll arwain i faint diamedr y craidd.
4) Defnyddiwch wrthsoddydd ar gyfer pren caled.

RHYBEDION

Mae rhybedu'n ddull cyflym a chyfleus o uno'n barhaol dau neu fwy o ddarnau o ddefnydd, yn draddodiadol llenfetel. Ar gyfer llawer o gymwysiadau, mae'n ddewis rhatach na dulliau cau ag edau ynddynt. Yn ogystal â gwneud uniadau anhyblyg, mae rhybedion hefyd yn gallu ffurfio pinnau colfach mewn darnau symudol. Mae rhybedion yn cael eu dosbarthu yn ôl eu hyd, diamedr, defnydd a phatrwm pen.

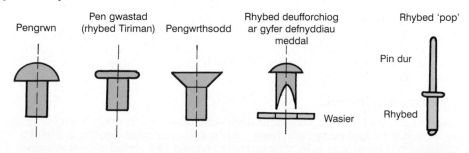

Ffigur 8.5 *Sgriwiau pren.*

Ffigur 8.6 *Rhychau tyrnsgriw: mae rhychau croes yn lleihau'r posibilrwydd o lithro.*

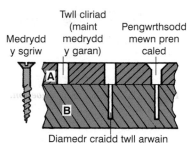

Ffigur 8.7 *Camau wrth baratoi twll ar gyfer sgriw.*

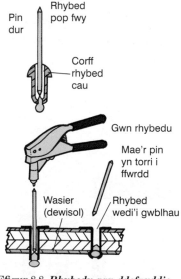

Ffigur 8.8 *Rhybedu gan ddefnyddio rhybedion pop.*

Ffigur 8.9 *Mathau o rybedion.*

Mae **rhybedion pop** yn ddull arall o uno sy'n gyflym a hawdd. Cafodd ei ddatblygu o fewn y diwydiant awyrennau er mwyn gallu rhybedu o un ochr yn unig. Mae rhybedion pop yn gau ac felly dydyn nhw ddim mor gryf â rhybedion cyffredin.

SGRIWIAU PEIRIANT, NYTIAU A BOLLTAU

Ffigur 8.10 *Sgriwiau a bolltau peiriant.*

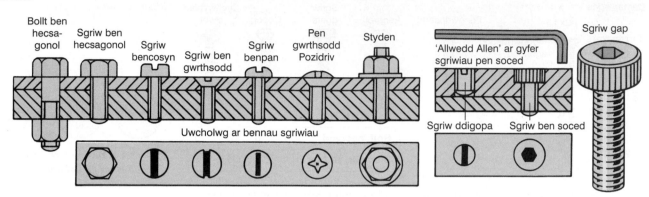

Ffigur 8.11 *Mathau o nytiau.*

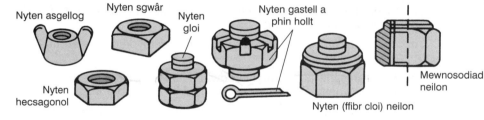

Ffigur 8.12 *Mathau o wasier.*

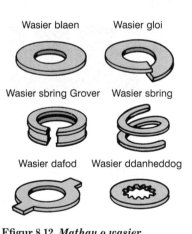

Mae sgriwiau, nytiau a bolltau peiriant yn cael eu hystyried yn ffitiadau dros dro gan ei bod yn hawdd eu tynnu'n ddarnau

- Mae **sgriwiau** peiriant ar gael mewn amrywiaeth eang o ddefnyddiau, diamedrau, hydoedd, siapiau pen a ffurfiau edau.

- Mae **bolltau**'n gryf am eu bod wedi'u gwneud o ddur ucheldynnol. Mae ganddynt bennau sydd naill ai'n sgwâr neu'n hecsagonol.

- Rhaid i **nytiau** gydweddu, o ran maint a'r math o edau, â'r sgriw neu'r follt a ddefnyddir gyda nhw. Mae sawl math o nyten ar gael, o'r rhai hynny sydd wedi'u gwneud yn bwrpasol ar gyfer cael eu tynnu i ffwrdd yn hawdd (nytiau asgellog) i'r rhai sy'n gwrthsefyll cael eu tynnu'n rhydd, yn enwedig o ganlyniad i ddirgryniad (nytiau cloi).

- Defnyddir **wasieri** i amddiffyn yr arwyneb pan fydd nytiau'n cael eu tynhau drwy ledaenu'r llwyth. Maen nhw hefyd yn helpu i gadw'r nytiau rhag dod yn rhydd o ganlyniad i ddirgryniad.

Mathau o edau

Ffurf edau safonol y Gyfundrefn Safonau Rhyngwladol (ISO) yw ISO mân ac ISO garw, mesuriadau metrig. Er hynny, mae sawl math arall o edau a ddefnyddir yn gyson o hyd. Mae'n fwy na thebyg y byddwch yn dod ar draws y gyfres edau BA a hefyd BSF, BSW, UNC ac UNF.

Sgriwiau hunandapio

Gwneir sgriwiau hunandapio o ddur wedi'i galedu ac maen nhw'n torri eu hedau eu hunain wrth gael eu sgriwio. Maen nhw'n addas ar gyfer cysylltu llenfetel a phlastigion. I baratoi ar gyfer y sgriw rhaid gwneud twll cliriad a thwll arwain sydd yr un maint â diamedr craidd y sgriw.

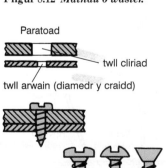

Ffigur 8.13 *Sgriwiau hunandapio.*

UNIADU MECANYDDOL

Mae sawl math arall o ddyfais yn cael eu defnyddio o fewn gweithgynhyrchu i uno defnyddiau. Rhaid i chi fod yn ymwybodol o'r dulliau hyn o greu uniadau mecanyddol. Gall rhain fod yn barhaol neu dros dro, gyda darnau sefydlog neu symudol.

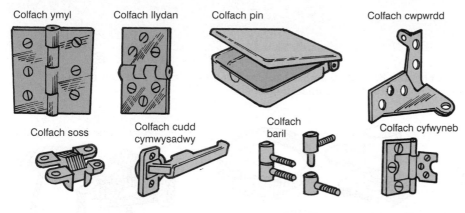

Colfach ymyl   Colfach llydan   Colfach pin   Colfach cwpwrdd

Colfach soss   Colfach cudd cymwysadwy   Colfach baril   Colfach cyfwyneb

Ffigur 8.14 *Ffitiadau hyblyg ar gyfer uno yw colfachau. Gellir eu gwneud o ddur, pres neu neilon. Edrychwch ar ddrysau a drysau cypyrddau i weld enghreifftiau ohonynt.*

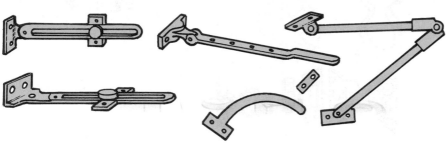

Ffigur 8.15 *Defnyddir gwanasau mewn biwroau ac i agor ffenestri.*

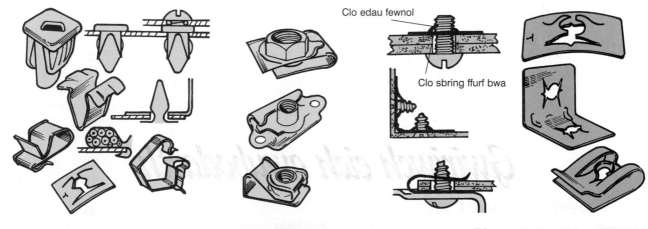

Clo edau fewnol

Clo sbring ffurf bwa

Ffigur 8.16 *Mae clipiau a ffasneri ag edau o'r math yma'n gyffredin iawn mewn ceir.*

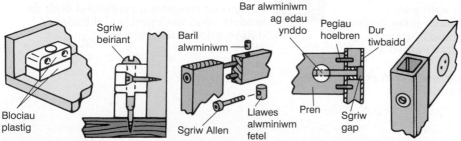

Sgriw beiriant

Bar alwminiwm ag edau ynddo

Baril alwminiwm

Pegiau hoelbren

Dur tiwbaidd

Blociau plastig

Sgriw Allen

Llawes alwminiwm fetel

Pren

Sgriw gap

Ffigur 8.17 *Defnyddir ffitiadau 'datgysylltiol' (KD) ar gyfer llawer o gymwysiadau dodrefn, yn enwedig yn y gegin.*

51

Mae Ffigurau 8.14, 8.15, 8.16 ac 8.17 yn dangos dim ond rhai o'r amrediad eang o ddulliau uno a gaiff eu defnyddio'n gyson. Edrychwch ar y rhain ac ystyriwch lle y gallech fod wedi'u gweld o'r blaen a lle y gallech chwilio amdanynt yn y dyfodol. Mae dylunio a thechnoleg yn ymwneud â bod yn ymwybodol o bethau technolegol a bydd yr wybodaeth yma'n eich galluogi i ateb cwestiynau arholiad gan ddefnyddio eich profiad eich hun.

UNIADAU, TACLAU A FFITIADAU MECANYDDOL ERAILL

Mae Ffigurau 8.18, 8.19 ac 8.20 yn dangos amrywiaeth o daclau a ffitiadau, ac mae llawer ohonynt yn caniatáu dadosod.

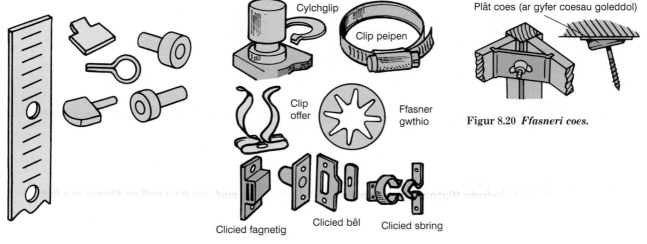

Cylchglip

Clip peipen

Plât coes (ar gyfer coesau goleddol)

Clip offer

Ffasner gwthio

Figur 8.20 *Ffasneri coes.*

Clicied fagnetig

Clicied bêl

Clicied sbring

Ffigur 8.18 *Ffitiadau silffoedd.*

Ffigur 8.19 *Taclau arbennig.*

Gwiriwch eich gwybodaeth

CWESTIYNAU

C1 Esboniwch beth a olygir wrth y term 'cydrannau safonol'. Rhowch ddwy enghraifft o'r ffordd y gallai defnyddio cydrannau safonol helpu gwneuthurwr i arbed arian.

C2 Cymharwch hoelion a sgriwiau o ran cryfder eu gafael mewn pren meddal.

C3 Pa agwedd benodol o gynhyrchu dodrefn modern sydd wedi peri bod ffitiadau datgysylltiol yn boblogaidd ac yn gost effeithiol?

ATEBION

A1 Ystyr cydran safonol yw eitem a safonwyd ar gyfer nifer o gymwysiadau, fel colfach neu ddolen. Drwy ddefnyddio cydrannau safonol gall gwneuthurwr ddal llai o stoc ac felly arbed arian. Hefyd, mae'n rhatach fel arfer i brynu cydrannau safonol i mewn nag i wneud rhai eich hunan.

A2 Mae hoelion yn gafael drwy ffrithiant a gellir eu hechdynnu drwy dynnu'n ddigon caled. Mae gan sgriwiau fwy o afael am eu bod nhw'n creu edau droellog sy'n mynd ynghlwm â ffibrau'r pren.

A3 Mae ffitiadau datgysylltiol yn gyfrifol am ddatblygiad dodrefn fflatpac, yn enwedig dodrefn ar gyfer ceginau ac ystafelloedd gwely. Maen nhw'n fwy cost effeithiol am nad ydy'r gwneuthurwr yn gorfod eu cydosod na storio neu gludo eitemau swmpus.

TIWTORIALAU

T1 *Nid yw'n hawdd rhoi diffiniad heb gymorth enghreifftiau fel colfachau a dolennau. Yma, mae'n bwysig eich bod chi'n deall y cysyniad er mwyn ateb y cwestiwn.*

Os meddyliwch am wneuthurwr lampau bwrdd, er enghraifft, bydd y ffitiadau ar gyfer y bwlb a'r plwg trydanol yn gydrannau safonol a 'brynir i mewn' gan y gwneuthurwr. Mae gweithgynhyrchu plygiau yn farchnad gystadleuol iawn; gallwch eu prynu mewn archfarchnad am lai na 50c. Byddai prynu'r offer a chyflogi pobl i wneud eich plygiau eich hun yn ddrud iawn, a chofiwch na fyddech chi'n gwerthu mwy o blygiau nag o lampau yn y pen draw. Ni allai gwneuthurwr lampau wneud plygiau cyn rhated ag y gellid eu prynu.

T2 *Mae cwestiynau o'r math hwn yn profi eich gwybodaeth am eitemau cyffredin o fewn dylunio a thechnoleg, yn yr achos yma hoelion a sgriwiau. Mae'r mwyafrif o bobl yn gwybod y gellir tynnu hoelen allan gan ddefnyddio morthwyl crafanc neu binsiyrnau, ond rhaid tynnu sgriw allan yn fecanyddol, hynny yw drwy ddefnyddio tyrnsgriw. Rhaid i chi allu amgyffred pam fod hynny'n wir.*

T3 *Datblygodd ffitiadau datgysylltiol a dodrefn fflatpac yr un pryd, gan fod y naill yn dibynnu ar y llall.*

Fel arfer gallwch gyfnewid y geiriau 'cost effeithiol' am 'rhatach', ac mae'n bwysig gweld pethau o safbwynt y diwydiant gweithgynhyrchu. Yn yr achos yma, nid y cydosod fyddai'n codi'r pris fwyaf, ond yn hytrach y gost o storio a dosbarthu, o ran y gwneuthurwr a'r adwerthwr – ystyriwch faint o wardrobau fflat y gallwch chi eu storio yn yr un gofod ag un wardrob sydd wedi'i chydosod.

GEIRIAU ALLWEDDOL

Dyma'r geiriau allweddol. Rhowch dic os ydych chi'n credu eich bod chi'n eu deall. Fel arall, chwiliwch am eu hystyr.

cydrannau safonol	**rhybedion**	**wasieri**
hoelion	**rhybedion pop**	**edau**
pinnau	**sgriwiau peiriant**	**sgriwiau hunandapio**
styffylau	**bolltau**	**dulliau cau mecanyddol**
sgriwiau	**nytiau**	**ffitiadau mecanyddol**

RHESTR GYFEIRIO ARHOLIAD AR GYFER YR ADRAN HON

Ar ôl astudio defnyddiau a chydrannau dylech fedru:

- dewis y defnydd neu'r gydran fwyaf priodol ar gyfer tasg benodol, gan seilio'ch dewis ar eich gwybodaeth am briodweddau a nodweddion y defnydd neu'r gydran honno;

- cofio sut mae defnyddiau fel prennau, metelau a phlastigion yn cael eu dosbarthu ac ar ba ffurf maen nhw ar gael yn fasnachol;

- deall sut y gellir gwella priodweddau defnyddiau drwy eu cyfuno a'u prosesu;

- dewis a disgrifio'r dull mwyaf priodol o orffennu ystod o ddefnyddiau mewn amrywiaeth o sefyllfaoedd;

- deall sut y defnyddir cydrannau safonol sydd wedi'u rhagweithgynhyrchu, a manteision economaidd hynny o safbwynt gweithgynhyrchu a chynhyrchu diwydiannol.

YMARFER AR GYFER ARHOLIAD

Atebion Myfyriwr Sampl a Sylwadau'r Arholwr

SYLWADAU'R ARHOLWR

(a) 1. Mae'r ateb hwn yn gywir ond dylech fod yn ofalus wrth ddefnyddio termau fel 'cryfach'. Mae'n iawn yn yr achos yma, ond yn aml bydd disgyblion yn cymysgu termau fel 'cryf' a 'gwydn'.

2. Mae'n gywir dweud na fydd prennau cyfansawdd yn camdroi ond byddai'n fwy cywir i ddweud eu bod yn fwy sefydlog. Mae prennau cyfansawdd yn fwy sefydlog na phren solet oherwydd eu gwneuthuriad. Naill ai does ganddynt ddim graen, fel yn achos MDF neu fwrdd sglodion, neu mae effeithiau'r symudiad yn cael eu rheoli gan yr adeiledd, fel gyda phren haenog a blocfwrdd.

Byddai hefyd yn gywir dweud y byddech yn dewis pren cyfansawdd am nad yw pren solet ar gael ar ffurf planciau digon llydan. Mae disgyblion yn methu'r pwynt yma'n aml; mae pawb yn gwybod bod pren yn dod o goed ond rhaid i chi gofio mai dim ond i hyn a hyn o led y gall coeden dyfu.

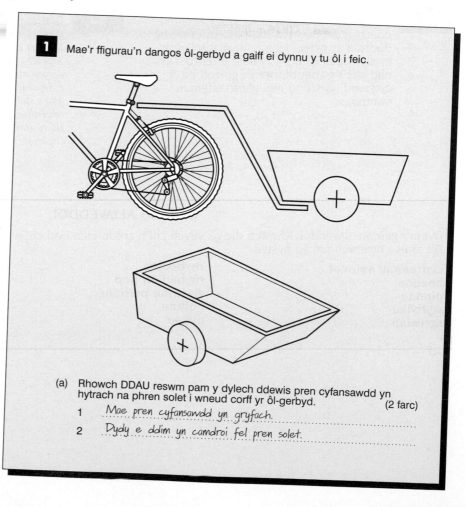

1 Mae'r ffigurau'n dangos ôl-gerbyd a gaiff ei dynnu y tu ôl i feic.

(a) Rhowch DDAU reswm pam y dylech ddewis pren cyfansawdd yn hytrach na phren solet i wneud corff yr ôl-gerbyd. (2 farc)

1 Mae pren cyfansawdd yn gryfach.

2 Dydy e ddim yn camdroi fel pren solet.

YMARFER AR GYFER ARHOLIAD

Atebion Myfyriwr Sampl a Sylwadau'r Arholwr

(b) Mae'r bar tynnu wedi'i wneud allan o un hyd o diwb metel.

Enwch DDAU fetel addas y gellid eu defnyddio ar gyfer y tiwb a dywedwch sut y dylid eu gorffennu. **(4 marc)**

1 Metel. . . *Dur meddal* . . . .   Gorffeniad *Paent* . . . .

2 Metel. . . *Alwminiwm* . . . . .   Gorffeniad *Does dim angen gorffennu*

(c) Mae gwneuthurwr ategolion beiciau wedi penderfynu gwneud ôl-gerbydau beiciau gyda chyrff plastig.

(i) Nodwch DAIR mantais o ddefnyddio defnydd plastig yn lle pren cyfansawdd sail pren ar gyfer corff yr ôl-gerbyd. **(6 marc)**

1   *Does dim angen cynnal a chadw.*

2   *Bydd yn ysgafnach ond dal yn gryf.*

3   *Bydd yn bosibl gwneud y siâp yn grwm er mwyn iddo fod yn haws ei lanhau.*

(ii) Enwch blastig a phroses weithgynhyrchu sy'n briodol ar gyfer cynhyrchu corff yr ôl-gerbyd.

Plastig *Acrylig*   **(1 marc)**

Proses *Ffurfio â gwactod*   **(2 farc)**

(b) *Mae'r atebion hyn yn gywir ac mae'n hawdd ennill marciau llawn gyda chwestiynau o'r math yma sy'n gofyn i chi gofio ffeithiau. Wrth ystyried gorffeniad defnyddiau ceisiwch feddwl bob amser am yr hyn y gallech ei weld ar gynnyrch go iawn. Mae araen blastig hefyd yn orffeniad addas ar gyfer dur meddal, ond peidiwch ag awgrymu 'duo ag olew', hyd yn oed os ydych wedi gwneud hyn yng ngweithdy'r ysgol; nid yw'n cael ei ddefnyddio'n fasnachol ac nid yw'n gwisgo'n dda o gwbl.*

(c) **(i)**
Mae'r rhain yn atebion da iawn i'r rhan yma o'r cwestiwn ac yn dangos bod gan y myfyriwr ddealltwriaeth da o'r defnyddiau sy'n cael eu cymharu. Mae hyn yn arbennig o wir am bwynt 3. Dylech fedru meddwl o amgylch y materion dan sylw a sylweddoli bod defnyddio defnydd plastig hyblyg yn lle llenddefnydd solet yn golygu y gallwch ailedrych ar y dyluniad gwreiddiol a gwella ar ffurf corff yr ôl-gerbyd.
(ii)
Mae'r atebion yn yr adran hon yn gywir ond nid ydynt yn atebion da. Mae acrylig braidd yn galed ar gyfer y cymhwysiad yma, bydd yn crafu a thorri yn rhy hawdd. Byddai ABS neu bolypropylen yn well gan eu bod yn fwy gwydn. Mae ffurfio â gwactod yn broses addas ac felly hefyd gwasgffurfio. Mae'r prosesau hyn yn cael eu trafod yn Adran 4 o'r canllaw adolygu hwn.

Cwestiwn i'w Ateb

Mae'r ateb i Gwestiwn 2 ym Mhennod 21.

2   Wrth ddethol defnyddiau ar gyfer cynhyrchion cegin fel tegellau a sosbenni mae'n rhaid i ddylunydd ystyried ffactorau penodol er mwyn eu cynnwys yn y fanyleb ddylunio.

Nodwch dri o'r ffactorau hyn a dywedwch sut maen nhw'n berthnasol i'r cymhwysiad arbennig yma.

MEG, 1998

Y BROSES O DDYLUNIO

Mae dylunio'n weithgaredd cymhleth iawn. Mae'n cynnwys meddwl a gwneud ac edrych yn ôl, ac yna mwy o feddwl a gwneud. Mewn gwirionedd, mae'r pethau hyn yn digwydd drwy gydol y broses o ddylunio a gwneud. Wrth i chi wneud, rydych yn dal i orfod gwneud penderfyniadau y gellid eu hystyried yn benderfyniadau dylunio. Er mwyn ceisio deall a rhoi fframwaith i'r broses hon, meddylir am ddylunio fel model o broses. Mae'n ffordd o'i ddelweddu, nid fel model tri dimensiwn, ond fel model tebyg i'r un a welir yn Ffig. 9.1 neu a ddangosir weithiau mewn ffordd symlach, fel yn Ffig. 9.2.

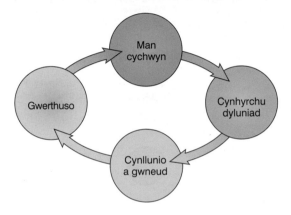

Ffigur 9.2 *Model syml o broses ddylunio.*

Edrychwch ar y ddau fodel yma o broses ddylunio. Dylai eich gwaith cwrs ddilyn y patrwm yma hefyd. Mae'r broses ddylunio'n cynnig fframwaith ar gyfer eich gwaith cwrs yn ogystal â phwnc ar gyfer eich arholiad. Mae angen i chi fod yn gyfarwydd â'r termau a ddefnyddir o fewn y broses ar gyfer y ddwy agwedd o'ch TGAU. Mae'r adran yma o'r canllaw adolygu yn dilyn yr un model prosesu.

ANGHENION A CHYFLEOEDD AR GYFER GWEITHGAREDD DYLUNIO

ANGHENION

Mae'n rhaid i bob dyluniad ddechrau yn rhywle. Yn aml, mae'n dechrau drwy adnabod angen person neu grŵp o bobl. Bwyd, diod, gwres a chysgod yw'r anghenion sylfaenol, ond mae gan nifer o bobl anghenion arbennig pwysig yn ychwanegol at hyn. Mae gan bobl anabl, hen bobl a phlant bach anghenion arbennig. Mae gan rai pobl anghenion sy'n ymwneud â'u swyddi, eu cartrefi, y pethau maen nhw'n eu bwyta neu'r ffordd maen nhw'n hoffi treulio'u hamser hamdden; gall yr holl bethau hyn fod yn fan cychwyn ar gyfer gweithgaredd dylunio.

CYD-DESTUNAU

Fel rhan o'ch arholiad neu eich gwaith cwrs, mae'n bosibl y bydd gofyn i chi ddod o hyd i gyfle dylunio o fewn cyd-destun arbennig. Gallai'r cyd-destun fod

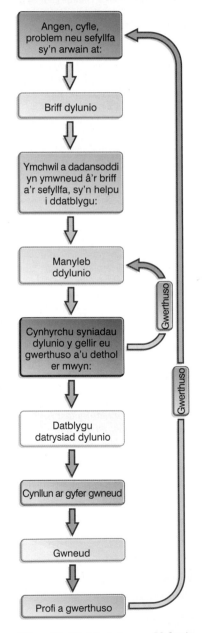

Ffigur 9.1 *Model o'r broses ddylunio*

yn lle cyhoeddus fel parc neu orsaf fysiau, neu'n rywle agosach gartref, fel eich ystafell wely neu eich cegin. Edrychwch ar y ferch yn Ffig. 9.3. O fewn cyd-destun yr ystafell wely yma mae cyfleoedd dylunio ar gyfer storio dillad, llyfrau a chrynoddisgiau. Mae angen desg, mwy o ofod ar gyfer arddangos, ac efallai goleuadau gwell. Allwch chi ddod o hyd i fwy?

Ffigur 9.3

DADANSODDI A GWERTHUSO CYNNYRCH

Mae'n annhebygol y byddwch yn defnyddio cynnyrch sy'n bodoli'n barod fel man cychwyn i'ch gwaith cwrs, er bod y rhan fwyaf o ddylunio cynhyrchion yn ymwneud mewn gwirionedd â gwella neu adlunio cynhyrchion sydd eisoes ar gael. Yn yr arholiad, fodd bynnag, mae'n bosibl y gofynnir i chi ddadansoddi cynnyrch cyfarwydd fel ysgrifbin pelenbwynt, neu efallai y cewch eich holi am y broses o ddadansoddi a gwerthuso cynnyrch.

Er mwyn gallu dadansoddi cynnyrch mae angen i chi wybod am:

- **Pwrpas y cynnyrch** Gellir gwerthuso cynnyrch dim ond wrth ei gymharu â'i bwrpas gwreiddiol neu'r fanyleb ddylunio wreiddiol.

- **Sut mae'r cynnyrch yn cyflawni'i bwrpas** Sut mae'r cynnyrch yn gweithredu fel y gall wneud yr hyn a ddylai?

- **Y defnyddiau a ddefnyddir** Pam y dewiswyd defnydd penodol ar gyfer cydran? Beth yw'r priodweddau sy'n ei wneud yn addas?

- **Y prosesau a ddefnyddir i gynhyrchu'r cynnyrch** Drwy ddarganfod sut mae cynnyrch wedi cael ei wneud a'i gydosod mae'n bosibl deall llawer ynglŷn â pham y mae fel y mae.

CASGLU GWYBODAETH

Bydd rhaid i chi gasglu gwybodaeth sawl gwaith yn ystod gweithgaredd dylunio a gwneud. Mae'r broses yma'n dechrau wrth i chi gasglu gwybodaeth er mwyn cychwyn ar eich gwaith. Gallwch alw'r broses yn ymchwil neu'n astudiaeth, ac fe gewch hyd i wybodaeth naill ai drwy gasglu'r wybodaeth eich hun neu drwy gyfeirio at wybodaeth neu ddata sydd eisoes ar gael.

GWYBODAETH O FFYNONELLAU GWREIDDIOL

Dyma'r wybodaeth a geir yn uniongyrchol gan bobl drwy arolygon neu holiaduron neu drwy gynnal grwpiau trafod a sesiynau saethu syniadau.

Mae **holiaduron** yn ddefnyddiol iawn ond rhaid i chi wneud yn siwr eich bod yn gofyn dim ond y cwestiynau hynny y mae angen i chi gael atebion iddynt: mae hyn yn golygu y byddwch yn gallu llenwi'r holiadur yn gyflymach ac ni fyddwch yn gwneud i bobl deimlo'n annifyr. Dylech hefyd ystyried sut y byddwch yn trin yr wybodaeth yma. Os gofynnwch gwestiynau y gellir eu hateb drwy dicio blwch, yna gallwch fwydo'r canlyniadau i mewn i **gronfa ddata** gyfrifiadurol a'u defnyddio wedyn i gael gwybodaeth fel 'faint o bobl sy'n hoffi hwn' a 'pa ganran o'r holl sampl yw hynny'. Ceisiwch osgoi gofyn cwestiynau sy'n gofyn am ymateb neu sylw ysgrifenedig. Ni allwch drefnu'r rhain ar gronfa ddata ac mae'n anodd dod i unrhyw gasgliadau wrth edrych ar ormod o atebion i'r un cwestiwn.

Mae **saethu syniadau** yn digwydd wrth i grŵp o bobl gynnig eu syniadau am fater penodol; mae unrhyw beth yn 'dderbyniol', ac mae popeth yn cael ei nodi i lawr. Gall syniadau da godi o sesiynau saethu syniadau.

Ffigur 9.4

GWYBODAETH O FFYNONELLAU EILAIDD

Wrth i TGCh (technoleg gwybodaeth a chyfathrebu) wella yn ystod y deng mlynedd diwethaf mae mwy o wybodaeth hawdd ei gyrchu ar gael nag erioed o'r blaen. Gelwir gwybodaeth sy'n cael ei storio ar eich cyfer – mewn llyfrau, siartiau, dalennau data, CD-ROMau ac ar y Rhyngrwyd – yn wybodaeth ffynhonnell eilaidd.

Mae gwybodaeth o ffynhonnell eilaidd yn gallu arbed llawer o amser i chi, ond rhaid i chi wneud yn siŵr ei bod yn gywir. Mae hefyd yn bwysig dethol yn ofalus pan fydd gwybodaeth mor hawdd ei chael, a dewis dim ond yr hyn sy'n berthnasol i'ch gwaith.

Mae ffynonellau eilaidd defnyddiol yn cynnwys:

- Llyfrgelloedd;
- Llyfrau;
- Papurau newydd a chylchgronau;
- Amgueddfeydd ac arddangosfeydd;
- Teledu a fideo;
- Cronfeydd data cyfrifiadurol;
- CD-ROMau;
- Rhyngrwyd / y We Fyd-Eang.

Mae'r Sefydliad Safonau Prydeinig (BSI) yn cyhoeddi data BSI ac ISO (Cyfundrefn Safonau Rhyngwladol) am nifer o agweddau ar dechnoleg, fel arwyddion a graffeg, ac offer a chydrannau. Mae BSI hefyd yn cynnig gwybodaeth safonol am bobl, **data anthropometrig**, a'r ffordd mae pobl yn defnyddio pethau fel rheolyddion a dangosyddion, **data ergonomig**.

Mae Ffigur 9.5 yn dod o gyhoeddiad gan y BSI sy'n rhoi gwybodaeth am ddynion a menywod sy'n eistedd i lawr. Dyma'r math o wybodaeth a ddefnyddir wrth ddylunio seddau ar gyfer cludiant.

TREFNU A DETHOL GWYBODAETH

Rhaid i chi allu echdynnu data defnyddiol o'r wybodaeth a gasglwch. Astudiwch y data yn Ffig. 9.5 a darllenwch uchder sedd (1) y dyn talaf yn ei esgidiau. Mae'n 465 mm + 25 mm = 490 mm. Mae'n bwysig cael y data angenrheidiol; mae hyn bob amser yn berthnasol i'r hyn rydych chi'n ei ddylunio. Ar gyfer uchder sedd gallech ddefnyddio data cyfartalog gan olygu y bydd yn isel i rai ac yn uchel i eraill. Petaech yn chwilio am ddata ar gyfer agoriad drws, fodd bynnag, byddech angen y data sy'n rhoi'r ffigur uchaf, neu byddai hanner y boblogaeth yn bwrw eu pennau.

Mae'r data yma'n cynnig o'r 5ed canradd i'r 95ain. Nid dyma'r bobl fyrraf na'r talaf, ond mae'n cynnwys y mwyafrif. Dim ond ychydig iawn o bobl sydd y tu allan i'r ffigurau hyn.

Ystyried dimensiynau anthropometrig

Cyfeiriadau (gw. y ffigur)	Dimensiynau (heb ddillad)	Gwrthry-chau	Cyfar-taleddau	Gwyriadau safonol	Terfynau 5ed canradd lleiaf	95ain canradd mwyaf	Ychwanegwch ar gyfer esgidiau a dillad
			mm	mm	mm	mm	mm
Er gwybodaeth	Taldra wrth sefyll	dyn	1753	66	1644	1861	
		menyw	1626	66	1517	1734	
	Taldra wrth eistedd (naturiol)	dyn	919	36	860	977	
		menyw	854	36	796	912	
(1)	Cameddol i'r llawr (heb esgidiau)	dyn	430	20	396	465	25
		menyw	398	20	364	432	25 i 75
(2)	Cameddol i'r ffolennau	dyn	489	25	447	531	
		menyw	469	25	427	511	
(3)	Lled y bitrochanter	dyn	358	23	321	396	15 i 28
		menyw	379	23	341	416	15 i 28
(4)	Plân y golwg i'r sedd (naturiol)	dyn	807	31	756	858	
		menyw	750	31	699	801	
(5)	Penelin i'r sedd	dyn	228	28	182	274	
		menyw	205	28	160	251	
(6)	Penelin i'r ysgwydd	dyn	371	29	323	419	
		menyw	341	29	293	389	
(7)	Uchder mwyaf y forddwyd	dyn	145	16.5	118	172	
		menyw	137	20.3	104	170	

Ffigur 9.5

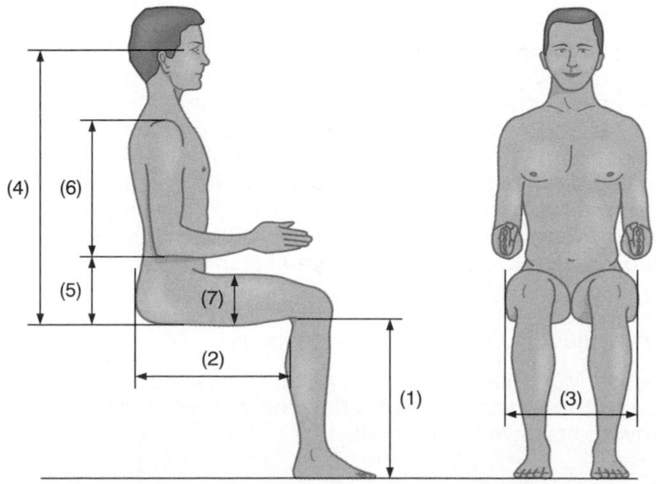

59

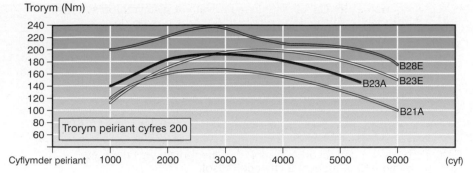

Ffigur 9.6

Mae ffigur 9.6 yn dangos graff sy'n eich galluogi i gymharu perfformiad peiriannau (y gyfres 200). Mae'n cymharu pedwar math o beiriant ac yn dangos faint o drorym (grym cylchdroi) a gynhyrchir ganddynt ar gyflymderau gwahanol (cylchdroeon y funud). I echdynnu gwybodaeth rhaid i chi ddarllen yr echelinau. Er enghraifft, mae'r peiriant B21A a'r peiriant B23E yn cynhyrchu trorym o 150 Nm wrth droi 1700 cylchdro y funud (r.p.m.).

Mae'r Rhyngrwyd yn ffynhonnell ardderchog o wybodaeth sy'n hawdd ei chyrraedd. Y broblem fwyaf i'r mwyafrif o bobl yw dod o hyd i'r wybodaeth angenrheidiol heb orfod treulio amser yn chwilio drwy wybodaeth amherthnasol. Mae'n hawdd iawn casglu gwybodaeth ddiwerth. Os ydych yn defnyddio peiriannau chwilio, byddwch yn fanwl gywir wrth chwilio.

DADANSODDI GWYBODAETH

Rhaid i chi fod yn ddoeth wrth ddefnyddio gwybodaeth. Pa mor ddibynadwy yw'r wybodaeth? Peidiwch â chymryd yn ganiataol bod rhywbeth yn wir am ei fod yn ymddangos mewn llyfr neu bapur newydd. Bydd gwybodaeth ffeithiol, fel yr wybodaeth sy'n cael ei storio yn siartiau data'r BSI, yn wrthrychol. Gall gwybodaeth o ffynhonnell arall fod yn oddrychol.

● Mae **gwybodaeth wrthrychol** wedi ei seilio ar wybodaeth ffeithiol.

● Mae **gwybodaeth oddrychol** wedi ei seilio ar farn neu sylwadau pobl.

BARN AR WERTH A GOFYNION SY'N GWRTHDARO

Bydd llawer o'r wybodaeth a ddefnyddir o fewn dylunio a thechnoleg yn oddrychol gan y byddwch yn dylunio llawer o bethau er mwyn bodloni anghenion pobl. Rhaid i chi roi barn ar werth. Nid yw gwerth yn golygu gwerth am arian yn unig, er bod hyn yn bwysig, wrth gwrs. Bydd llawer o adegau'n codi pan fydd gwerthoedd gwahanol ddosbarthiadau o bobl yn gwrthdaro, yn enwedig yn achos pobl ifainc ac oedolion. Er enghraifft, beth fyddech chi'n ei wneud gyda darn o dir diffaith sy'n agos i'ch cartref: ei droi'n barc sglefrfyrddio, yn fan chwarae ar gyfer plant bach neu'n fan lle gall hen bobl eistedd allan? Mae'n amlwg y bydd eich barn yn amrywio yn ôl eich oedran a'ch anghenion arbennig chi.

Mae gwrthdaro'n gallu digwydd am nifer o resymau:

● **Moesol** Mae rhai materion yn gallu tramgwyddo rhai pobl am fod ganddynt gredoau a gwerthoedd arbennig, er enghraifft ynglŷn â defnyddio cynhyrchion anifail.

- **Economaidd** Gallai dyluniadau arwain at gynhyrchion sy'n rhy ddrud i'w gwerthu neu eu defnyddio. Mae'n rhaid delio â goblygiadau ariannol pob dyluniad.

- **Cymdeithasol** Mae cynlluniau ar gyfer tai, mannau cyhoeddus a chludiant yn ymwneud â grwpiau o bobl a'r ffordd maen nhw'n ymateb i'w gilydd. Gall gorboblogi ac anesmwythder greu llawer o broblemau cymdeithasol.

- **Diwylliannol** Mae gan bobl amrywiaeth o gefndiroedd diwylliannol ac anghenion, a dylai dylunwyr fod yn ymwybodol o hyn ac yn sensitif iddynt. Mae hyn yn arbennig o wir yn achos crefydd a dulliau o fyw. Yn aml, bydd materion diwylliannol yn ymwneud ag ystyriaethau moesol a chymdeithasol.

- **Amgylcheddol** Mae dylunwyr yn dod yn fwy ymwybodol o hyd o'u cyfrifoldeb tuag at yr amgylchedd. Yn y gorffennol ni chafodd hyn lawer o sylw, gan arwain at orddefnyddio adnoddau anadnewyddadwy fel olew, a phrosesau diwydiannol sy'n creu llygredd a gwastraff.

Rhaid i ddylunwyr wneud penderfyniadau ynglŷn â sut i ddatrys gofynion sy'n gwrthdaro a dod o hyd i gyfaddawd. Mae'n anodd iawn bodloni gofynion pawb. Mae cymdeithas yn gofyn am fwy o hyd ac yn defnyddio mwy a mwy o adnoddau. Mae pawb ohonom eisiau symud o gwmpas yn rhwyddach ac yn gyflymach, ac mae mwy o deuluoedd nag erioed yn y byd datblygedig yn berchen ar nifer o geir, yn gwresogi eu tai yn lle gwisgo dillad cynhesach, ac yn defnyddio adloniannau a dyfeisiadau yn eu cartrefi nad oedd wedi cael eu dyfeisio 60 mlynedd yn ôl.

Mae defnyddwyr yn beio ffasiwn a thueddiadau ffasiwn, mae gwneuthurwyr yn dweud eu bod yn ymateb i ofynion y farchnad, ac eto mae pawb yn cytuno y dylem warchod yr amgylchedd a chreu llai o wastraff. Gwaith y dylunydd yw cydbwyso'r gwrthdaro yma drwy fod yn gyfrifol wrth:

- ddylunio cynhyrchion sy'n golygu defnyddio egni'n effeithlon;

- ddylunio cynnyrch fydd yn para am gyfnod hir, ac nid yn dilyn tuedd ffasiwn;

- leihau maint y gwastraff wrth gynhyrchu;

- ddefnyddio ychydig iawn o adnoddau anadnewyddadwy;

- ddefnyddio defnyddiau y gellir eu hailgylchu;

- leihau'r angen am ddefnydd pacio.

BRIFFIAU A MANYLEBAU DYLUNIO

BRIFF DYLUNIO

Mae briff dylunio yn fynegiant clir o'ch bwriad. Yr unig beth y dylai ei wneud yw dangos beth rydych yn bwriadu ei ddylunio, er enghraifft:

Dylunio a gwneud tegan tynnu ar gyfer plentyn bach.

Fel rheol, dyma fan cychwyn dylunwyr proffesiynol, sef briff a ddatblygwyd gan eu cwmni, cwsmer neu gleient. O'r briff mae'n bosibl datblygu manyleb ddylunio.

MANYLEB DDYLUNIO

Mae'r fanyleb ddylunio yn dangos pa feini prawf y disgwyliwch i'ch cynnyrch eu cyrraedd. Mae'n bwysig eich bod yn meddwl am y meini prawf ar gyfer y dylunio yn nhermau'r rhestr gyfeirio neu'r prawf y byddwch yn ei ddefnyddio i werthuso'ch cynnyrch. Gallai manyleb ddylunio seml ar gyfer project dylunio a thechnoleg yn yr ysgol edrych fel yr un a welir yn Ffig. 9.7. Mae'r un yma'n cynnwys y meini prawf hanfodol a dymunol; mae hyn yn rhoi syniad i chi ynglŷn â gwerth cymharol y meini prawf a restrir.

Manyleb

Meini prawf hanfodol

Mae'n rhaid i fy nylyniad o degan ar gyfer plant bach:

1. Fod yn ddiogel ar gyfer plant bach. Ni ddylai fod ganddo ymylon miniog neu ddarnau rhydd.

2. Fod yn ddeniadol ac yn ddiddorol i blant bach.

3. Fod o bren a phlastig.

4. Gael ei orffen mewn chwe wythnos.

Meini prawf dymunol

Dylai fy nhegan ar gyfer plant bach:

1. Gostio llai na £5.00 ar gyfer y defnyddiau.

2. Cael ei beintio a'i farneisio.

3. Fod yn rhywbeth y galla'i ei wneud ar fy mhen fy hun.

Ffigur 9.7 *Manyleb ddylunio seml.*

Bydd manyleb dylunio cynnyrch fanylach yn cyfeirio at bob un o'r pwyntiau canlynol:

- **Swyddogaeth** Beth ddylai'r cynnyrch ei wneud a sut y dylai weithio.

- **Ergonomeg** Pwy fydd yn defnyddio ac yn ymateb i'r cynnyrch? A fydd yn addas o fewn ei amgylchedd bwriadol?

- **Ymddangosiad** Pa mor bwysig yw'r ymddangosiad a pha broses orffennu ddylid ei defnyddio?

- **Defnyddiau** Pa ddefnyddiau fyddai'r rhai mwyaf addas ar gyfer y cynnyrch a'r broses weithgynhyrchu sy'n cael ei hystyried?

- **Ystyriaethau amgylcheddol** A oes materion y dylid talu sylw iddynt e.e. y defnydd o ddefnyddiau, treulio egni, a gwastraff?

- **Amser** Faint o amser sydd ar ôl cyn y bydd rhaid dechrau gweithgynhyrchu? Pa derfynau amser eraill mae'n rhaid cadw atynt?

Gwiriwch eich gwybodaeth

CWESTIYNAU

C1

Mae Ffigur 9.8 yn dangos peg dillad plastig cyffredin. Gwnewch ddadansoddiad o'r cynnyrch yma fel petai'n gam cyntaf mewn ymarfer ailddylunio.

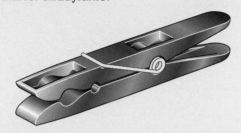

Ffigur 9.8

C2

Dyfeisiwch holiadur i ddarganfod y math o deganau y mae disgyblion Cyfnod Allweddol 3 (Blynyddoedd 7, 8 a 9) yn eich ysgol chi yn hoffi chwarae â nhw. Dylech fedru rhoi eich holiadur ar gronfa ddata cyfrifiadur fel bod modd i chi ei holi yn nes ymlaen.

C3

Nodwch yn fras beth yw'r gwrthdaro a'r cyfrifoldeb y bydd gofyn i'r dylunydd eu hystyried wrth weithio ar arwydd newydd ar gyfer tafarn mewn pentref bach gwledig.

COFIWCH! Cuddiwch yr atebion os ydych chi'n dymuno.

ATEBION

A1

Pwrpas:
Cafodd y peg ei ddylunio er mwyn:
   dal dillad ar lein ddillad;
   gwrthsefyll glaw a gwynt;
   bod yn hawdd ei ddefnyddio gydag
      un llaw yn unig;
   bod yn ysgafn ac yn hawdd ei storio.

Y ffordd mae'n gweithio: Mae'r peg yn defnyddio un sbring i storio egni a system lifer syml i'w weithredu.

Defnyddiau: Mae'r corff wedi'i wneud o ddefnydd plastig sy'n gwrthsefyll y tywydd ac mae'r sbring wedi'i wneud o ddur sydd wedi'i alfanu er mwyn gwrthsefyll y glaw.

Gweithgynhyrchu: Mae'r cyrff yn cael eu mowldio chwistrellu ar raddfa fawr, ac mae'r sbring wedi'i greu ar ffurfydd ffurfiedig.

TIWTORIALAU

T1

Drwy ddysgu'r prif bwyntiau y mae eu hangen i ddadansoddi cynnyrch mae'n bosibl strwythuro'ch ateb a bod yn gryno. Bydd yr arholwr yn chwilio am y pwyntiau allweddol a bydd y cyflwyniad yn well os defnyddiwch ateb strwythuredig yn hytrach nag ateb sy'n debyg i draethawd.

Byddai modd gwella'r ateb drwy gynnwys diagram llinell syml i ddangos sut mae'r peg yn gweithio.

ATEBION

A2

> Enw ....
>
> Bachgen ☐   Merch ☐   B7 ☐   B8 ☐   B9 ☐
>
> <u>Pa mor aml ydych chi'n chwarae gyda theganau?</u>
>
> Bob dydd ☐   Mwy nag unwaith yr wythnos ☐
>
> Ddim yn aml ☐   Byth ☐
>
> <u>Rhowch dic wrth y math o degan rydych chi'n</u>
>
> <u>hoffi chwarae ag ef</u>
>
> Teganau gweithredol   ☐
>
> Teganau awyr agored   ☐
>
> Gêmau cyfrifiadurol – 'saethwch nhw'   ☐
>
> Gêmau cyfrifiadurol – 'antur'   ☐
>
> Citiau adeiladu   ☐
>
> Doliau a theganau meddal   ☐
>
> Gêmau bwrdd   ☐

A3

Bydd y prif wrthdaro yn digwydd rhwng diddordebau perchennog y dafarn a'r gymuned leol. Bydd ar y perchennog eisiau hysbysebu'r dafarn cymaint â phosibl ac efallai y bydd yn dymuno cael arwydd mawr disglair gyda goleuadau. Bydd ar y gymuned leol a'r sawl sy'n dymuno gwarchod cefn gwlad eisiau arwydd sy'n cyd-fynd â'r amgylchedd, heb sefyll allan.

Bydd y dylunydd yn ymwybodol o'r materion hyn, ond y cwsmer yw perchennog y dafarn. Mae gan y dylunydd gyfrifoldeb i ddweud wrth y perchennog y dylai ystyried diddordebau pobl eraill.

TIWTORIALAU

T2

Y pwynt allweddol i'w gofio yw gofalu bod pobl yn ei lenwi ag atebion y gallwch eu defnyddio. Y ffordd hawsaf o wneud hyn yw drwy ddefnyddio cronfa ddata. Bydd yr ateb yma'n gwneud hynny gan mai ymatebion blychau ticio a geir i bob cwestiwn.

T3

Byddwch yn ymwybodol bob amser nad yw'r materion hyn yn syml byth. Y peth pwysig i'w gofio, er hynny, yw bod dylunwyr yn gweithredu ar ran cleientiaid a chwsmeriaid ac mai eu dymuniadau nhw sy'n cyfrif yn y diwedd.

GEIRIAU ALLWEDDOL

Dyma'r geiriau allweddol. Rhowch dic os ydych chi'n credu eich bod chi'n eu deall. Fel arall, chwiliwch am eu hystyr.

dylunio	**cronfa ddata**	**moesol**
proses ddylunio	**Rhyngrwyd**	**economaidd**
angen	**anthropometrig**	**cymdeithasol**
cyd-destun	**ergonomig**	**diwylliannol**
dadansoddi cynnyrch	**data safonol**	**amgylcheddol**
gwybodaeth o ffynonellau gwreiddiol	**dadansoddi**	**briff dylunio**
gwybodaeth o ffynonellau eilaidd	**gwybodaeth wrthrychol**	**manyleb ddylunio**
saethu syniadau	**gwybodaeth oddrychol**	**swyddogaeth**
holiadur	**gwerth**	
data	**gwrthdaro**	

TECHNEGAU GRAFFIG

Trafodir esiamplau a thechnegau graffig o fewn adran gwaith cwrs y canllaw adolygu yma. Y prif wahaniaeth i fod yn ymwybodol ohono yw amser. Bydd eich gwaith cwrs yn elwa o'r amser a gymeroch i gyflwyno'ch syniadau ac o'ch lluniadau cyflwyno. Yn yr arholiad rhaid i chi ddefnyddio'r technegau hynny sy'n eich galluogi i weithio'n gyflym.

'DYLUNIO' O FEWN YR ARHOLIAD

Yn ystod eich gwaith cwrs a thrwy gydol eich cwrs TGAU dylunio a thechnoleg byddwch wedi dod i weld dylunio fel proses neu weithgaredd a all barhau am amser hir. Yn eich arholiad TGAU efallai bydd gofyn i chi gyflawni darnau bach o'r gweithgaredd hwn neu gynhyrchu dyluniadau ar gyfer cydrannau bach cynnyrch. Ni fydd gennych amser i wneud lluniadau dylunio cymhleth. Mae'n bwysig cofio hyn a thalu sylw bob amser i'r nifer o farciau a roddir i'r cwestiwn. Mae marciau'n arwydd o faint o amser y dylid ei roi i'r cwestiwn.

BRASLUNIAU A GRAFFIGWAITH

Bydd arholwyr yn disgwyl i chi ddefnyddio'r gofod a'r amser a roddir yn gall. Dylech ddefnyddio pa offer graffig bynnag sy'n gysurus i chi.

Byddwch yn barod, ac ewch â'r canlynol i mewn i'r arholiad:

- Pensiliau miniog, HB a 2H. Ewch â nifer o bensiliau fel na fydd angen miniwr pensiliau, ond ewch ag un, rhag ofn.
- Dilëwr, un meddal o ansawdd da yw'r gorau, a gwnewch yn siŵr ei fod yn lân!
- Ysgrifbin pelenbwynt neu flaen ffibr main. Ewch â pha un bynnag rydych yn ei ddefnyddio fel arfer i fraslunio.
- Creonau neu aroleuwr, eto pa un bynnag rydych yn gyfarwydd ag ef. Peidiwch byth â defnyddio amrediad eang o liwiau llachar, defnyddiwch raddliwio cynnil yn effeithiol; bydd gwahanol fathau o lwyd gydag ambell liw yn dangos y manylion yn eich gwaith.
- Riwl 300 mm. Defnyddiwch hwn i'ch helpu i ddarganfod cyfraneddau cywir. Peidiwch â'i ddefnyddio ar gyfer lluniadu, mae'n well gwneud lluniad llawrydd os yw'n bosibl. Ewch ati i ymarfer gan ddefnyddio'r ymarferion isod.

YMARFER!

Defnyddiwch bapur A4 plaen a daliwch y pensil yn ysgafn rhwng eich bawd a'ch dau fys cyntaf. Peidiwch ag ystyried defnyddio riwl, dylech geisio gweithio mor gyflym â phosibl.

- Dechreuwch gyda llinellau llorweddol tua 80 mm o hyd. Cadwch nhw mor syth ag y gellwch a gwnewch ymdrech i luniadu gan ddefnyddio'ch braich yn hytrach na'ch garddwrn. Yna gwnewch linellau fertigol, heb droi'r papur!
- Nawr gwnewch linellau sydd ar onglau sgwâr i'w gilydd a throwch y rhain yn betryalau a sgwariau.

● Nid yw cylchoedd ac elipsau mor anodd â hynny eu gwneud. Mae cylch yn ffitio i mewn i sgwâr ac mae elips yn ffitio i mewn i betryal, felly dechreuwch gyda sgwâr neu betryal. Yna nodwch bwynt hanner ffordd ar hyd bob ochr. Nawr gwnewch y cylch drwy greu pedair arc sy'n cysylltu'r pwyntiau â'i gilydd. Byddwch yn ofalus i osgoi gwneud cylchoedd gyda phwyntiau yn y mannau lle maen nhw'n cyffwrdd â'r sgwâr.

Ffigur 10.1 *Lluniadu llinellau llorweddol a fertigol.*

Ffigur 10.2 *Lluniadu onglau sgwâr.*

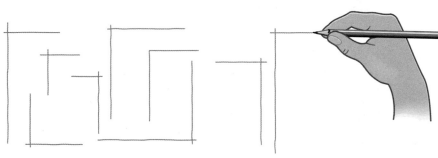

Ffigur 10.3 *Lluniadu petryalau a sgwariau.*

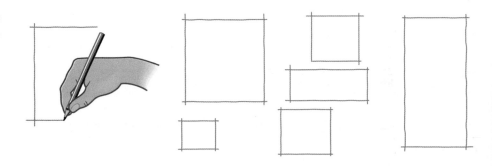

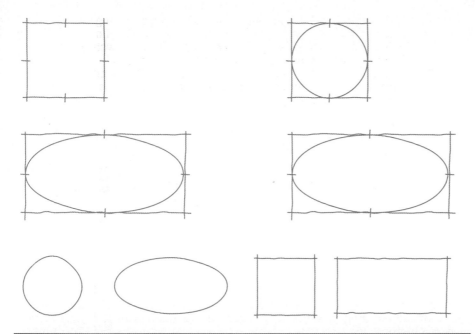

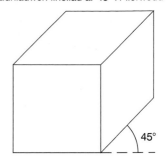

Lluniadwch linellau ar 45° i'r llorwedd

45°

Yna lluniadwch y llinellau hynny hanner eu hyd go iawn er mwyn gwneud i'r ciwb edrych yn fwy realistig, fel hyn:

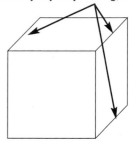

Ffigur 10.5 *Llunio lluniad arosgo.*

LLUNIADAU 3D

Bydd pob braslun y bydd rhaid i chi eu gwneud yn yr arholiad yn dangos eitemau bach neu gydrannau. Mae hyn yn golygu y bydd rhaid i chi fod yn gyfarwydd â lluniadu isomedrig a lluniadu arosgo.

Lluniadu arosgo

Lluniadir gwrthrychau o safbwynt blaenolwg fflat, ac yna rhoddir dyfnder i'r lluniad. Mae Ffigur 10.5 yn dangos lluniad arosgo o giwb. Er mwyn gwneud i'r lluniad edrych yn fwy 'real' mae'r holl linellau sy'n mynd yn ôl yn mesur hanner eu hyd go iawn. Ceisiwch wneud braslun o giwb arosgo heb ddefnyddio riwl neu onglydd.

Lluniad isomedrig

Yma lluniadur y gwrthrych fel ei fod yn pwyso ymlaen ar ongl o 30° i'r plân llorweddol. Mae hyn yn ymddangos yn realistig ac mae pob ochr yr hyd cywir, ond mewn gwirionedd mae pob un o'r onglau'n anghywir. Nawr ewch ati i fraslunio ciwb isomedrig.

Cawellu

Gellir symleiddio siapiau cymhleth drwy chwilio am y siapiau geometrig syml sy'n sail iddynt. Unwaith y byddwch wedi adnabod y siâp syml, yna gallwch ddefnyddio'r technegau uchod i'w lluniadu, i ffurfio cylchoedd ac arcau ac i'w cysylltu â'i gilydd. Meddyliwch am wrthrychau o fewn blwch neu gawell dryloyw, yna lluniadwch y llinellau angenrheidiol ar arwyneb y gawell. Edrychwch ar Ffig. 10.7 ac ewch ati i ymarfer lluniadu'r silindr mewn tri cham.

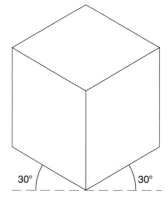

30°   30°

Ffigur 10.6 *Ciwb isomedrig.*

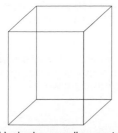

Lluniwch y gawell yn gyntaf – heb bwyso.

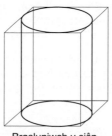

Brasluniwch y siâp.

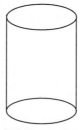

Dilëwch y gawell.

Ffigur 10.7 *Cawellu.*

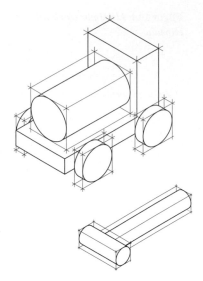

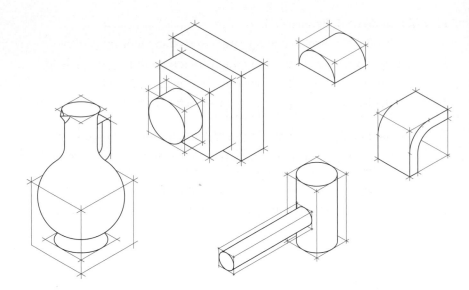

Ffigur 10.8 *Gwrthrychau sydd wedi'u cawellu.*

Nawr ewch ati i ymarfer drwy gopïo'r gwrthrychau yn Ffigur 10.8. Maen nhw i gyd wedi'u llunio drwy gawellu; edrychwch am y siapiau syml sy'n sail i'r rhai mwy cymhleth.

YMATEB I FANYLEB DDYLUNIO

Rhaid i unrhyw gynnig neu syniad ar gyfer dyluniad fod yn ymateb i fanyleb ddylunio. Ni fydd cwestiynau arholiad sy'n gofyn i chi ymateb i fanyleb neu wneud sylwadau arni yn ceisio eich baglu. Rhaid i chi ddarllen yn ofalus er mwyn gweld beth sy'n cael ei gyflwyno i chi a rhaid i chi feddwl yn ofalus cyn ymateb.

Os cewch sefyllfa o fewn cwestiwn sy'n cael ei dilyn gan angen dylunio, yna gwnewch yn siŵr bod eich datrysiad yn briodol i'r sefyllfa. Er enghraifft, efallai y bydd gofyn i chi fraslunio neu wneud sylw ar glicied ar gyfer ymyl corlan chwarae plentyn. Sut fyddai hon yn wahanol i glicied ar gyfer cawell cwningen? Cliciedau yw'r ddwy, ac maen nhw o faint tebyg. Ystyriwch sut y dylid cwrdd â'r meini prawf sy'n ymwneud â diogelwch a golwg – byddai'r disgwyliadau'n wahanol iawn.

DATBLYGU A MODELU DATRYSIADAU DYLUNIO

O fewn arholiad mae'n bosibl y bydd gofyn i chi ddatblygu syniad ymhellach drwy ddefnyddio brasluniau. Chwiliwch bob amser am y datrysiad syml a'r datrysiad deniadol. Bydd syniadau cymhleth yn cymryd gormod o amser yn yr arholiad, ac fel rheol nid dyma'r syniadau gorau.

O fewn arholiad ni ofynnir i chi fodelu mewn tri dimensiwn, sef **prototeipio**, ond mae angen gwybod am y defnyddiau a'r prosesau y gellid eu defnyddio a pham ei fod yn briodol yn aml i fodelu datrysiadau dylunio mewn tri dimensiwn.

Defnyddir modelu tri dimensiwn i:

- brofi a yw dyfeisiadau a systemau mecanyddol yn gweithio;
- benderfynu os bydd rhannau cynnyrch yn ffitio gyda'i gilydd;
- roi cynnig ar ddulliau gweithredu ar gyfer cydosod;
- ddelweddu sut y gallai pethau edrych o wahanol bersbectifau ac ochr yn ochr â phethau eraill;
- helpu'r dylunydd i weld ei feddyliau a'i syniadau'n gliriach;
- wella'r ergonomeg a phenderfynu a yw datrysiad yn gweithio o safbwynt y bobl y bwriadwyd y datrysiad ar eu cyfer;
- gyflwyno egwyddorion a dangos sut mae pethau'n gweithio;
- gyflwyno datrysiadau dylunio posibl i gwsmeriaid a chleientiaid.

DEFNYDDIAU MODELAU TRI DIMENSIWN

Rhaid i fodelu fod yn gyflym ac yn rhad, gan ddefnyddio defnyddiau sy'n hawdd eu newid fel bod modd addasu a datblygu dyluniadau ymhellach. Mae modd defnyddio'r defnyddiau canlynol i fodelu datrysiadau dylunio a fydd yn cael eu gwneud yn ddiweddarach o ddefnyddiau gwrthiannol.

- **Cerdyn** Mae cerdyn anystwyth yn hawdd ei dorri, ei ffurfio, ei uno drwy ddefnyddio adlynion, a'i beintio.
- **Defnyddiau llen blastig** Mae bwrdd ewyn, Plasticard a Corriflute yn enghreifftiau o blastigion modelu sy'n ysgafn ac yn hawdd eu gweithio, yn benodol er mwyn modelu, ac maen nhw ar gael mewn lliwiau gwahanol.
- **Pren** Defnyddir pren haenog tenau, pren balsa ac MDF yn aml gan wneuthurwyr modelau. Gellir eu cysylltu drwy ddefnyddio glud PVA, glud tawdd poeth, pinnau, hoelion a styffylau.
- **Ewyn styro** Dyma ddefnydd ewyn ymledol clos sy'n ysgafn, yn lân ac yn hawdd ei weithio drwy ei dorri â thorrwr gwifrau poeth neu gylchlif. Mae modd ei orffennu â phapur gwydr a'i beintio â brwsh neu chwistrell. Mae Ffigur 10.10 yn dangos model dylunio ar gyfer gwn glud wedi'i wneud o ewyn styro.
- **Clai, plastr a phlastisîn** Dyma'r defnyddiau modelu traddodiadol a ddisodlwyd i raddau helaeth gan ddefnyddiau fel ewyn styro. Er hyn, mae gwneuthurwyr ceir yn dal i wneud modelau clai maint llawn o ddyluniadau newydd.

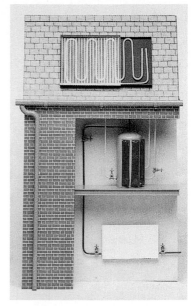

Ffigur 10.9 *Model a ddefnyddir i ddangos sut mae system gynhesu dŵr egni solar yn gweithio.*

Ffigur 10.10 *Model ewyn styro o wn glud.*

MODELAU AR GYFRIFIADUR

Mae llawer o becynnau meddalwedd ar gael i helpu'r dylunydd. Mae'r rhain yn agweddau ar 'Gynllunio drwy gymorth Cyfrifiadur' (CAD). Cellir creu rhith fodelau ar y sgrin y gellir eu treialu a'u profi. Gelwir y broses yma'n efelychiad. Mae ganddi'r rhan fwyaf o rinweddau modelu 3D 'real' ond mae'n rhatach o lawer unwaith y bydd costau cyfalaf cyfarpar a chostau hyfforddi wedi cael eu talu.

Gellir defnyddio modelau cyfrifiadurol i ddelweddu, i ffitio cydrannau â'i gilydd, i feddwl yn gliriach, i arddangos ac i brofi. Mae meddalwedd hefyd yn gallu efelychu methiant peiriannau a systemau, a gellir ei defnyddio i fodelu systemau cemegol a biolegol a fyddai'n amhosibl fel arall.

CYNLLUNIO DRWY GYMORTH CYFRIFIADUR (CAD)

CYNLLUNIO A DRAFFTIO DRWY GYMORTH CYFRIFIADUR (CADD)

Mae Cynllunio drwy gymorth Cyfrifiadur yn ymwneud â defnyddio TGCh (technoleg gwybodaeth a chyfathrebu) i helpu dylunydd yn ystod faint a fynnir o gamau o fewn y broses ddylunio. Mae meddalwedd gyfrifiadurol go iawn yn fwy cymhleth na phecynnau drafftio (lluniadu) cyfrifiadurol sy'n cynorthwyo lluniadu peirianegol yn unig. Mae'r term CADD, Cynllunio a Drafftio drwy gymorth Cyfrifiadur, yn dod yn fwy cyffredin ac yn cyfeirio at feddalwedd sy'n cynnwys meddalwedd ddylunio a meddalwedd lluniadu peirianegol.

Mae'r broses ddylunio'n broses o gyfathrebu syniadau, delweddu a gwneud penderfyniadau. Mae'n bwysig sylweddoli, os yw dyluniad yn bodoli'n barod, nad yw'n economaidd dechrau eto. Gellir bob amser addasu, ailweithio a datblygu dyluniadau, ac os ydyn nhw'n bodoli ar gyfrifiadur, yna gall y broses fod yn un gyflym ac economaidd iawn.

Mae Ffigur 10.11 yn dangos cydran beirianegol syml a ddadansoddwyd mewn pum ffordd wahanol gan feddalwedd CADD. Gelwir y broses yma yn fodelu solet.

Er mai'r model solet yw'r un hawsaf i'w ddelweddu gan mai dyma'r un mwyaf real, mae'n defnyddio llawer o gof y cyfrifiadur a llawer o amser prosesu; mae hyn yn ei wneud yn araf i'w drin ar y sgrin. Mae dylunwyr yn tueddu i orffen pan gyrhaeddant y cam ffrâm wifren, ac mae modelu ffrâm wifren yn boblogaidd iawn fel iaith gyfathrebu. Mae ganddo'r fantais hefyd o allu dangos nodweddion y tu cefn i, ac ar arwyneb ôl cydrannau. Am eu bod yn defnyddio lliwiau i adnabod gwahanol gydrannau, mae'r dylunydd hyfforddedig yn gallu dadansoddi cydosodiadau ffrâm wifren yn rhwydd.

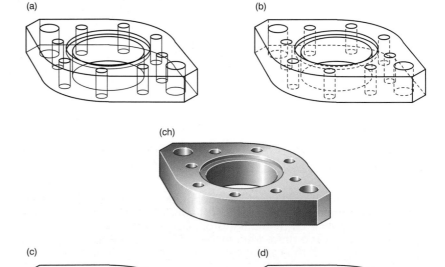

Ffigur 10.11 *Cydran peirianegol syml wedi'i ddadansoddi mewn pum ffordd wahanol gan y cyfrifiadur*

(a) model ffrâm wifren

(b) model solet gyda manylion cudd

(c) model solet gyda llinellau cudd wedi'u dileu

(ch) model wedi'i rendro

(d) golwg trychiadol.

Mae CAD yn gallu helpu'r dylunydd mewn sawl ffordd:

- Gellir creu lluniadau dair gwaith cyflymach nag wrth ddilyn dulliau confensiynol.
- Mae ansawdd a chywirdeb 'copi caled' (lluniadu ar bapur) yn well na lluniadu confensiynol.
- Mae'n bosibl estyn, cylchdroi, dyblygu a throi lluniadau drosodd.
- Gellir addasu ac ailweithio dyluniadau sy'n bodoli'n barod.
- Mae llyfrgelloedd sy'n cynnwys nodweddion a chydrannau safonol yn cyflymu'r broses ac yn gymorth i wneud penderfyniadau.
- Mae'n haws delweddu canlyniadau dylunio yn gyflym a gwneud newidiadau a fydd yn hybu penderfyniadau.
- Gellir efelychu llwybrau darnau symudol er mwyn darganfod os byddant yn symud yn ddirwystr neu'n gwrthdaro.
- Gellir gwneud dadansoddiad peirianegol o gydrannau sy'n cael eu heffeithio gan ddiriant a lludded drwy efelychu.

Ffigur 10.12 *Symbolau llyfrgell ar gyfer lluniadu pensaernïol gan ddefnyddio CADD.*

71

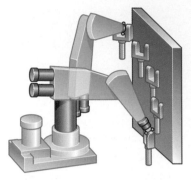

Ffigur 10.13 *Esiampl o ganfod gwrthdaro drwy efelychiad cyfrifiadurol.*

● Gellir rhannu dyluniadau yn electronig drwy ddefnyddio rhwydweithiau cyfathrebu fel 'e'-bost, y Rhyngrwyd a chynadledda drwy fideo.

Mae Ffigur 10.12 yn dangos llyfrgell o gydrannau safonol a ddefnyddir mewn lluniadu pensaernïol. Drwy ddefnyddio cydrannau safonol o ffeil llyfrgell fel hyn, mae'n bosibl creu dyluniadau'n gyflymach ac mae'r dylunydd yn gwybod bod y cydrannau mae'n eu defnyddio ar gael yn barod. Mae modd defnyddio'r ffeil llyfrgell hefyd i ddangos beth yw'r stoc sydd ar gael a pha gydrannau sydd orau i'w defnyddio.

Agwedd arall ar CADD yw dylunio paramedrig. Mae'r meddalwedd yma yn galluogi peiriannydd dylunio i blotio llwybr darnau symudol er mwyn gweld sut y gallent amharu ar agweddau eraill o'r dyluniad. Defnyddir meddalwedd o'r math yma hefyd i ddylunio celloedd gweithgynhyrchu er mwyn osgoi gwrthdaro rhwng gweithrediadau robot. Mae Ffigur 10.13 yn dangos rhith robot yn 'gwrthdaro' â wal.

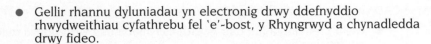

CYFLWYNO I GYNULLEIDFA

Mae cyflwyno cynigion dylunio i gwsmer neu gleient yn rhan bwysig o'r broses ddylunio a gweithgynhyrchu. Rhaid i ddylunwyr ystyried sut i 'werthu' eu syniad yn well na'r gystadleuaeth. Mae nifer o ddewisiadau cyflwyno:

Ffigur 10.14 *Lluniad wedi'i wneud ag aerfrwsh.*

● Modelau tri-dimensiwn;

● Aerfrwsio;

● Lluniadu â marciwr gwirod;

● Rendro â chreonau;

● Rendro â phasteli;

● Paent posteri.

Trafodir rhai o'r technegau uchod yn y bennod flaenorol ar waith cwrs. Ni fydd gofyn i chi wneud unrhyw un o'r rhain yn ystod eich arholiad ond mae angen i chi fod yn ymwybodol ohonynt ac ystyried pa rai fyddai'n briodol ar gyfer cynulleidfa benodol. Edrychwch ar y tri lluniad cyflwyno yn Ffigurau 10.14, 10.15 a 10.16. Mae'r steil gwyllt a gysylltir â'r lluniad ffasiwn yn wahanol iawn i steil solet y dril a steil slic y car. Fe'u bwriadwyd ar gyfer cynulleidfaoedd gwahanol.

Ffigur 10.15 *Lluniadau ffasiwn.*

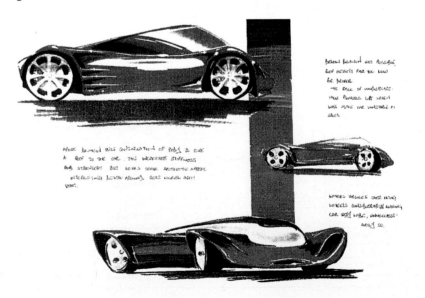

Ffigur 10.16 *Syniadau wedi'u rendro â marcwyr.*

Gwiriwch eich gwybodaeth

CWESTIYNAU

C1 Gwnewch frasluniau pensil o'r cydrannau cyffredin hyn:
colfach drws;
bollt ben hecsagonol M10;
sgriw bren wrthsodd;
sbring cywasgu.

C2 Dan ba amgylchiadau y gallech chi ddefnyddio model tri dimensiwn yn lle lluniad cyflwyno?

C3 Nodwch brif anfanteision systemau CADD.

COFIWCH! Cuddiwch yr atebion os ydych chi'n dymuno.

ATEBION

A1

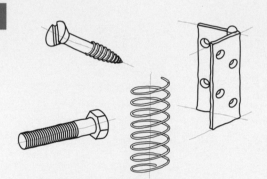

A2 Byddai model tri dimensiwn yn cael ei ddefnyddio yn lle lluniad dan yr amgylchiadau canlynol:
- Os yw'r cynnyrch yn fecanyddol, byddai wedyn yn fanteisiol dangos sut mae'n gweithio.
- Efallai bod angen dangos sut roedd angen i'r cynnyrch ffitio at ei gilydd neu gyda phethau eraill.
- Er mwyn gallu gafael yn y cynnyrch ac edrych ar y ffactorau ergonomig.
- Er mwyn gallu cerdded o gwmpas ac edrych ar y cynnyrch o wahanol gyfeiriadau, gan fod rhaid iddo edrych yn dda o bob ochr, fel yn achos car neu adeilad.

A3 Mae tri phrif anfantais i systemau CADD:
1. Maen nhw'n ddrud i'w gosod a'u cadw'n gyfoes.
2. Mae'n rhaid hyfforddi pobl i'w defnyddio.
3. Mae angen newid pob lluniad sy'n bodoli'n barod yn ffeiliau CADD er mwyn cymryd mantais llawn o'r system.

TIWTORIALAU

T1 Mae'r cwestiwn hwn yn fwy nag ymarfer braslunio'n unig. Dylech wybod sut mae'r rhain a nifer o gydrannau eraill tebyg yn edrych. Ewch ati i ymarfer technegau lluniadu isomedrig ar amrywiaeth o fân bethau dylunio a thechnoleg cyffredin a sylwch ar y manylion.

Er enghraifft:
Mae colfach drws wedi'i wrthsoddi ar du mewn y fflapiau.
Mae gan follt ddarn plaen heb edau sgriw.
Dim ond ar y pen mae sgriwiau pren yn bigfain.
Mae sbring cywasgu yn agored, yn wahanol i sbring tyniant.

T2 Heb i chi orfod lluniadu neu wneud modelau mae'r cwestiwn yma'n profi eich gwybodaeth am y ddau. Gwnewch yn siŵr eich bod yn gwybod am gymwysiadau prosesau ac nid y technegau'n unig.

T3 Mae hwn yn ateb da i'r cwestiwn yma. Peidiwch â chael eich temtio i ymateb drwy gyfeirio at yr angen am lai o bobl ac felly dweud bod hyn yn anfantais am fod cwmnïau'n colli staff. Mae cwmnïau'n buddsoddi er mwyn bod yn gystadleuol ac aros mewn busnes, felly mae hefyd yn fantais talu llai o gyflogau. Angen y mwyafrif o agweddau ar dechnoleg fodern yw llai o bobl gyda chymwysterau gwell.

GEIRIAU ALLWEDDOL

Dyma'r geiriau allweddol. Rhowch dic os ydych chi'n meddwl eich bod chi'n eu deall. Fel arall, chwiliwch am eu hystyr.

dyluniad	CAD
graffeg	CADD
arosgo	efelychiad
isomedrig	modelu solet
cawellu	ffrâm wifren
manyleb	ffeiliau llyfrgell
model	dyluniad paramedrig
prototeip	lluniad cyflwyno
cynllunio drwy gymorth cyfrifiadur	

GWERTHUSO CYNIGION DYLUNIO

Dylai gwerthuso fod yn **wrthrychol** ac nid yn **oddrychol**. Mae hyn yn golygu gwerthuso yn ôl meini prawf yn hytrach na dweud pethau cyffredinol fel 'Dw i'n hoffi hwn achos mae'n edrych yn neis'. Yn gynharach yn yr adran yma mi wnaethom drafod yr angen am fanyleb ddylunio fanwl y gellid ei defnyddio fel rhestr wirio neu faen prawf i werthuso'r cynnyrch gorffenedig. Mae'r un peth yn wir am werthuso cynigion dylunio. Dylent gael eu gwerthuso yn ôl y fanyleb ddylunio gan fod hyn yn adlewyrchu bwriad y gweithgaredd dylunio-a-gwneud. Mae'n briodol gofyn rhai cwestiynau penodol:

● **Swyddogaeth** A fydd e'n gweithio?

● **Ergonomeg** A ellir ei ddefnyddio fel y bwriadwyd yn wreiddiol?

● **Ymddangosiad / estheteg** A fydd e'n edrych yn dda ac yn ffitio i mewn?

● **Gweithgynhyrchu** A ellir ei wneud mewn ffordd economaidd?

● **Defnyddiau** A yw'r defnyddiau'n briodol?

● **Amgylcheddol** Beth am egni a gwastraff?

● **Amser** A ellir ei wneud mewn amser?

Mae'n bosibl creu rhestr gyfeirio o'r fanyleb ddylunio a'i defnyddio i wirio'ch cynigion dylunio wrth eu gwerthuso ac yna roi sgôr i bob syniad. Rhowch gynnig ar hyn gyda'ch gwaith cwrs.

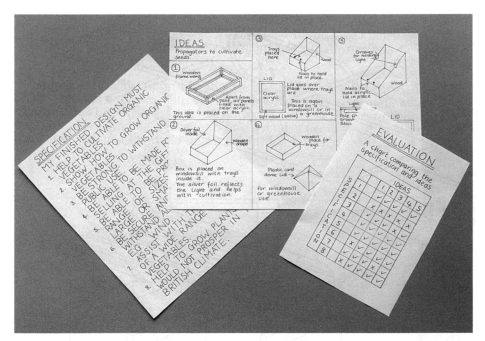

Ffigur 11.1

LLUNIADAU GWEITHIO

Does dim rhaid i luniad gweithio fod yn luniad peirianegol ffurfiol. Ffordd o gyfathrebu rhwng y dylunydd a'r gwneuthurwr yw lluniad gweithio. Dylai'r gwneuthurwr fedru creu'r hyn sydd ar y lluniad gweithio heb orfod mynd yn ôl

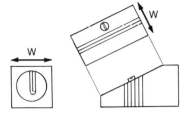

Ffigur 11.5 *Golwg ategol.*

GOLYGON ERAILL

Weithiau edrychir ar wrthrychau o safleoedd eraill er mwyn dangos manylion penodol: golygon ategol; gellir eu lluniadu wedi'u torri trwodd er mwyn dangos manylion mewnol: golygon trychiadol. Gadewch i ni edrych ar y miniwr eto.

Mae Ffigur 11.5 yn olwg ategol sy'n dangos siâp go iawn arwyneb goleddol y miniwr. Cymerir y dimensiwn W o'r ochrolwg gan fod hwn yn faint cywir.

I ddangos y manylion mewnol rhaid 'torri'r' miniwr ar hyd plân torri dychmygol. Defnyddir saethau i ddangos y plân torri, sydd hefyd yn dangos y cyfeiriad yr edrychir arno. Caiff yr arwynebau a 'dorrir' eu 'lliniogi' ar y golwg trychiadol gyda llinellau goleddol 45°. Mae Ffigur 11.6 yn dangos dau olwg trychiadol gwahanol o'r miniwr.

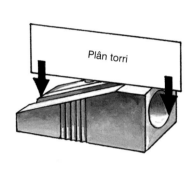

Plân torri

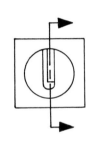

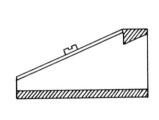

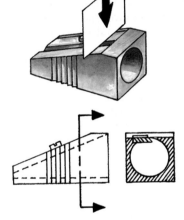

Ffigur 11.6 *Golygon trychiadol.*

Ffigur 11.7 *Mathau o linellau a'r lle y cânt eu defnyddio.*

CONFENSIYNAU A DDEFNYDDIR MEWN LLUNIADAU ORTHOGRAFFIG

Mae Ffigurau 11.7, 11.8, 11.9 ac 11.10 yn dangos rhai o'r confensiynau a ddefnyddir mewn lluniadau orthograffig a pheirianegol. Rhaid i chi fedru adnabod y rhain pan ymddangosant mewn lluniadau ac, yn achos dimensiynu a mathau o linellau, dylech allu eu defnyddio'n gywir.

1 _____
TRWCHUS A DI-DOR – amlinellau ac ymylon gweladwy

2 _____
TENAU A DI-DOR – llinellau dimensiwn, llinellau tafluniad, lliniogi ac amlinellau darnau cyfagos

3 –
LLINELLAU TORIAD TENAU – amlinellau ac ymylon cuddiedig

4 — – — – — – — – — – — – — –
CADWYN DENAU, HIR – llinellau canol.

Ffigur 11.8 *Dimensiynu'n gywir.*

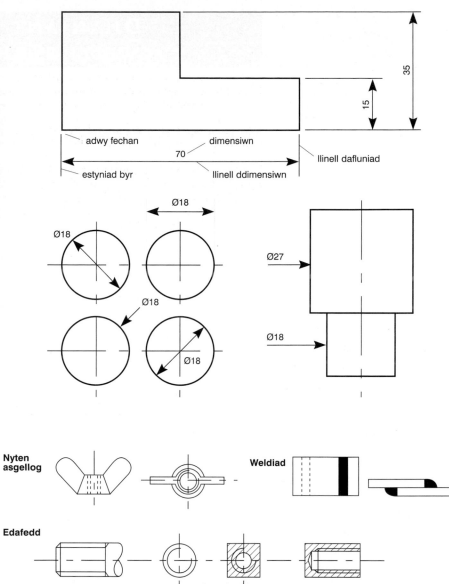

Traws fflatiau (ar ben nyten neu follt)	AF
Llinell ganol	C, CL neu c
Cynllunio drwy gymorth cyfrifiadur	CAD
Gweithgynhyrchu drwy gymorth cyfrifiadur	CAM
Centimetr	cm
Canolau	CRS
Gwrthdyllu	CBORE
Gwrthsodd	CSK
Pen gwrthsodd	CSK HD
Diamedr (cyn dimensiwn)	Ø
Diamedr (mewn nodyn)	DIA
Lluniad	DRG
Allanol	EXT
Hecsagon	HEX
Pen hecsagonol	HEX HD
Diamedr mewnol	I/D
Mewnol	INT
Llaw chwith	LH
Defnydd	MATL
Metr	m
Milimetr	mm
Heb fod wrth raddfa	NTS
Diamedr allanol	O/D
Radiws (cyn dimensiwn)	R
Radiws (mewn nodyn)	RAD
Llaw dde	RH

Ffigur 11.9 *Byrfoddau a ddefnyddir yn gyffredin.*

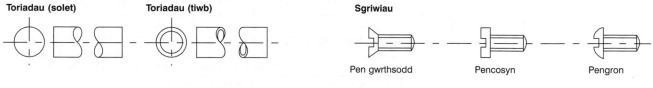

Ffigur 11.10 *Confensiynau lluniadu a ddefnyddir yn gyffredin.*

DILYNIANT MEWN GWEITHGYNHYRCHU

Mae dilyniant mewn gweithgynhyrchu yn ymwneud â rhoi trefn resymegol ar ddigwyddiadau er mwyn osgoi oedi a gorgynhyrchu. Er mwyn gallu cynllunio dilyniant o weithrediadau rhaid i chi fod yn ymwybodol o'r prosesau eu hunain, o argaeledd defnyddiau ac o'r prosesau peiriannol a chydosod.

BETH YW'R PARAMEDRAU SEFYDLOG?

Bydd rhai pethau a benderfynir gan y dyluniad a'r fanyleb na ellir eu newid ar hyn o bryd. Rhaid cychwyn cynllunio gyda rhestr ddarnau sy'n dangos y gofynion gweithgynhyrchu ac sy'n cynnwys:

- Enw'r darn;
- Rhif y darn wedi'i gyfeirnodi i'r lluniad;
- Defnydd neu ffynhonnell y cyflenwad;
- Y nifer sydd eu hangen (No. off).

Ffigur 11.11 *Lluniad cydosod a rhestr ddarnau.*

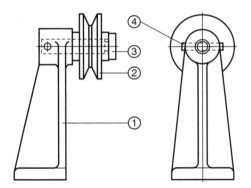

RHESTR DDARNAU		
4	PIN TAPR	1	DUR CALED
3	PIN	1	DUR MEDDAL
2	PWLI	1	ALWMINIWM
1	BRACED	1	HAEARN BWRW
RH	DISGRIFIAD	NO. OFF	DEFNYDD

BLE MAE'R HYBLYGRWYDD?

O fewn gweithgynhyrchu diwydiannol gellir gwneud cydrannau ar y safle ei hun (mewnol) neu gellir eu 'prynu i mewn' gan gyflenwyr neu is-gontractwyr. Bydd cyflenwyr yn darparu cydrannau safonol fel nytiau, bolltau, colfachau a thaclau. Gwaith is-gontractwr yw gwneud pethau ar eich cyfer. Rhaid ystyried y ffactorau hyn o safbwynt masnachol er mwyn osgoi gorfod disgwyl am gydrannau neu fod mewn sefyllfa lle nad yw'r gwneuthurwr yn gallu cyrraedd y targedau neu gyflenwi mewn pryd. Bydd angen gwneud penderfyniadau o hyd, er mwyn sicrhau llif cynhyrchu didrafferth. Bydd eich profiad chi'ch hun wedi dangos y gallwch 'brynu i mewn' yn hytrach na gwneud cydrannau fel sgriwiau, blychau plastig ac olwynion. Cyfeiriwyd at hyn ym Mhennod 8 'Cydrannau'.

Mae Ffigur 11.12 yn dangos siart llif a ddefnyddiwyd i drefnu'r gweithrediadau i gynhyrchu cloc bychan sy'n rhedeg ar fatri. Dim ond y corff a'r defnydd pacio fydd y gwneuthurwr yn eu darparu. Prynir y bysedd a'r wyneb i mewn ar ffurf cydrannau, a phrynir y mecanwaith i mewn fel is-gydosodiad. Ystyr is-gydosodiad yw eitem sy'n ffurfio rhan o gynnyrch mwy.

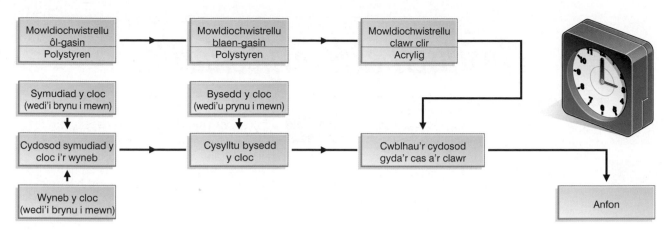

Ffigur 11.12 *Dilyniant mewn gweithrediadau gweithgynhyrchu.*

Bu rheoli amser - gorffen pethau mewn pryd – yn elfen bwysig o'ch gwaith project. Mae hyn yn bwysicach fyth pan fo rhaid i chi ddibynnu ar bobl eraill i gyflenwi cydrannau cyn y gallwch gario ymlaen. Mae'r cloc yn enghraifft o hyn. Ewch yn ôl at yr enghreifftiau o gynllunio a rheoli amser ym Mhennod 2.

GWNEUD DEFNYDD EFFEITHIOL O DDEFNYDDIAU

Yn aml, wrth ddylunio cynhyrchion, gallwch wneud penderfyniadau heb gyfeirio llawer at agweddau eraill ar y dylunio. Er enghraifft, bydd gan resel CDau rai dimensiynau a benderfynir yn ôl y CD, megis uchder a dyfnder. Bydd hyd y rhesel yn dibynnu ar y nifer o CDau y bydd angen iddi eu storio, ond amcangyfrif yw hwn ac mae lle i fod yn hyblyg. Dylid ystyried pethau fel hyn mewn perthynas â'r defnydd economaidd o ddefnyddiau. Os yw'r defnydd ar gyfer y rhesel ar gael mewn hydoedd o 2 fetr yna bydd rhaid i hyd y rhesel fod mewn rhannau neu luosrifau o'r ffigur hwnnw. Byddai pennu 1.1 metr fel hyd y rhesel yn ddefnydd gwael o adnoddau.

Mae hyn hefyd yn wir wrth dorri darn o len. Bydd rhai siapiau yn ffitio gyda'i gilydd neu'n brithweithio, gan wneud defnydd effeithiol o len o fetel neu bren haenog. Defnyddir meddalwedd gyfrifiadurol yn fasnachol i benderfynu sut y gellir defnyddio defnyddiau'n effeithiol. Caiff gwybodaeth ynglŷn â maint y cydran a maint stoc y defnydd ei bwydo i mewn i'r cyfrifiadur. Wedyn, bydd y cyfrifiadur yn penderfynu sut i drefnu'r siapiau.

Ffigur 11.13 *Defnyddio defnyddiau'n effeithiol.*

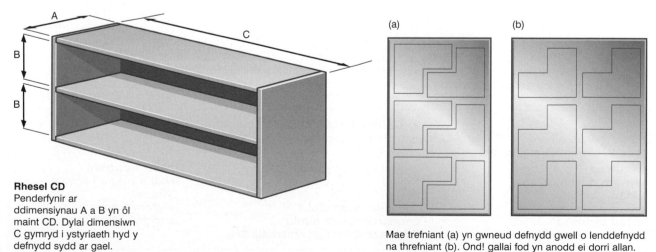

Rhesel CD
Penderfynir ar ddimensiynau A a B yn ôl maint CD. Dylai dimensiwn C gymryd i ystyriaeth hyd y defnydd sydd ar gael.

Mae trefniant (a) yn gwneud defnydd gwell o lenddefnydd na threfniant (b). Ond! gallai fod yn anodd ei dorri allan.

Gwiriwch eich gwybodaeth

CWESTIYNAU

C1 Trafodwch y berthynas rhwng y fanyleb ddylunio a'r gallu i werthuso cynigion dylunio yn drylwyr.

C2
i) Rhowch amlinelliad o brif swyddogaeth 'lluniad gweithio'.
ii) Enwch a disgrifiwch bwrpas y ddau fath o luniadu sy'n cyfuno i wneud lluniad gweithio cyflawn.

C3 Gan ddefnyddio'ch profiad eich hun o gynllunio ar gyfer gwneud, eglurwch sut y gellir lleihau'r amser cynhyrchu a sicrhau rhywfaint o hyblygrwydd. Nodwch hefyd y problemau posibl y gallai hyn eu hachosi.

COFIWCH! Cuddiwch yr atebion os ydych chi'n dymuno.

ATEBION

A1 Dylid gwerthuso'r cynigion dylunio yn ôl y meini prawf a geir yn y fanyleb ddylunio. Bydd hyn yn sicrhau gwerthusiad gwrthrychol.

A2
i) Defnyddir y lluniad gweithio i wneud y cynnyrch yr ydych wedi'i ddylunio.
ii) Y lluniad manylion sy'n cynnwys yr holl feintiau fel bod modd gwneud darnau'r cynnyrch, a'r lluniad cydosod sy'n dangos sut mae darnau'r cynnyrch yn ffitio at ei gilydd.

A3 Mae'n bosibl prynu darnau i mewn ar gyfer cynhyrchion sy'n cael eu gwneud. Gallai'r rhain fod yn ffitiadau fel cliciedau neu ddolennau, neu'n flychau plastig i ddal darnau electronig neu ddarnau rheoli. Mae hyn yn rhoi mwy o amser i chi weithio ar ddarnau eraill o'r cynnyrch a gall y darnau a brynir i mewn roi gorffeniad proffesiynol iawn.

Gall hyn greu problemau gan ei fod yn bosibl y bydd angen i chi addasu'ch dyluniad i gyd-fynd â'r pethau a brynir i mewn; hefyd, efallai bydd rhaid aros am y cydrannau, felly mae'n bwysig cynllunio ac archebu mewn digon o bryd.

TIWTORIALAU

T1 Y *peth pwysig i'w gofio ynglŷn â* gwerthuso ar unrhyw adeg yn ystod y broses ddylunio ac o fewn eich gwaith cwrs yw y dylid ei wneud yn ôl meini prawf. Mae hyn yn eich galluogi i fod yn wrthrychol. Mae bod yn wrthrychol yn bwysig wrth farnu.

T2
i) Y dull o gyfathrebu rhwng y dylunydd a'r gwneuthurwr yw'r lluniad gweithio. Does dim rhaid iddo fod yn lluniad peirianegol ffurfiol ond rhaid bod digon o wybodaeth ynddo er mwyn gallu ei ddefnyddio i weithgynhyrchu.
ii) Dylai lluniadau gweithio o unrhyw gynnyrch sy'n cynnwys mwy nag un darn cydrannol gynnwys y ddwy agwedd yma er, unwaith eto, does dim rhaid eu cyflwyno mewn dull ffurfiol.

T3 Yn aml, bydd cwestiynau arholiad yn disgwyl i chi dynnu ar eich profiad dylunio a gwneud a chysylltu hyn â diwydiant a gweithgynhyrchu. Rhaid i chi fod yn ymwybodol y gall cwmnïau ac unigolion brynu cydrannau a gwasanaethau i mewn, yn dibynnu ar economeg, amser ac ansawdd.

GEIRIAU ALLWEDDOL
Dyma'r geiriau allweddol. Rhowch dic os ydych chi'n meddwl eich bod chi'n eu deall.
Fel arall, chwiliwch am eu hystyr.

gwerthuso	tafluniad ongl gyntaf	rhestr ddarnau
manyleb ddylunio	tafluniad trydedd ongl	wedi'u prynu i mewn
lluniad gweithio	golygon ategol	cyflenwr
lluniad manylion	golygon trychiadol	is-gontractwr
lluniad cydosod	confensiynau lluniadu	is-gydosodiad
lluniad orthograffig	dilyniant mewn gweithrediadau	

RHESTR GYFEIRIO ARHOLIAD AR GYFER YR ADRAN HON

Ar ôl astudio dylunio dylech fedru:

- adnabod anghenion a chyfleoedd dylunio gan gofio am ystyriaethau pobl eraill, ac adnabod anghenion a gofynion sy'n gwrthdaro;
- casglu, trefnu a chyflwyno data ymchwil;
- datblygu manyleb ddylunio;
- cynhyrchu amrediad o syniadau, gan adnabod cyfyngiadau ar yr un pryd;
- datblygu, modelu a phrofi syniadau gan ddefnyddio amrywiaeth o gyfryngau graffigol gan gynnwys systemau CAD;
- cyfathrebu cynigion dylunio sy'n briodol ar gyfer anghenion cynulleidfa
- gwerthuso cynigion dylunio a datblygu lluniadau gweithio a chynlluniau ar gyfer trefnu gweithgynhyrchu.

YMARFER AR GYFER ARHOLIAD

Atebion Myfyriwr Sampl a Sylwadau'r Arholwr

1 Lleolir cylch chwarae i blant 3 i 4 oed yn eich ysgol chi. Mae arweinwyr y grŵp wedi gofyn i'r adran Ddylunio & Thechnoleg ddylunio sigl-adenydd y gellir ei ddefnyddio yn yr awyr agored.

(a) Ar ôl gwneud rhyfaint o ymchwil, penderfynwyd y dylai'r sigl-adenydd fesur 2 fetr (2000 mm) o ben i ben.

(i) Enwch ddau ddimensiwn pwysig arall sy'n perthyn i'r sigl-adenydd. (2 farc)

1 Uchder sedd y plentyn.

2 Y pellter rhwng y sedd a'r dolennau.

(ii) Eglurwch sut y penderfynwyd ar y ddau ddimensiwn hyn. (2 farc)

Roedd yn bosibl casglu'r meintiau hyn drwy ymweld â'r cylch chwarae a mesur grŵp o blant o'r oedran hwnnw a darganfod pa feintiau fyddai orau i'w defnyddio.

(b) Rhaid hefyd ystyried diogelwch. Enwch dri maes ymchwil arall y byddai'n rhaid eu hystyried cyn rhoi trefn ar eich syniadau. (3 marc)

1 Defnyddiau i'w defnyddio.

2 Cyfanswm cost y sigl-adenydd.

3 Sut i sicrhau na fydd y sigl-adenydd yn dymchwel; mae'n rhaid iddo fod yn sefydlog.

SYLWADAU'R ARHOLWR

(a) Mae'r rhain yn atebion cywir i'r cwestiwn ond dydyn nhw ddim yn ddigon i ennill marciau llawn. Mae'n well defnyddio tablau data anthropometrig i benderfynu ar feintiau pobl. Cafodd y rhain eu crynhoi o sampl ehangach o lawer o bobl na'r hyn y gellid ei wneud drwy ymchwil yn y fan a'r lle, ac maen nhw'n ymwneud â safleoedd eistedd a chyrraedd na ellir eu penderfynu'n hawdd heb fodelu'r cynnyrch yn gyntaf.

(b) Mae'r rhain yn atebion cywir ac yn dri phwynt da, yn enwedig pwynt 3. Mae hyn yn dangos i'r arholwr bod y myfyriwr yn meddwl am feysydd sy'n berthnasol i'r sefyllfa benodol honno.

SYLWADAU'R ARHOLWR

(c) Dyma ffordd dda o ateb y cwestiwn hwn. Mae'r myfyriwr wedi defnyddio lluniad cydosod ac wedyn lluniad ategol i ddangos manylion y colyn. Collir marciau am fod rhai manylion ar goll; nid yw'n glir sut mae'r bar dur sy'n gweithredu fel colyn wedi'i gysylltu â'r platiau ochr, ac nid yw'n glir, chwaith, sut y cysylltir cefn y sedd a'r ddolen. Er hynny, dyma ateb da sy'n ddigon manwl i gyfleu'r cynnig dylunio yn gyflawn ac i gwrdd â'r mwyafrif o ofynion y cwestiwn. Yn y math hwn o gwestiwn ceir marciau ychwanegol am y nodiadau sy'n atodol i'r syniadau dylunio ac am ansawdd y cyflwyniad. Mae angen brasluniau clir. Ychwanegwch raddliwio neu liw i frasluniau dim ond os gallwch wneud hynny'n dda ac o fewn amser. Gall hyn ennill rhywfaint o farciau ond nid llawer; cyfathrebu'n glir yw'r peth pwysicaf.

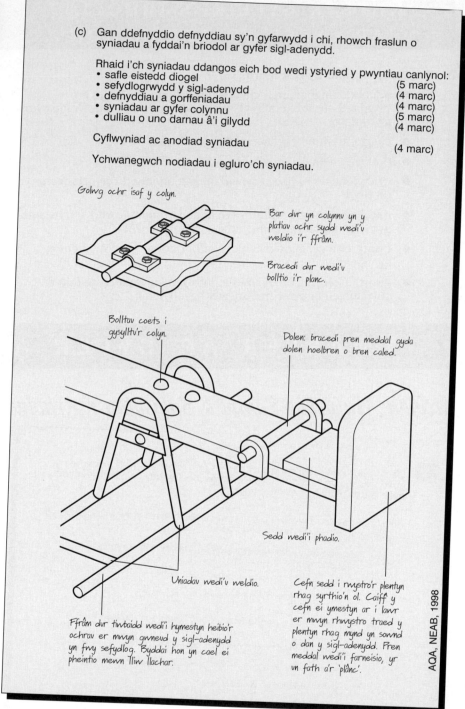

(c) Gan ddefnyddio defnyddiau sy'n gyfarwydd i chi, rhowch fraslun o syniadau a fyddai'n briodol ar gyfer sigl-adenydd.

Rhaid i'ch syniadau ddangos eich bod wedi ystyried y pwyntiau canlynol:
- safle eistedd diogel (5 marc)
- sefydlogrwydd y sigl-adenydd (4 marc)
- defnyddiau a gorffeniadau (4 marc)
- syniadau ar gyfer colynnu (5 marc)
- dulliau o uno darnau â'i gilydd (4 marc)

Cyflwyniad ac anodiad syniadau (4 marc)

Ychwanegwch nodiadau i egluro'ch syniadau.

Golwg ochr isaf y colyn.

Bar dur yn colynnu yn y platiau ochr sydd wedi'u weldio i'r ffrâm.

Bracedi dur wedi'u bolltio i'r planc.

Bolltau coets i gysylltu'r colyn.

Dolen: bracedi pren meddal gyda dolen hoelbren o bren caled.

Uniadau wedi'u weldio.

Sedd wedi'i phadio.

Ffrâm dur tiwbaidd wedi'i hymestyn heibio'r ochrau er mwyn gwneud y sigl-adenydd yn fwy sefydlog. Byddai hon yn cael ei pheintio mewn lliw llachar.

Cefn sedd i rwystro'r plentyn rhag syrthio'n ôl. Caiff y cefn ei ymestyn ar i lawr er mwyn rhwystro traed y plentyn rhag mynd yn sownd o dan y sigl-adenydd. Pren meddal wedi'i farneisio, yr un fath a'r 'planc'.

AQA, NEAB, 1998

Cwestiwn i'w Ateb

Ceir hyd i'r ateb i Gwestiwn 2 ym Mhennod 21.

2 Defnyddir y stand syml a welir yn Ffig. 1 i ddal rholyn o wifren sy'n barod i'w ddefnyddio. Mae'r stand a'r fraich wedi'u gwneud o ddur meddal.

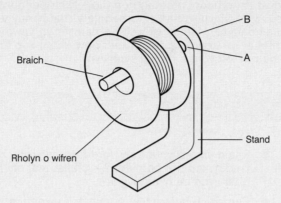

Ffig. 1

(a) Edrychwch yn ofalus ar y stand. Mae ganddi ddau ddiffyg dylunio pwysig.

Brasluniwch ddatrysiad posibl ar gyfer pob diffyg. Dangoswch holl fanylion y dyluniad.

Diffyg 1: mae'r rholyn o wifren yn syrthio oddi ar y fraich sy'n ei gynnal. (3 marc)

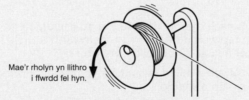

Ffig. 2

(ii) Diffyg 2: mae'r stand yn syrthio drosodd pan dynnir y wifren. (3 marc)

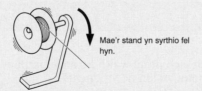

Ffig. 3

(b) Dangosir isod ddwy nodwedd ddylunio i'r stand a welir yn Ffig. 1.

Rhowch un rheswm ar gyfer pob nodwedd.

(i) Nodwedd ddylunio 1: mae gan y stand ben crwn ym mhwynt B. (2 farc)

(ii) Nodwedd ddylunio 2: mae'r rholyn o wifren yn 'ffitio'n llac' ar y fraich. (2 farc)

MEG, Sampl 1997

DIOGELWCH

Does dim amheuaeth mai diogelwch yw'r agwedd bwysicaf ar weithgynhyrchu, boed hynny mewn gweithdy ysgol neu ddiwydiant gweithgynhyrchu mawr. Mae diogelwch hefyd yn bwnc sy'n codi bob amser mewn arholiadau TGAU. Rhaid i chi fod yn ymwybodol o'r materion diogelwch penodol sydd ynghlwm wrth brosesau gweithgynhyrchu, yn arbennig y rhai hynny y bydd disgwyl i chi wybod amdanynt. Mae diogelwch bob amser yn ymwneud â bod yn synhwyrol, yn gyfrifol ac yn aeddfed; gellir rhoi'r agweddau hyn at ei gilydd dan ychydig o benawdau ac ychydig o reolau synhwyrol.

YMDDYGIAD

- Rhaid ymddwyn mewn ffordd synhwyrol a rhoi gwybod am ymddygiad ffôl pobl eraill – efallai mai chi fydd mewn perygl oherwydd eu hymddygiad.
- Cerddwch bob amser o amgylch gweithdai; peidiwch â rhedeg byth;
- Cariwch offer a chyfarpar mewn dull diogel a mynnwch help gyda defnyddiau hir neu drwm.

GWISG

- Gwisgwch oferôls neu ffedog ac esgidiau cryf bob amser. Tynnwch neu lapiwch ddillad rhydd, gemwaith a theis i mewn, a chlymwch yn ôl neu gorchuddiwch wallt hir.
- Gwisgwch y dillad gwarchod ychwanegol priodol ar gyfer prosesau fel castio a weldio.
- Gwnewch rywbeth i ddiogelu'ch llygaid pan fyddwch mewn mannau diogelu llygaid dynodedig neu pan fyddwch yn gweithredu unrhyw erfyn peiriant neu erfyn llaw pŵeredig.

ARFERION GWEITHIO

- Cadwch eich ardal waith ac ardaloedd gwaith o amgylch offer peiriannau yn lân ac yn daclus.
- Gwiriwch gyflwr pob erfyn a pheiriant yn gyson a rhowch wybod am unrhyw ddifrod neu doriadau.
- Cadwch dramwyfeydd ac allanfeydd brys yn glir bob amser.
- Rhowch wybod i'ch athro neu oedolyn cyfrifol am unrhyw ddamwain, waeth pa mor fach ydyw.
- Darllenwch a dilynwch yr holl gyfarwyddiadau diogelwch ar sylweddau sail cemegol fel adlynion a hydoddyddion, a thalwch sylw arbennig i beryglon cyffwrdd â'r croen a phwysigrwydd awyriad.
- Tacluswch a golchwch eich dwylo'n drwyadl bob amser ar ôl gweithio.

Ffigur 12.1 *Symbolau diogelwch – byddwch yn ymwybodol ohonynt.*

MESUR

Dewisir y milimetr fel arfer fel uned mesur. Mae'n uned fesur y Safon Ryngwladol (SI). Peidiwch â defnyddio centimetrau; er enghraifft, dylid dangos 3 centimetr fel 30 mm. Dylid defnyddio'r ffurf ddegol i ddangos rhannau o filimetrau; defnyddiwch 0.5 mm ac nid hanner milimetr. Mae'r math o erfyn mesur a ddefnyddir ar gyfer gwaith arbennig yn dibynnu ar ba mor gywir mae'n rhaid bod. Dylech fod yn gyfarwydd â:

- Riwliau dur ('riwliau' nid 'prennau mesur');
- Tapiau mesur dur;
- Caliperau fernier;
- Micrometrau.

Yn fwyfwy o hyd mae gan galiperau a micrometrau ddarlleniadau digidol electronig uniongyrchol y gellir eu troi i sero ar unrhyw bwynt cyn defnyddio'r ddyfais fel cymharydd. Ystyr cymharydd yw unrhyw erfyn sy'n cymharu un maint ag un arall yn hytrach na'i fesur, ac sy'n rhoi darlleniad sy'n dangos beth yw'r gwahaniaeth rhwng meintiau. Ni all unrhyw lyfr gynnwys yr holl amrywiadau ond mae angen i chi fod yn ddigon cyfarwydd, o leiaf, â'r dyfeisiadau mesur o fewn eich ysgol eich hun i allu disgrifio sut maen nhw'n gweithio.

Ffigur 12.2 *Micromedr digidol electronig.*

Sgwâr cyfunol

Mae'r sgwâr cyfunol yn erfyn amlbwrpas defnyddiol iawn. Mae'n cyfuno riwl, sgwâr ac onglydd. Gellir ei defnyddio i fesur meintiau fel riwl, a hefyd bellterau o ymylon a chorneli. Gellir hefyd ei ddefnyddio i fesur onglau, dyfnderau oddi wrth wynebau, ac i wirio pa mor sgwâr yw corneli.

Ffigur 12.3 *Defnyddio sgwâr cyfunol.*

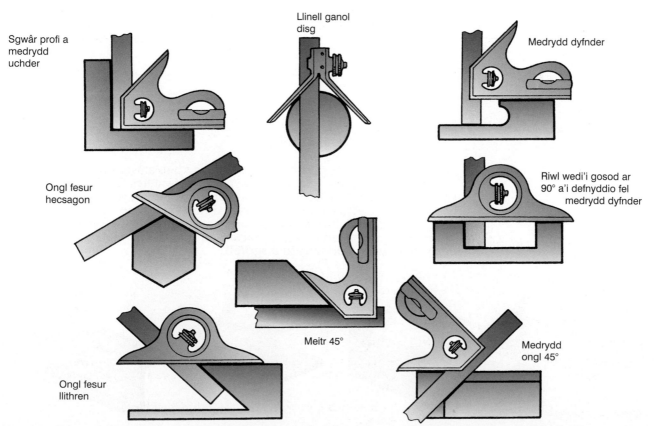

Sgwâr profi a medrydd uchder

Llinell ganol disg

Medrydd dyfnder

Ongl fesur hecsagon

Riwl wedi'i gosod ar 90° a'i ddefnyddio fel medrydd dyfnder

Meitr 45°

Medrydd ongl 45°

Ongl fesur llithren

MARCIO

Mae'r offer a'r technegau a ddefnyddir wrth farcio yn dibynnu ar ba mor gywir mae'n rhaid i'r cynnyrch terfynol fod. (Edrychwch hefyd ar oddefiannau a rheoli ansawdd ym Mhennod 18.)

Patrymluniau

Siapiau sydd eisoes wedi'u paratoi, y gallwch eu torri neu dynnu llinell o'u hamgylch yw patrymluniau. Yn aml, mae'n briodol defnyddio patrymlun wedi'i wneud o gerdyn neu bapur a gafodd ei ddatblygu yn ystod cam modelu eich proses ddylunio. Mae patrymluniau'n arbennig o ddefnyddiol pan fo angen torri'r un siâp allan sawl gwaith. Mae'n bosibl na fydd cerdyn neu bapur yn briodol ar gyfer patrymlun sy'n cael ei ddefnyddio'n rheolaidd ac felly gellir defnyddio unrhyw ddefnydd tenau sy'n hawdd ei weithio, fel alwminiwm, plastig ABS neu bren haenog.

Wynebau ac arwynebau datwm

Dylech bob amser ddefnyddio wyneb neu arwyneb datwm cyfarwydd i farcio. Ystyr hyn yw wyneb sy'n wastad ac yn syth. Pan gymerir yr holl fesuriadau o'r un wyneb neu wynebau mae llai o berygl y bydd camgymeriadau'n cronni. Mae **camgymeriadau cronnus** yn digwydd pan gymerir mesuriadau o un pwynt i'r nesaf, ac o'r fan honno i'r nesaf, ac ati. Bydd unrhyw gamgymeriadau bach sy'n digwydd yn cael eu hychwanegu at ei gilydd, gan dyfu a thyfu.

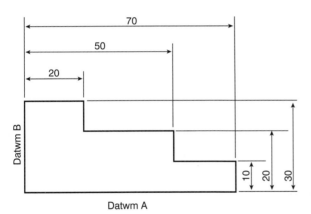

Ffigur 12.4 *Cymerwyd pob mesuriad o'r ddau wyneb datwm.*

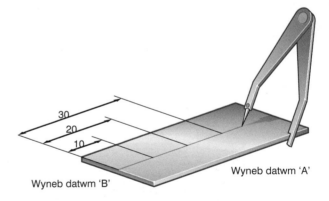

Ffigur 12.5 *Marcio cyfres o dyllau drwy ddefnyddio caliperau jenni.*

Mae yr un mor bwysig gweithio o'r un wynebau bob amser wrth farcio pren. Yn aml, yn achos pren, cyfeirir at yr wynebau datwm hyn fel yr ochr wyneb a'r ymyl wyneb, ac yn draddodiadol rhoir marc iddynt er mwyn gallu eu hadnabod. Mae Ffigur 12.6 yn dangos pedwar cam marcio llinell o amgylch darn o bren gan ddefnyddio **cyllell farcio** a **sgwâr profi**. Sylwch bod dwrn y sgwâr bob amser yn erbyn wyneb datwm. Wrth farcio arwynebau metel, dylid defnyddio **sgwâr peiriannydd** a **sgrifell**.

Ffigur 12.6 *Marcio drwy ddefnyddio sgwâr profi a chyllell farcio.*

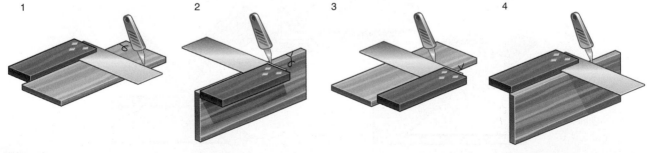

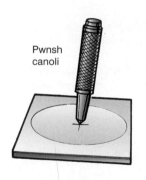

Pwnsh canoli

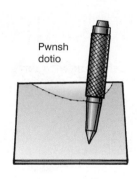

Pwnsh dotio

Cwmpawdau

Ffigur 12.7 *Offer ar gyfer marcio tyllau a chromliniau.*

Cwmpasau mesur

Tyllau a chylchoedd

Caiff safleoedd canol tyllau ar arwynebau metel eu marcio drwy ddefnyddio morthwyl a **phwnsh canoli**. Mae'r nod a wneir gan y pwnsh yn gadael pantiad sy'n atal y dril rhag crwydro. Mae **pynsiau dotio** yn fersiynau ysgafnach o'r pwnsh canoli ac yn cael eu defnyddio i wneud llinellau'n amlwg. Defnyddir pynsiau dotio hefyd i leoli pwyntiau pan ddefnyddir **cwmpasau mesur** i luniadu arcau a chylchoedd. Gellir defnyddio cwmpawd pensil cyffredin ar bren a rhai plastigion.

Medryddion marcio

Defnyddir **medryddion marcio** i farcio llinellau syth ar bren, sy'n gyflin ag ymyl. Defnyddir riwl i osod y *pwynt marcio* ar y medrydd. Medryddion marcio gyda dau *bwynt marcio* yw **medryddion mortais** ac fe'u defnyddir i farcio cyn torri uniadau.

Marcio trachywir

Rhaid cael amrywiaeth o offer marcio sy'n gweithredu o **blât arwyneb** i sicrhau marcio trachywir. Mae'r plât arwyneb yn gweithredu fel wyneb datwm gwastad, o ble y cymerir pob mesuriad. Caiff gwrthrychau fflat eu dal yn erbyn braced ongl, a defnyddir **blociau V** a **chlampiau** i glampio gwrthrychau silindrog. (Gweler Ffig. 12.9.)

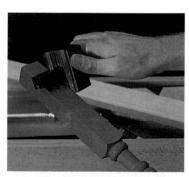

Ffigur 12.8 *Defnyddio medryddion ar gyfer pren.*

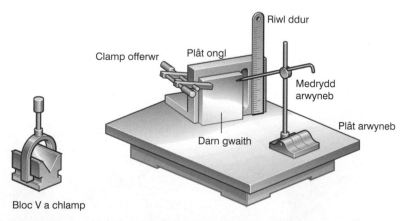

Riwl ddur

Clamp offerwr

Plât ongl

Medrydd arwyneb

Darn gwaith

Plât arwyneb

Bloc V a chlamp

Ffigur 12.9 *Marcio trachywir.*

DAL Y GWAITH

Mae dal gwaith yn ymwneud â gwrthsefyll grymoedd defnyddiau torri. Gall gwrthrych symud mewn unrhyw gyfuniad o'r chwe ffordd a welir yn Ffig. 12.10 a gellir gwrthsefyll y symudiadau hyn drwy:

- Leoliad positif – bod yn erbyn gwrthrych solet;
- Wrthiant ffrithiannol – yn cael ei ddal yn dynn.

Lle bo hynny'n bosibl, dylid bob amser wrthsefyll grymoedd torri drwy ddefnyddio lleoliad positif.

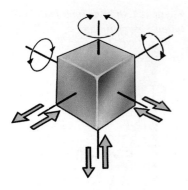

Ffigur 12.10 *Chwe ffordd y gall gwrthrych symud.*

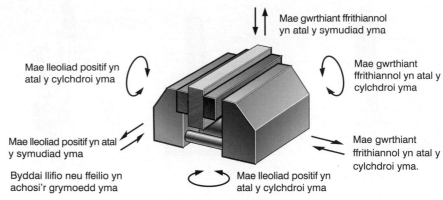

Mae gwrthiant ffrithiannol yn atal y symudiad yma

Mae lleoliad positif yn atal y cylchdroi yma

Mae gwrthiant ffrithiannol yn atal y cylchdroi yma

Mae lleoliad positif yn atal y symudiad yma

Byddai llifio neu ffeilio yn achosi'r grymoedd yma

Mae lleoliad positif yn atal y cylchdroi yma

Mae gwrthiant ffrithiannol yn atal y cylchdroi yma.

Ffigur 12.11 *Symudiad yn cael ei gyfyngu gan safnau feis.*

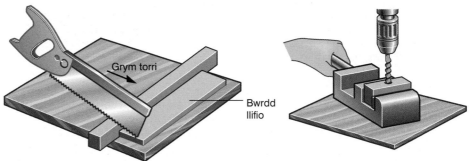

Grym torri

Rhagod

Grym torri

Bwrdd llifio

Ffigur 12.12 *Lleoliad positif yn gweithio yn erbyn grymoedd torri.*

Ffigur 12.13 *Feis peiriannydd.*

DYFEISIAU SY'N DAL

Gwneir **feisiau** o haearn bwrw, yn aml gyda mecanweithiau rhyddhau cyflym. Bydd gan feisiau peiriannydd safnau ffibr, yn aml, i amddiffyn y gwaith sy'n cael ei ddal, tra bod feisiau gwaith coed yn cynnwys wynebau pren (pren haenog). Caiff y naill a'r llall eu bolltio i'r fainc. Mae feisiau peiriant, a ddefnyddir ar beiriannau drilio a melino, yn rhydd ond gellir eu bolltio i lawr yn ôl yr angen.

Ffigur 12.14 *Feis gwaith coed.*

Ffigur 12.15 *Feisiau peiriant.*

Mae **bachyn mainc** neu **fwrdd llifio** yn rhoi lleoliad positif ac yn gwrthsefyll grymoedd torri pan ddefnyddir llif dyno. (Gweler Ffig. 12.12.)

Mae **workmate** yn fainc gludadwy sy'n cynnwys nodweddion dal hyblyg sy'n gallu dal siapiau lletchwith yn gadarn.

Mae **crampiau G** a **crampiau hir** ar gael mewn amrywiaeth o feintiau, ac yn nodweddiadol fe'u defnyddir i glampio gwaith wrth ei gilydd tra bydd adlynion yn sychu.

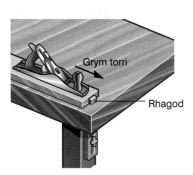

Ffigur 12.16 *Workmate.*

Dyfeisiau ar gyfer dal gwaith yw **jigiau**, a wneir yn benodol ar gyfer un cydran neu amrywiaeth fechan o gydrannau. Mae jig yn darparu lleoliad a chlampio ar gyfer y gydran er mwyn hwyluso swp-gynhyrchu ar raddfa fechan. Yn aml, mae dal cydrannau o fewn jig yn dibynnu ar glampiau togl sy'n gweithredu'n gyflym fel bod modd clampio a rhyddhau cydrannau'n gyflym.

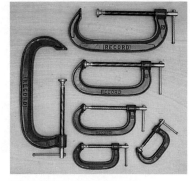

Ffigur 12.17 *Crampiau G.*

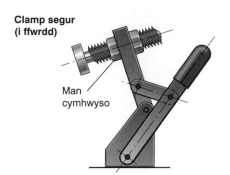

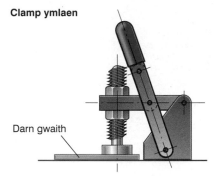

Ffigur 12.18 *Clamp togl yn dal gwrthrych.*

Gwiriwch eich gwybodaeth

CWESTIYNAU

C1 Nodwch bedair agwedd wahanol ar arferion gweithio diogel mewn gweithdai ysgol.

C2 Eglurwch bwysigrwydd defnyddio wynebau datwm dibynadwy wrth farcio lleoliad llinell o dyllau ar gyfer eu drilio.

C3 Drwy ddefnyddio brasluniau dangoswch sut fyddech chi'n marcio llinell sy'n gyflin ag ymyl:
a) darn o bren
b) stribed o ddur meddal

COFIWCH! Cuddiwch yr atebion os ydych chi'n dymuno.

ATEBION

A1
1 Gwisgwch oferôl neu ffedog
2 Diogelwch eich llygaid
3 Gwiriwch gyflwr offer a rhowch wybod am unrhyw ddifrod
4 Mynnwch help wrth gario gwrthrychau mawr neu drwm.

A2 Mae'n arbennig o bwysig defnyddio datwm wrth farcio lleoliad nifer o nodweddion fel tyllau. Drwy gymryd pob mesuriad o'r datwm mae llai o berygl y bydd camgymeriadau'n cronni.

TIWTORIALAU

T1 *Dyma ateb cywir a fyddai wedi ennill pedwar marc allan o bedwar. Fodd bynnag, mae'r ddau bwynt cyntaf yn ymwneud â dillad, er bod y cwestiwn yn gofyn am 'agweddau gwahanol'; pe bai un pwynt arall o fewn yr ateb wedi cyfeirio at ddillad, mae'n bosibl y byddai marc wedi cael ei dynnu i ffwrdd.*

T2 *Dyma'r ateb cywir; cofiwch mai dim ond wrth farcio bob yn gam i ffwrdd oddi wrth ddatwm y bydd camgymeriadau cronnus yn digwydd.*

ATEBION

a)

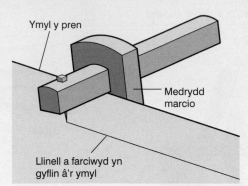

Ymyl y pren

Medrydd marcio

Llinell a farciwyd yn gyflin â'r ymyl

b)

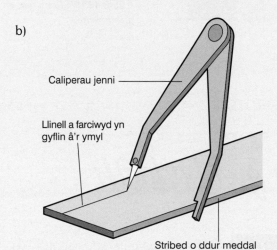

Caliperau jenni

Llinell a farciwyd yn gyflin â'r ymyl

Stribed o ddur meddal

TIWTORIALAU

T3

Dylai atebion ar ffurf braslun fod yn glir ac nid yn rhy fach. Gwnewch yn siŵr eich bod yn elwa bob amser ar y cyfle bob amser i ddangos eich bod yn gwybod enwau cywir yr offer a ddefnyddir.

GEIRIAU ALLWEDDOL

Dyma'r geiriau allweddol. Rhowch dic os ydych chi'n credu eich bod chi'n eu deall.
Fel arall, chwiliwch am eu hystyr.

diogelwch	**camgymeriad cronnus**	**braced ongl**
rheolau SI	**cyllell farcio**	**clamp offerwr**
riwl ddur	**sgwâr profi**	**lleoliad positif**
tâp mesur dur	**sgwâr peiriannydd**	**gwrthiant ffrithiannol**
caliperau fernier	**sgrifell**	**feis peiriannydd**
micromedr	**pwnsh canoli**	**feis gwaith coed**
cymharydd	**pwnsh dotio**	**bachyn mainc**
sgwâr cyfunol	**cwmpas mesur**	**Workmate**
patrymlun	**medrydd marcio**	**crampiau G**
datwm	**plât arwyneb**	**crampiau hir**
wynebau datwm	**bloc V**	**jigiau**

GWASTRAFFU

Defnyddir y term gwastraffu i ddisgrifio'r prosesau hynny sy'n creu gwastraff drwy dorri darnau allan neu i ffwrdd. Er enghraifft, mae llifio'n achosi blawd llif. Nid yw gwastraff yn cael ei daflu i ffwrdd bob tro. Mae'n fwy cost effeithiol a chyfrifol i feddwl am ddefnydd gwastraff fel nwydd y gellir ei ailgylchu.

Mae prosesau gwastraffu yn cynnwys;

- plaenio;
- naddu;
- llifio;
- ffeilio;
- drilio;
- turnio ar durn canol;
- turnio coed;
- melino;
- torri sgriwiau.

Deall torri

Mae'r weithred o dorri yr un fath ar gyfer pob proses wastraffu. Gellir ei gymharu â gyrru lletem i mewn i ddefnydd gan achosi i'r gwastraff hollti i ffwrdd. Mae onglau torri offer yn bwysig - mae offer yn gweithio drwy rwygo ac yna lanhau arwyneb y defnydd a dorrir ganddynt. Gwneir hyn drwy gyfuniad o onglau **gwyredd**, onglau **torri** ac onglau **cliriad**. Mae hyn yn wir am bob un o'r prosesau gwastraffu uchod. Gallai Ffigur 13.1 fod yn ddarlun o naddwr, o ddant ar lif neu ffeil, erfyn turnio ar durn neu bwynt torri dril.

Croesrwygo

Mae'n werth nodi bod croesrwygo, fel torri gyda siswrn, yn arwaith torri sy'n eithriad i'r rheol uchod. Yn achos croesrwygo nid oes gwastraff wrth dorri'r defnydd sydd ei angen o weddill y defnydd. Mae hyn yn wir am sisyrnau, snipwyr tun, gilotinau a gwelleifiau mainc.

Ffigur 13.1 *Yr arwaith torri.*

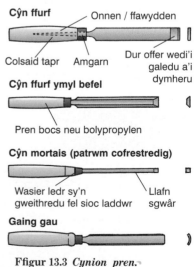

Ffigur 13.2 *Snipwyr tun yn croesrwygo llenfetel.*

NADDU A PHLAENIO

Mae'n gyfleus edrych ar naddu coed a metel a phlaenio ar yr un pryd. Mae arwaith torri ymyl sengl y prosesau hyn yn debyg iawn i'w gilydd. Gelwir cynion torri metel yn **gynion caled**; mae ganddynt ymyl torri sydd wedi'i galedu a'i dymheru, ac mae'r pen arall yn feddal er mwyn gwrthsefyll ergydion morthwyl. Defnyddir cynion pren ar gyfer:

- **naddu** - tynnu naddion mân drwy bwyso â'r llaw;
- **torri** - gyrru'r cŷn drwy ei daro â gordd er mwyn tynnu llawer o'r gwastraff.

Defnyddir plaenau i drin pren; maen nhw'n gweithredu fel cŷn. Mae sawl math o blaen yn bodoli, ond dyma'r rhai pwysicaf.

- Mae **plaenau jac** yn 350 mm o hyd ac yn cael eu defnyddio ar gyfer plaenio pren yn wastad ac i faint penodol.
- Mae **plaenau llyfnhau** yn mesur 250 mm o hyd, yn ysgafnach, ac yn cael eu defnyddio ar gyfer gorffennu a thorri graen pen. Mae plaenau llyfnhau yn rhwyddach i'w trin.

Cŷn ffurf   Onnen / ffawydden

Colsaid tapr   Amgarn   Dur offer wedi'i galedu a'i dymheru

Cŷn ffurf ymyl befel

Pren bocs neu bolypropylen

Cŷn mortais (patrwm cofrestredig)

Wasier ledr sy'n gweithredu fel sioc laddwr   Llafn sgwâr

Gaing gau

Ffigur 13.3 *Cynion pren.*

Ffigur 13.4 *Arwaith torri plaen*

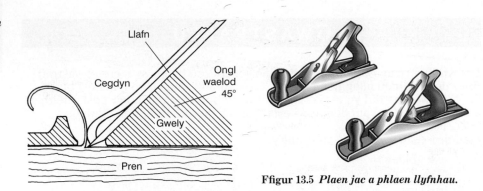

Llafn

Ongl waelod 45°

Cegdyn

Gwely

Pren

Ffigur 13.5 *Plaen jac a phlaen llyfnhau.*

LLIFIO

Mae sawl math o lif. Rhaid dewis llif yn ôl y defnydd a dorrir, ac mae'n bwysig dewis yn gywir. Dydy llifiau a fwriadwyd ar gyfer pren ddim yn ddigon caled i dorri metel a dydy llifiau ar gyfer metel ddim yn torri pren yn effeithiol. Gellir defnyddio'r naill neu'r llall ar gyfer plastigion, ond nid llawlifiau pren mawr fel rhwyglifiau a llifiau panel.

Rhaid i'r llifdoriad, neu'r toriad, a wneir gan y llif, fod yn lletach na'r llafn er mwyn ei gadw rhag cloi neu fynd yn sownd. Gwneir hyn drwy sicrhau bod dannedd y llif wedi'u 'gosod' fel eu bod yn creu cliriad wrth dorri. Fe'u plygir tuag allan mewn cyfeiriadau eiledol neu, fel yn achos haclifiau, bydd gan y llafnau ymylon tonnog.

Llifio cromliniau

Rhaid cael llif â llafn cul i lifio cromliniau, ond anfantais hyn yw y gall y llafn dorri'n rhwydd. Mae gan bob llif â llafn cul lafnau amnewidiadwy.

- Defnyddir **llifiau bwa bach** ar gyfer pren a phlastig. Mae gan y llafn ddannedd sy'n wynebu tuag yn ôl, sy'n torri ar yr ôl-drawiad.
- Mae **llifiau rhwyllo** yn debyg i lifiau bwa bach ond mae ganddynt lafnau meinach sy'n addas ar gyfer cromliniau main mewn metel a phlastig.
- Llafnau crwn danheddog ar gyfer metel a phlastig yw **ffeiliau Abra**. Maen nhw'n ffitio i mewn i fframiau haclif.

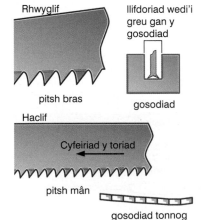

Llif dyno
(at ddibenion cyffredinol – pren)

pinnau lifer i newid safle'r llafn

f-frâm ddur hydwyth

Llif fwa fach
(cromliniau mewn pren neu blastig)

sgriw dynhau

Haclif (metel)

Haclif fach

Ffigur 13.6 *Mathau o lifiau.*

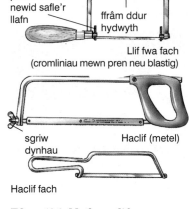

Rhwyglif

llifdoriad wedi'i greu gan y gosodiad

pitsh bras

gosodiad

Haclif

Cyfeiriad y toriad

pitsh mân

gosodiad tonnog

Ffigur 13.7 *Llifosodiad.*

FFEILIO

Mae ffeilio'n broses amlbwrpas. Defnyddir dur carbon uchel wedi'i galedu a'i dymheru i wneud ffeiliau. Mae'r torri yn cael ei wneud gan resi o ddannedd bychain sy'n cael gwared ar ronynnau o ddefnydd a elwir yn 'naddion'.

Caiff ffeiliau eu dosbarthu yn ôl eu:

- hyd
- siâp
- toriad

Fel arfer mae ffeiliau yn doriad dwbl, gyda dannedd diemwnt bychain. Mae graddau gwahanol o doriad:

- **brasddant** a **bastard** ar gyfer gwaith cwrs a defnyddiau meddal;
- **eildor** at ddefnydd cyffredinol;
- **llyfn** a **gorlyfn** ar gyfer toriadau meinach cyn gorffennu a llathru.

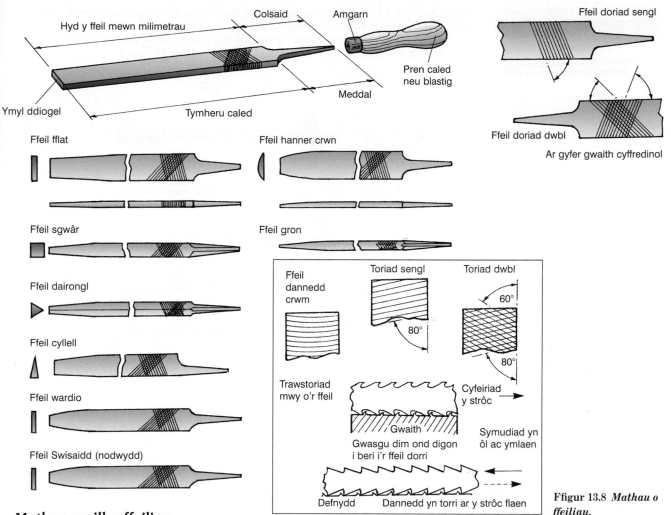

Ffigur 13.8 *Mathau o ffeiliau.*

Mathau eraill o ffeiliau

- Defnyddir **ffeiliau wardio** ar gyfer agennau tenau cul.
- Mae **ffeiliau nodwydd** ffeiliau Swisaidd yn ffeiliau bach mewn amrywiaeth o siapiau gyda thoriadau gorlyfn.
- Mae gan **ffeiliau Dreadnought** doriadau garw crwm ar gyfer brasnaddu defnyddiau meddal a ffibrog.
- Mae gan **rathellau** ddannedd unigol yn lle toriad cywir ac maen nhw'n cael eu defnyddio ar gyfer gweithio pren.
- Mae gan **ffeiliau Surform** lafnau amnewidiadwy gyda nifer o ymylon torri. Ceir nifer o siapiau a mathau o doriadau sy'n addas ar gyfer sawl math o waith a defnydd.

Ffigur 13.9 *Driliau dirdro.*

DRILIO A THORRI TYLLAU

Driliau dirdro wedi'u gwneud o HSS (Dur Buanedd Uchel) yw'r offer a ddefnyddir amlaf i wneud tyllau mewn defnyddiau pren, metel a phlastig. Mae driliau dirdro'n defnyddio'r un arwaith torri 'lletem' sylfaenol â chynion a llifiau drwy ddefnyddio dau ymyl torri cylchdroadol. Mae gan y rhan fwyaf o ddriliau aranau syth a chânt eu dal gan grafangau drill, ond weithiau mae gan ddriliau mwy aranau tapr Morse (garanau tapr) sy'n ffitio'n uniongyrchol i mewn i werthyd peiriannau drilio neu bennau llonydd turn (gweler 'Turniau canol' yn ddiweddarach yn y bennod hon).

Ffigur 13.10 *Driliau dirdro*

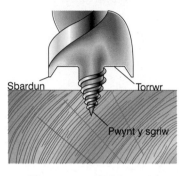

Ffigur 13.11 *Ebillion tyllu coed.*

Mae Ffigur 13.11 yn dangos amrediad o ebillion ar gyfer gwneud tyllau mewn pren. Mae ebillion tyllu coed yn fwy addas ar gyfer tyllau mwy am fod ganddynt *sbardun* bach sy'n torri drwy ffibrau'r pren o flaen yr ymyl torri ei hun. Mae hyn yn osgoi rhwygo'r arwyneb.

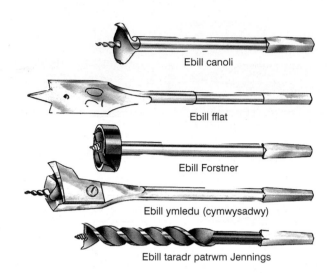

Ebill canoli

Ebill fflat

Ebill Forstner

Ebill ymledu (cymwysadwy)

Ebill taradr patrwm Jennings

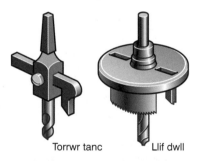

Torrwr tanc   Llif dwll

Ffigur 13.12 *Torwyr tyllau mawr.*

Ar gyfer gwneud tyllau gyda diamedr mwy o faint mewn llenddefnyddiau tenau mae'n well defnyddio torrwr tanc cymwysadwy neu lif dwll sydd â chylchoedd torri danheddog cyfnewidiadwy gyda diamedr o rhwng 20 a 75 mm.

Gwrthsoddyddion a gwrthdyllwyr

Pan fo angen i bennau sgriwiau orwedd gyfwyneb â'r arwyneb, defnyddir ebillion gwrthsoddi a gwrthdyllwyr i greu'r 'gorweddfan' ar gyfer pen y sgriw.

Mae gan **wrthsoddyddion** ongl bwynt o 90° ar gyfer sgriwiau pren gwrthsodd.

Mae **gwrthdyllwyr** yn creu rhigol waelod wastad ar gyfer sgriwiau pencosyn neu bennau bollt.

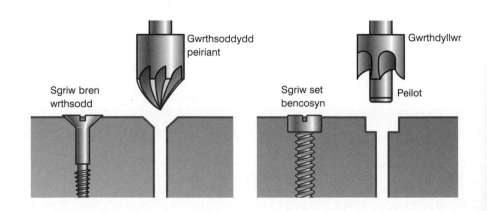

Ffigur 13.13 *Gwrthsoddyddion a gwrthdyllwyr.*

Driliau llaw a pheiriannau drilio

Gellir defnyddio driliau pŵer trydanol a driliau llaw cludadwy ar gyfer driliau garan syth hyd at ddiamedr o 13 mm. Mae gan beiriant pedestal a pheiriannau drilio ar fainc grafangau mwy, a gallant hefyd gymryd driliau garanau tapr. Dylid defnyddio carntro clicied saer coed ar gyfer ebillion torri coed sy'n cynnwys garan sgwâr.

TURNIO AR DURN CANOL

Defnyddir turniau canol i wneud cydrannau silindrog o fetel a defnyddiau plastig. **Turnio** yw'r enw ar y broses yma. Mae egwyddor turnio'n syml. Mae'r gwaith yn cael ei ddal yn dynn a'i droi wrth i erfyn torri unbwynt, sydd wedi'i leoli yn y postyn offer, dorri'r gwaith gan ddefnyddio'r arwaith torri lletem cyfarwydd. Mae siâp y gwaith a gynhyrchir yn dibynnu ar lwybr yr erfyn, ond mae'r ddau brif siâp yn silindrog a fflat, o ganlyniad i durnio a wynebu cyflin.

Mae gan durniau canol, fel yr un a welir yn Ffig. 13.17, bedair prif elfen:

- **Mainc turn** - anhyblyg iawn ac fel arfer wedi'i wneud o haearn bwrw. Mae'r fainc yn cadw'r darnau eraill yn gyflin.
- **Pen byw** – yn cynnwys y blwch gêr, rheolyddion a chyfrwng dal y gwaith, gan amlaf crafanc 3 neu 4 safn.
- **Pen llonydd** – ar gyfer lleoli driliau a chrafangau dril ac er mwyn dal gwaith hir.
- **Cyfrwy** – mae'n symud ar hyd y fainc ac yn cario trawslithryn sy'n dal y postyn offer.

Ffigur 13.14 *Peiriant drilio pedestal.*

Ffigur 13.15 *Driliau llaw a charntroeon saer.*

Turnio cyflin yn creu ffurf silindrog.

Wynebu yn creu arwyneb gwastad.

Ffigur 13.16 *Turnio a wynebu cyflin.*

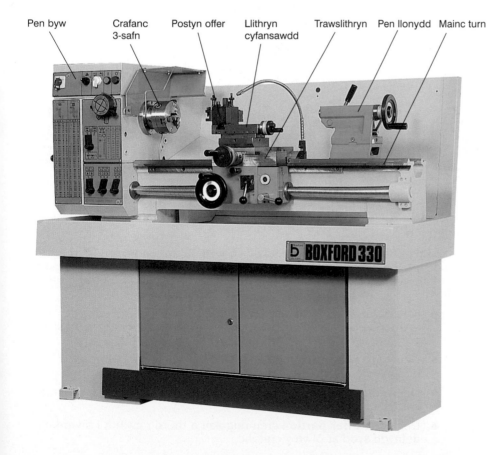

Pen byw   Crafanc 3-safn   Postyn offer   Llithryn cyfansawdd   Trawslithryn   Pen llonydd   Mainc turn

BOXFORD 330

Ffigur 13.17 *Turn canol.*

Ffigur 13.18 *Crafanc 4-safn.*

Ffigur 13.19 *Plât wyneb, a ddefnyddir ar gyfer mowntio siapiau afreolaidd.*

Ffigur 13.20 *Crafanc 3-safn.*

Ffigur 13.21 *Turnio rhwng canolau.*

Dal y gwaith

Wrth durnio rhaid dal gwaith yn sownd gan fod y grymoedd torri yn sylweddol. Bydd y dull o ddal y gwaith yn dibynnu ar siâp a maint y defnydd a'r math o durnio a wneir. Dyma'r dulliau o ddal gwaith:

- **Crafanc hunanganoli 3-safn** – y ddyfais fwyaf cyffredin ar gyfer dal gwaith silindrog neu hecsagonol. Mae'r safnau ar ffurf stepiau fel y gellir hefyd ddal y gwaith o'r tu mewn; gellir defnyddio ail set o safnau, sy'n stepio i'r cyfeiriad dirgroes, i ddal diametrau mwy.

- **Crafanc gafael annibynnol 4-safn** – ar gyfer gafael mewn siapiau sgwâr, petryalog ac afreolaidd a thurnio 'allan o'r canol'. Cymhwysir pob safn ar wahân.

- **Plât wyneb** – ar gyfer clampio siapiau lletchwith, yn aml mewn cysylltiad â braced ongl.

- **Rhwng canolau** – ar gyfer darnau hir o waith. Rhaid paratoi'r gwaith yn gyntaf drwy wynebu a drilio gyda dril canoli.

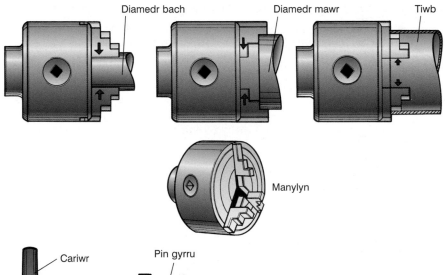

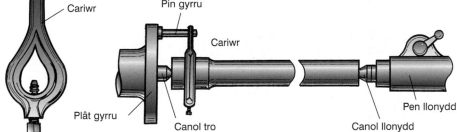

Offer turnio

Mae'n rhaid i offer turnio fod yn galed ac yn wydn. Cânt eu gwneud o ddur carbon uchel, dur buanedd uchel neu fel arall mae ganddynt flaenau twngsten carbid amnewidiadwy. Mae siâp (proffil) yr erfyn yn dibynnu ar ba waith turnio a wneir.

- Fel arfer mae gan **frasnaddellau** flaen â radiws llydan ar gyfer cryfder a chânt eu defnyddio i leihau gwaith hyd at 1 mm o'r siâp gorffenedig.

- Defnyddir **offer gorffennu** ar gyfer torri manwl, fel arfer gan ddefnyddio blaen â radiws bychan.

- Defnyddir **offer min cyllell**, llaw chwith a llaw dde, i orffen turnio corneli mewnol llym.

- Defnyddir **offer partio** i greu rhigolau a thorri'r gwaith i ffwrdd o'r defnydd sydd ar ôl yn y crafanc.

Mae geometreg offer turnio yn bwysig er mwyn sicrhau torri effeithiol. Rhaid i onglau cliriad ac onglau gwyredd yr erfyn fod yn gywir a rhaid gosod yr erfyn ar uchder llinell ganol y darn gwaith, fel y gwelir yn Ffig. 13.23 ac 13.24.

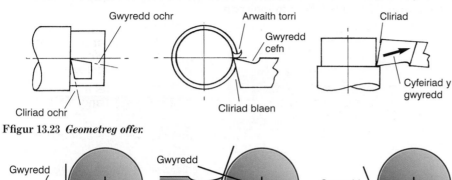

Ffigur 13.23 *Geometreg offer.*

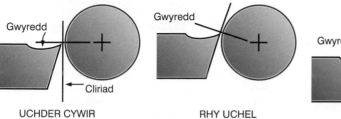

UCHDER CYWIR

RHY UCHEL
Collir cliriad, gan arwain at rwbio

RHY ISEL
Collir gwyredd, ni fydd yr erfyn yn torri

Ffigur 13.24 *Gosod erfyn ar yr uchder cywir.*

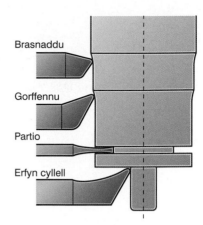

Ffigur 13.22 *Proffiliau offer (uwcholwg).*

Cyflymder turnio

Mae'r cyflymder mae turn yn cylchdroi iddo yn dibynnu ar ddefnydd a diamedr y gwaith. Cyfrifir y cyflymder drwy ddefnyddio'r fformiwla yn Ffig. 13.25. Efallai y bydd eich papur arholiad yn cynnwys y fformiwla.

Iriad torri

Mae'r mwyafrif o weithrediadau turnio yn elwa o ddefnyddio iriad torri sy'n oeri ac yn iro'r gwaith, gan leihau'r ffrithiant a'r gwres a helpu i gael gwared ar wastraff.

Mae'r tabl yn Ffig. 13.26 yn dangos yr ongl wyredd, y cyflymder torri a'r iriad torri a argymhellir ar gyfer amrywiaeth o ddefnyddiau.

$$N = \frac{1000\,s}{\pi d}$$

Lle mae N = cyflymder yn ôl cylchdroeon y funud

s = Cyflymder torri (metrau y funud)

d = Diamedr y gwaith

Enghraifft – y cyflymder turnio ar gyfer bar dur meddal Ø40 mm

$$N = \frac{100 \times 25}{\pi \times 40} = 200 \text{ cyf}$$

Ffigur 13.25 *Fformiwlau cyflymder torri.*

Defnydd	Ongl wyredd	Cyflymder torri M/mun gan ddefnyddio erfyn HSS (dur buanedd uchel)	Iriad torri
Alwminiwm	40°	200	Paraffin
Pres	2°	90	Dim angen
Haearn bwrw	2°	20	Dim angen
Dur caled	6°	18	Olew hydawdd
Dur meddal	20°	25	Olew hydawdd
Neilon	30°	170	Dim angen
Acrylig	40°	200	Paraffin

Ffigur 13.26

Drilio

Er mwyn drilio ar y turn canol defnyddir dril mewn **crafanc Jacob**, wedi'i ddal ym mhen llonydd y turn neu drwy ddefnyddio dril garan dapr. Wrth ddrilio ar ddurn mae'n bwysig dechrau'r broses gyda dril canoli i greu lleoliad bach er mwyn dechrau drilio.

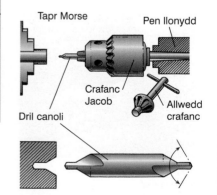

Ffigur 13.27 *Crafanc Jacob a dril canoli.*

Tyllu

Turnio mewnol yw tyllu. Rhaid dechrau'r broses drwy ddrilio twll er mwyn gosod yr erfyn tyllu ynddo. Mae'n rhaid bod yn ofalus wrth ddilyn y broses am nad yw'n bosibl gweld beth sy'n digwydd.

Ffigur 13.28 *Tyllu.*

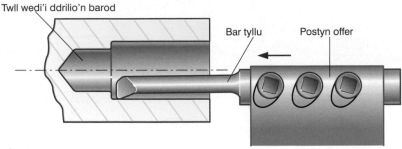

Twll wedi'i ddrilio'n barod

Bar tyllu

Postyn offer

Turnio tapr

Gellir creu taprau byr, neu siamfferi, drwy ddefnyddio erfyn a gafodd ei siapio, drwy lifanu, i'r ongl gywir ar gyfer y siamffer. Caiff siamfferi hirach eu turnio drwy ddefnyddio llithryn cyfansawdd y turn, a osodir ar yr ongl dapr gywir, a defnyddir olwyn law y llithryn i symud yr erfyn ar hyd y darn gwaith.

Ffigur 13.29 *Turnio tapr.*

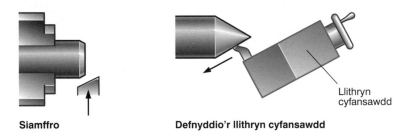

Siamffro

Defnyddio'r llithryn cyfansawdd

Llithryn cyfansawdd

Nwrlio

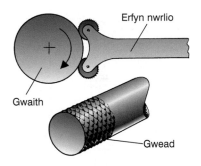

Erfyn nwrlio

Gwaith

Gwead

Ffigur 13.30 *Defnyddio erfyn nwrlio.*

Mae nwrlio'n ffordd o greu arwyneb â gwead 'diemwnt' neu 'linell syth' ar waith silindrog drwy ddefnyddio erfyn nwrlio arbennig sy'n cynnwys olwyn.

TURNIO COED

Defnyddir turniau coed i durnio cynnyrch pren fel powlenni, dysglau, gwerthydau, coesau a lampau. Ar gyfer cynnyrch siâp powlenni mae'r gwaith yn cael ei fowntio ar y pen byw, ac os yw'r cynnyrch o siâp hir a thenau, bydd y gwaith yn cael ei osod rhwng canolau.

Mae amrywiaeth eang iawn o offer turnio coed ar gael, gan gynnwys sgrafelli, geingiau cau a chynion. Caiff yr offer eu dal yn y llaw, yn erbyn cynhaliwr y mae'n rhaid ei gymhwyso hyd nes ei fod yn agos at y gwaith ac ar uchder sy'n addas ar gyfer yr erfyn a ddefnyddir.

Ffigur 13.31 *Turn ar gyfer turnio coed.*

MELINO

Mae melino'n defnyddio torwyr amlddanheddog cylchdroadol i weithio metel, plastig a defnyddiau cyfansawdd. Y ddau brif fath o beiriant yw peiriant melino llorwedd a pheiriant melinol fertigol; mae eu henwau'n dangos pa ffordd mae'r torwyr wedi'u mowntio.

Prosesau melino

Dangosir y rhain yn Ffigurau 13.32, 13.33 ac 13.34.

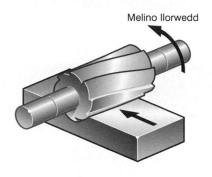
Melino llorwedd

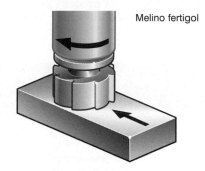
Melino fertigol

Ffigur 13.32 Melino llorwedd a fertigol ar arwynebau llorweddol fflat.

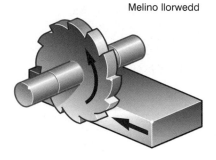
Melino llorwedd

Melino fertigol

Ffigur 13.33 Melino llorwedd a fertigol ar arwynebau fertigol fflat – mae'r peiriant llorwedd yn defnyddio torrwr ochr ac wyneb sy'n torri ar ei ochr ac ar ei ddiamedr.

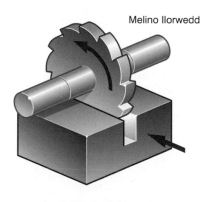
Melino llorwedd

Melino fertigol

Ffigur 13.34 Melino llorwedd a fertigol i greu agennau.

TORRI SGRIWIAU

Mae torri sgriwiau yn addas ar gyfer defnyddiau metel a phlastig.

- Proses yw tapio sy'n torri edafedd sgriw mewnol gan ddefnyddio set o dri thap mewn dilyniant: tapr, ail a phlwg. Rhaid drilio'r twll i'r maint tapio cywir yn gyntaf; mae'r tapiau'n cael eu dal mewn tyndro tap.

- Proses yw edafu sy'n torri edafedd allanol gan ddefnyddio dei hollt wedi'i ddal mewn dwrn dei.

Wrth dorri sgriwiau â llaw mae'n bwysig cofio cadw at ddilyniant torri o hanner tro clocwedd ac yna chwarter tro gwrthglocwedd. Mae hyn yn cael gwared ar y naddion (gwastraff) ac yn cadw'r tap neu'r dei rhag cloi neu dorri.

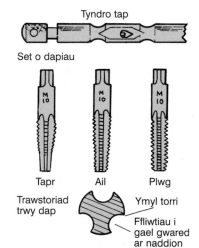

Tyndro tap

Set o dapiau

Tapr   Ail   Plwg

Trawstoriad trwy dap   Ymyl torri

Ffliwtiau i gael gwared ar naddion

Ffigur 13.35 Tapiau a thyndro tap.

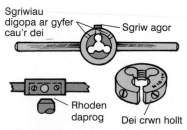

Sgriwiau digopa ar gyfer cau'r dei

Sgriw agor

Rhoden daprog

Dei crwn hollt

Ffigur 13.36 Dei hollt a dwrn dei.

Defnyddio turn canol

Gellir hefyd dorri edafedd sgriw drwy ddefnyddio erfyn un-pwynt ar durn canol. Mae hon yn broses fanwl gywir sy'n gofyn cael erfyn a lifanwyd i ffitio union broffil yr edau sgriw. Yn ogystal, rhaid gosod y turn yn fanwl gywir er mwyn sicrhau bod pitsh yr edau'n gywir.

GWEITHGYNHYRCHU DRWY GYMORTH CYFRIFIADUR (CAM)

Mae modd rheoli llawer o brosesau gweithgynhyrchu drwy ddefnyddio cyfrifiadur. Trafodir y prosesau mwyaf soffistigedig ym Mhennod 19.

Ceir esboniad isod o rai byrfoddau a thermau a ddefnyddir yn aml:

- **CNC – Rheolaeth Rifol Cyfrifiadur** Yn syml, mae Rheolaeth Rifol (NC) yn golygu rheoli gyda rhifau. Mae CNC felly yn cyfeirio at systemau sy'n cynhyrchu, prosesu a storio'r systemau rhif sy'n rheoli erfyn peiriant. Mae pob peiriant a reolir gan gyfrifiadur yn beiriant CNC mewn gwirionedd, gan y defnyddir rhifau bob amser i reoli.

- **CAM – Gweithgynhyrchu Drwy Gymorth Cyfrifiadur** Mae hyn yn golygu unrhyw agwedd ar weithgynhyrchu sy'n defnyddio system gyfrifiadurol i helpu cyfrifo neu i gyflenwi data ar gyfer prosesau eraill fel cynllunio (CAD). Gall CAM hefyd fod yn rhan o system Gweithgynhyrchu a Gyfannir drwy Gyfrifiadur (CIM) sy'n cynnwys: marchnata, rheolaeth stoc, rheoli ansawdd, systemau cydosod drwy gymorth robotiaid, ac ati.

- **CAD a CADD** – cyfeiriwch yn ôl at Bennod 10.

- **CAD / CAM – Cynllunio a Gweithgynhyrchu drwy Gymorth Cyfrifiadur** Mae hyn yn disgrifio'r broses o gysylltu cynllunio drwy gymorth cyfrifiadur â'r broses o weithgynhyrchu drwy gymorth cyfrifiadur. Mae'r cysylltiad yma'n ymwneud â phrosesu'r data rhifiadol sy'n perthyn i ddyluniad neu luniad ac yna ei droi'n ddata peiriant y gellir wedyn ei ddefnyddio i roi cyfarwyddiadau i beiriant er mwyn iddo gyflawni'r broses o weithgynhyrchu.

Echelinau peiriant

Rhaid bod nifer o elfennau i gyfarwyddiadau rhifiadol unrhyw symudiad peiriannol. Yn achos turn canol CNC bydd y rhain yn cynnwys, fan lleiaf:

- Cylchdro gwaith – ymlaen neu i ffwrdd;
- Cylchdro gwaith – cyflymder yn ôl c.y.f.;
- Symudiad erfyn – cyfeiriad: plws neu finws 'X' neu 'Z';
- Symudiad erfyn – pellter mewn mm;
- Symudiad erfyn – cyflymder mewn mm/mun;
- Iriad torri – ymlaen neu i ffwrdd.

Bydd echelinau pob peiriant yn dilyn confensiwn ISO: dangosir hyn ar gyfer y turn yn Ffig. 13.37. Mae gan lawer o beiriannau eraill, gan gynnwys y peiriant melino, echelin symudiad 'Y' yn ogystal.

Rhaglennu

Rhaglennu darnau yw'r term a ddefnyddir ar gyfer y broses o raglennu 'darn' neu gydran. Gyda dyfodiad CAD/CAM ni ofynnir mwyach o fewn meysydd llafur arholiadau TGAU am y broses o ysgrifennu codau i'w gyrru i'r peiriant

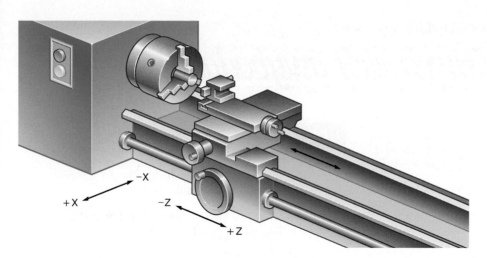

Ffigur 13.37 *Echelinau peiriant turn canol.*

drwy'r cyfrifiadur. Er hynny, dylech fod yn ymwybodol o'r ddau ddull o roi cyfarwyddiadau er mwyn peri symudiad cyfeiriadol: cynyddol ac absoliwt. Dangosir y ddau yn Ffig. 13.38.

- Mae **rhaglennu cynyddol** yn creu cyswllt rhwng pob symudiad â safle diwethaf y symudiad blaenorol.

- Mae **rhaglennu absoliwt** yn creu cyswllt rhwng pob symudiad ag un pwynt datwm.

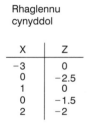

Rhaglennu cynyddol

X	Z
−3	0
0	−2.5
1	0
0	−1.5
2	−2

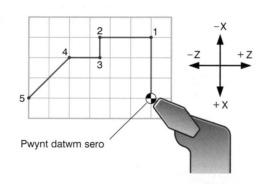

Pwynt datwm sero

Rhaglennu absoliwt

X	Z
−3	0
−3	−2.5
−2	−2.5
−2	−4
0	−6

Ffigur 13.38 *Rhaglennu cynyddol ac absoliwt wedi'u cymhwyso at yr un dilyniant o symudiadau.*

GEIRIAU ALLWEDDOL

Dyma'r geiriau allweddol. Rhowch dic os ydych chi'n meddwl eich bod chi'n eu deall. Fel arall, chwiliwch am eu hystyr.

gwastraffu	**haclif**	**tyllu**
ongl wyredd	**dril dirdro**	**nwrlio**
ongl dorri	**dril garan dapr**	**melino llorwedd**
ongl gliriad	**gwrthsoddydd**	**melino fertigol**
croesrwygo	**gwrthdyllu**	**tapio**
naddu	**turnio**	**edafu**
torri	**pen byw**	**CNC**
llifdoriad	**pen llonydd**	**CAM**
llifosodiad	**crafanc 3-safn**	**CAD/CAM**
llif dyno	**crafanc 4-safn**	
llif fwa fach	**plât wyneb**	

Gwiriwch eich gwybodaeth

CWESTIYNAU

C1 Eglurwch pam fod rhai prosesau'n cael eu galw'n 'brosesau gwastraffu' a pham nad ydy hyn o anghenraid yn ddisgrifiad da?

C2 Eglurwch pam fod rhaid 'gosod' dannedd llif a disgrifiwch sut y gwneir hyn yn achos haclif.

C3 Enwch yr erfyn mwyaf priodol ar gyfer torri'r tyllau canlynol:
a) Twll gyda diamedr o 10 mm mewn dur meddal
b) Twll gyda diamedr o 12 mm mewn pren meddal
c) Twll gyda diamedr o 50 mm mewn pren caled 3 mm.

C4 Mae Ffigur 13.39 yn dangos bwlyn rheoli alwminiwm ar gyfer cynnyrch electronig. Dangoswch fesul cam y camau angenrheidiol ar gyfer gwneud y bwlyn gan ddefnyddio turn canol.

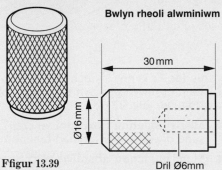

Bwlyn rheoli alwminiwm

30 mm

Ø16 mm

Ffigur 13.39

Dril Ø6mm

COFIWCH! Cuddiwch yr atebion os ydych chi'n dymuno.

ATEBION

A1 Mae prosesau gwastraffu yn cynhyrchu gwastraff ar ffurf darnau sydd wedi'u torri i ffwrdd neu eu tynnu. Nid yw hwn yn ddisgrifiad da gan ei fod yn bosibl ailgylchu'r gwastraff a dorrir i ffwrdd yn aml, ac felly nid yw'n cael ei wastraffu mewn gwirionedd.

A2 Mae dannedd llif yn cael eu gosod fel bod y rhigol a dorrir ganddynt yn lletach na'r llafn, sy'n golygu na fydd y llafn yn mynd yn sownd. Yn achos haclif, mae hyn yn cael ei wneud drwy roi llafn 'tonnog' i'r llif.

A3 a) dril dirdro 10 mm
b) ebill taradr 12 mm
c) llif dwll wedi'i gosod ar ddiamedr o 50 mm.

A4

Cam	Gweithrediad
1	Lleolwch y bar yng nghrafanc y turn
2	Cabolwch y pen
3	Nwrliwch y bar
4	Siamffrwch y pen
5	Rhigolwch a phartiwch
6	Gwrthdrowch y bwlyn a daliwch ef gyda phacin
7	Cabolwch
8	Canolwch y dril a driliwch

TIWTORIALAU

T1 *Dyma ateb da a chryno. Byddwch yn ymwybodol bob amser o'r materion amgylcheddol sydd ynghlwm wrth unrhyw fath o weithgynhyrchu.*

T2 *Mae'r ateb yma'n gywir ond byddai wedi elwa'n hawdd o gynnwys braslun o lafn haclif.*

T2 *Dyma gwestiwn clir yn gofyn am atebion byr. Gellid hefyd roi ebill fflat neu ebill Forstner fel atebion posibl ar gyfer rhan (b).*

T4 *Mae cwestiynau o'r math yma yn gyffredin iawn ar lefel TGAU ac yn profi'ch gallu i gyflawni prosesau gweithgynhyrchu. Mae dilyniant y gweithrediadau yn bwysig iawn. Astudiwch yr ateb yma a gwnewch ddarlun yn eich meddwl o bob cam er mwyn sicrhau eich bod yn ei ddeall. Edrychwch hefyd ar y derminoleg: caboli, partio, nwrlio, siamffro.*

- Mae **prosesau anffurfio** yn achosi newid mewn siâp, fel plygu, heb golli defnydd fel sy'n gysylltiedig â phrosesau gwastraffu.

- Mae **prosesau ailffurfio** yn golygu newid mewn cyflwr materol megis y newid o solid i hylif ac yn ôl i solid.

PROSESAU ANFFURFIO

Mae prosesau anffurfio yn dibynnu ar y ffaith bod defnyddiau mewn cyflwr hydrin (gweler Pennod 4) er mwyn galluogi'r defnydd i gael ei anffurfio gan rym allanol heb dorri. Yn aml, mae'r prosesau anffurfio yn gofyn am wres er mwyn 'meddalu'r' defnydd.

Mae'r prosesau anffurfio'n cynnwys:

- plygu a ffurfio thermoplastigau;
- ffurfio metelau'n boeth ac yn oer;
- plygu a lamineiddio pren;
- GRP – Plastig wedi'i Atgyfnerthu â Gwydr (ffibr gwydr).

PLYGU A FFURFIO THERMOPLASTIG

Mae'n rhwydd iawn plygu a ffurfio defnyddiau thermoplastig fel acrylig drwy ddefnyddio gwres cymedrol, sef 160°C yn unig. Mae hyn yn golygu bod acrylig yn arbennig o addas ar gyfer gwaith project mewn ysgol, gan ei fod yn bosibl cyrraedd y tymheredd yma'n hawdd ac yn ddiogel.

Mae Ffigur 14.1 yn dangos gwresogydd stribed, a elwir weithiau'n blygwr llinell, sy'n cael ei ddefnyddio i greu gwres lleol ar gyfer plygu llen acrylig. Pan fyddwch yn creu mwy nag un plyg, mae'n syniad da defnyddio cerdyn i ddarganfod beth yw dilyniant y plygiadau. Dylid marcio lleoliad y plygiadau ar yr acrylig gydag ysgrifbin blaen ffibr. Gwnewch yn siŵr bod pob ffurfydd neu jig plygu sydd ei angen wrth law cyn ychwanegu'r gwres, ac ychwanegwch yr un faint o wres i ddwy ochr y llen; bydd hyn yn cadw'r acrylig rhag pothellu.

Gydag unrhyw broses sy'n ymwneud â gwresogi plastigion mae'n anodd asesu faint o amser fydd ei angen. Y rheswm yw bod defnydd o liw tywyllach yn amsugno'r gwres yn gyflymach na defnyddiau o liw golau.

Ffigur 14.1 *Gwresogydd stribed.*

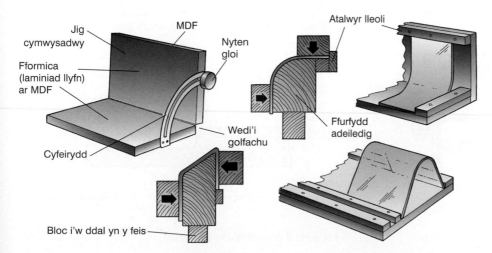

Ffigur 14.2 *Defnyddir ffurfwyr a jigiau i wneud plygiadau manwl gywir mewn acrylig.*

Jig cymwysadwy

MDF

Nyten gloi

Fformica (laminiad llyfn) ar MDF

Cyfeirydd

Wedi'i golfachu

Atalwyr lleoli

Ffurfydd adeiledig

Bloc i'w ddal yn y feis

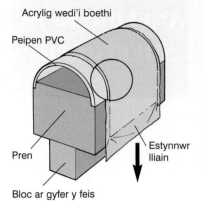

Acrylig wedi'i boethi

Peipen PVC

Pren

Estynnwr lliain

Bloc ar gyfer y feis

Ffigur 14.3 *Creu ffurf grom mewn acrylig.*

Ar gyfer ffurfiau mwy cymhleth, efallai bydd angen cynhesu'r llen gyfan mewn popty. Dylid gosod y popty ar dymheredd o 170°C. Mae Ffigur 14.3 yn dangos sut mae modd creu ffurf grom drwy ddefnyddio ffurfydd wedi'i wneud o beipen PVC. Tynnir yr acrylig meddal dros y ffurfydd gan ddefnyddio estynnwr lliain. Yr enw ar y broses yma yw **ffurfio drwy orchuddio**.

Gellir gwneud ffurfiau mwy cymhleth, fel hambyrddau a dysglau, o len acrylig denau gan ddefnyddio techneg **gwasgffurfio plwg ac iau**. Ar gyfer y broses hon rhaid cael ffurfydd dwyran fel yr un a welir yn Ffig. 14.4. Mae'n rhaid bod gan yr hanner gwrywaidd, y **plwg**, ymylon taprog a chorneli crwm er mwyn helpu'r defnydd i lifo ac i'w dynnu i ffwrdd. Rhaid i'r hanner benywaidd, yr **iau**, fod ychydig yn fwy i adael lle ar gyfer trwch y defnydd.

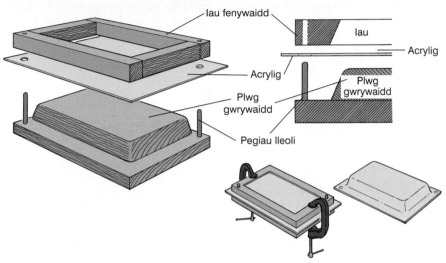

Iau fenywaidd

Iau

Acrylig

Acrylig

Plwg gwrywaidd

Plwg gwrywaidd

Pegiau lleoli

Ffigur 14.4 *Anffurfio acrylig gan ddefnyddio'r dechneg plwg ac iau.*

Ffurfio â gwactod

Mae ffurfio â gwactod yn broses boblogaidd mewn gweithdai ysgol a hefyd yn bwnc arholiad poblogaidd. Dylech wneud ymdrech i weld y broses, gorau oll ei phrofi.

Mae ffurfio â gwactod yn gweithio drwy dynnu'r aer, gan greu gwactod rhannol, o dan len thermoplastig feddal a hyblyg, gan beri i wasgedd atmosfferig wthio'r plastig i lawr ar fowld.

Mae Ffigur 14.6 yn dangos mowld nodweddiadol. Rhaid bod yn ofalus wrth wneud mowld, a thalu sylw i'r canlynol:

- Dylid tapro'r ochrau tua'r top fel bod modd tynnu'r plastig ffurfiedig. Yr enw ar y tapr yma yw drafft.

- Pan fydd y plastig yn cael ei 'dynnu'n' ddwfn, rhaid cael awyrellau er mwyn gwneud yn siŵr nad yw'r aer yn cael ei gau i mewn.

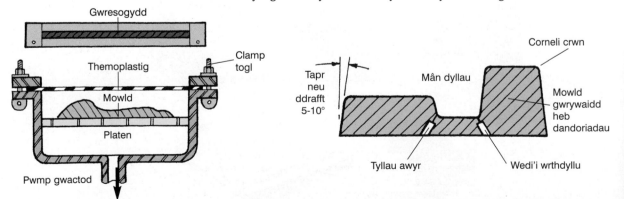

Gwresogydd

Clamp togl

Themoplastig

Mowld

Platen

Pwmp gwactod

Tapr neu ddrafft 5-10°

Mân dyllau

Corneli crwn

Mowld gwrywaidd heb dandoriadau

Tyllau awyr

Wedi'i wrthdyllu

Ffigur 14.5 *Ffurfydd gwactod.*

Ffigur 14.6 *Mowld ffurfio â gwactod.*

- Dylai'r corneli fod yn grwn er mwyn sicrhau bod y defnydd yn llifo ac nad yw'n mynd yn deneuach ar y corneli.

- Rhaid sicrhau nad oes tandoriadau lle y gallai'r plastig gael ei dynnu i mewn a thrwy hynny atal y siâp ffurfiedig rhag cael ei dynnu i ffwrdd.

- Er mwyn i'r defnydd lifo'n rhwydd, rhaid bod gan y mowld orffeniad llyfn.

Gallai'r broses o ffurfio â gwactod ddechrau gyda 'chwythiad' sy'n estyn y plastig drosto neu gellir ei ddechrau drwy godi'r mowld, ar y blaten, i greu ffurfio drwy orchuddio. Ar rai peiriannau defnyddir cyfuniad o'r prosesau hyn. Y nod bob amser yw creu canlyniad sy'n dangos manylion yn glir, a hynny heb achosi gormod o deneuo.

Ffigur 14.7 *Gwnaed y masg hwn drwy ffurfio â gwactod.*

Chwythfowldio

Ar ei ffurf symlaf mae chwythfowldio'n troi defnydd plastig hyblyg a phoeth yn siâp cromen fel y gwelir yn Ffig. 14.8.

Defnyddir mowld gwag i greu ffurfiau mwy cymhleth. Defnyddir y fersiwn ddiwydiannol o'r broses hon yn gyson ar gyfer cynhyrchu poteli, powlenni a chynwysyddion; gweler Pennod 18.

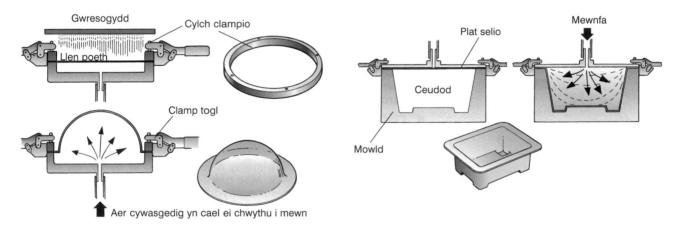

Ffigur 14.8 *Y broses chwythfowldio.* Ffigur 14.9 *Chwythfowldio.*

METELAU WEDI'U FFURFIO BOETH AC YN OER

Gofannu

Mae poethgofannu yn un o'r technegau hynaf ar gyfer gweithio metel. Er hyn, cafodd y broses ei datblygu'n sylweddol o fewn y diwydiant gweithgynhyrchu - gweler hefyd Pennod 18. Mae morthwylio metel poeth yn gwella adeiledd y defnydd drwy goethi llif y graen. Mae'r metel yn cryfhau am fod llif y graen yn dilyn y siâp yn lle bod y llif yn cael ei dorri.

Morthwyl ac eingion yw'r prif offer a ddefnyddir ar gyfer gwaith gofannu, er y datblygwyd amrywiaeth eang o offer fel fflatwyr, darfathwyr a phanwyr ar gyfer yr holl dasgau amrywiol (gweler Ffig. 14.11 a 14.12).

Gwaith morthwyl

Mae'n bwysig bod metel sy'n cael ei weithio â morthwyl yn **hydrin**. Wrth gael ei weithio mae metel yn caledu a gelwir hyn yn **waith galedu**. Rhaid ei **anelio**'n gyson er mwyn ei wneud yn hydrin eto - gweler Pennod 6. Mae arian yn fetel delfrydol ar gyfer gwaith morthwyl ond mae'n ddrud iawn. Metelau eraill a ddefnyddir yn aml yw: copr, pres, metel euro ac alwminiwm. Mae

Cranc wedi'i ofannu, gyda llif y graen yn dilyn y siâp.

Cranc a gynhyrchwyd drwy broses wastraffu. Torrwyd i mewn i lif y graen.

Gwendid

Ffigur 14.10 *Poethgofannu cranc.*

FFABRIGO A CHYDOSOD

Fel rheol, nid yw gweithgynhyrchion yn cael eu gwneud o un darn o ddefnydd yn unig. Mae'r rhan fwyaf o gynhyrchion wedi cael eu rhoi at ei gilydd (ffabrigo) a'u huno gyda'i gilydd (cydosod). Yn aml bydd y prosesau hyn yn defnyddio'r cydrannau a welwyd yn barod yn y llyfr hwn, e.e. sgriwiau, hoelion, nytiau a bolltau ac ati.

Astudiwch y bennod hon ochr yn ochr â Phennod 8 'Cydrannau'.

Ffigur 15.1 *Adlynion.*

ADLYNION AR GYFER FFABRIGO A CHYDOSOD

Mae nifer o adlynion (gludion) ar gael a gafodd eu datblygu yn y blynyddoedd diwethaf. Cafodd rhai adlynion megis gludion pren eu gwneud ar gyfer defnyddiau penodol, tra bod eraill, fel resin epocsi, yn bondio defnyddiau annhebyg. Gall adlynion fod yn anhyblyg neu'n hyblyg. Mae rhai yn gadael amser ar gyfer aileoli a gwneud newidiadau tra bod eraill yn bondio ar unwaith wrth gyffwrdd. Rhaid i chi edrych ar y cyfarwyddiadau ac os nad ydych chi'n siŵr, rhowch brawf ar wneud uniad.

Mae'n bwysig dewis yr adlyn cywir ar gyfer y gwaith a sicrhau bod y gwaith paratoi yn gywir a bod y cyfarwyddiadau'n cael eu dilyn yn ystod y cyfnod clampio neu galedu. Fel rheol nid yw adlynion yn bondio ag arwynebau seimlyd, llychlyd neu wlyb. Yn aml, ni fydd bondio'n digwydd am fod yr arwyneb wedi cael ei drin yn ddiofal gan olygu bod haen o olew naturiol o'ch croen yn cael ei adael ar yr arwyneb.

- Glud PVA (polyfinyl asetad) yw'r glud pren mwyaf poblogaidd: mae'n wyn ac wedi'i gymysgu'n barod. Mae glud PVA yn gryf, nid yw'n staenio, a gellir tynnu'r gormodedd glud gyda lliain llaith. Does dim ond angen ei glampio'n ysgafn, ac mae'n setio o fewn 2-3 awr, gan ddibynnu ar y tymheredd.

- Amrediad o adlynion sail hydoddydd ar gyfer uno thermoplastigau yw smentiau tensol. Mae'n bwysig defnyddio'r adlyn cywir, a'r un mwyaf poblogaidd ar gyfer acrylig yw Tensol 12. Mewn arholiad, mae'n ddigon gwybod y defnyddir 'sment Tensol' neu 'adlyn sail hydoddydd'. Bydd maint yr arwynebedd arwyneb ar gyfer gludo yn effeithio ar gryfder yr uniad: gorlapiwch pan fo hynny'n bosibl a lleolwch uniadau bôn i ffwrdd o'r corneli.

- Adlyn dwyran ar gyfer defnyddiau annhebyg yw resin epocsi. Mae'n bondio gwydr, cerameg, pren, metel a phlastigion caled. Mae cymysgu'r ddwy ran, sef resin a chaledwr, yn achosi adwaith cemegol sy'n cychwyn y broses setio. Mae Araldite yn frand poblogaidd.

- Defnyddir adlyn cyswllt (ardrawol) fel Evostik ar gyfer gosod laminiadau plastig (melamin) a llenddefnyddiau a defnyddiau stribed eraill. Caiff yr arwynebau eu haraenu a'u gadael nes eu bod yn 'sych i'w cyffwrdd'. Mae'n hanfodol lleoli'n gywir gan fod y bondio'n digwydd ar unwaith.

- Mae glud tawdd poeth ar gael ar ffurf ffon lud ac fe'i defnyddir gyda gwn glud. Mae'n boblogaidd ar gyfer modelu a gwaith dros dro. Mae'n tueddu i fod yn flêr, nid yw'n gryf iawn, ac mae'n creu gorffeniad o ansawdd gwael.

- Defnyddir tâp dwyochrog fwyfwy ar gyfer arwynebeddau mawr gwastad o fetel a phlastigion. Mae arwynebau glân yn hanfodol ar gyfer uniadu effeithiol.

Uniad bôn

Arwynebedd gludo mwy

Darn arall ychwanegol (cyferbyniol)

Ffigur 15.2 *Arwynebeddau arwyneb ar gyfer gludo thermoplastigau.*

UNIADU MEWN PREN

Caiff adeiladweithiau pren eu ffurfio naill ai ar ffurf ffrâm neu ar ffurf blwch a rhaid bob amser uno'r pren wrth y corneli neu yn y mannau hynny lle mae'r darnau'n croesi ei gilydd.

ADEILADWAITH FFRÂM

Wrth lunio adeiladwaith ffrâm defnyddir nifer o uniadau ar gyfer gwneud:

- corneli;
- uniadau 'T' er mwyn cysylltu rheiliau â fframiau;
- uniadau croes lle mae darnau'n croesi drosodd.

Mae Ffigur 15.3 yn dangos rhai o'r rhain, ond mae llawer mwy sy'n gysylltiedig â gwaith coed traddodiadol. Mae tuedd ar hyn o bryd i ddefnyddio uniadau y gellir eu gwneud â pheiriant, e.e. uniadau hoelbren.

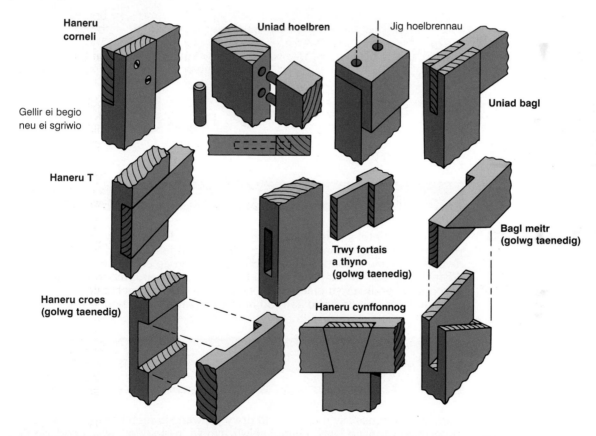

Haneru corneli

Gellir ei begio neu ei sgriwio

Uniad hoelbren

Jig hoelbrennau

Uniad bagl

Haneru T

Trwy fortais a thyno (golwg taenedig)

Bagl meitr (golwg taenedig)

Haneru croes (golwg taenedig)

Haneru cynffonnog

Ffigur 15.3 *Uniadau ffrâm.*

ADEILADWAITH BLWCH

Mae dulliau adeiladwaith blwch yn addas ar gyfer uno darnau llydan o bren solet a rhai prennau cyfansawdd. Fe'u defnyddir ar gyfer blychau a silffoedd ac ati. Bwriad y math yma o lunio yw cynhyrchu uniadau sy'n fecanyddol gryf megis uniadau cynffonnog, neu arwynebeddau gludo eang fel hoelbrennau ac uniadau crib. Mae'r olaf yn fwy poblogaidd oherwydd bod modd eu gweithgynhyrchu'n beiriannol ac maent hefyd yn defnyddio adlynion modern.

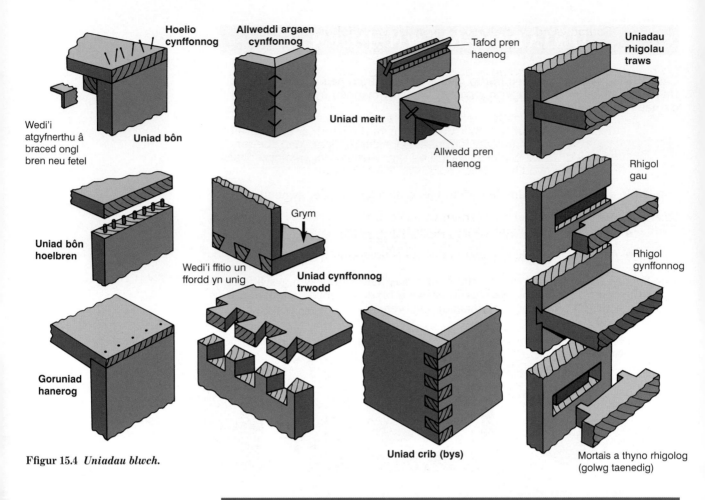

Ffigur 15.4 *Uniadau blwch.*

UNO METELAU

Trafodir uno metel â'i hunan neu â metelau eraill drwy ddulliau mecanyddol ym Mhennod 8 'Cydrannau'. Mae'r cydrannau a ddefnyddir yn cynnwys rhybedau, nytiau a bolltau, ac amrediad o ffasneri ag edau. Gelwir y rhain yn ddyfeisiau gosod mecanyddol am eu bod yn dibynnu ar rymoedd mecanyddol i osod a dal yr uniad yn ei le. Ystyrir nytiau a bolltau a thaclau sy'n debyg i sgriwiau fel taclau dros dro gan fod modd eu tynnu'n ddarnau unrhyw bryd.

PROSESAU GWRESOGI – SODRO A PHRESYDDU

Mae sodro'n broses sy'n creu uniad drwy ychwanegu metel arall at arwyneb y metel sydd yn mynd i gael ei uno: gelwir hyn yn 'aloio lleol'. Mae'r sodr yn dod yn rhan o arwyneb y metel ac yn ffurfio uniad parhaol. Mae amrediad eang o sodrau ar gael, gyda chryfderau ac ymdoddbwyntiau amrywiol. Ar gyfer pob proses sodro rhaid paratoi a glanhau'r uniadau a defnyddio'r fflwcs cywir. Cyfrwng glanhau cemegol yw fflwcs.

● **Sodr meddal** yw'r sodr gwannaf a'r un gyda'r ymdoddbwynt isaf. Caiff ei ddefnyddio fel rheol ar gyfer gwaith trydanol ac uniadau tunplat. Defnyddir fflam neu haearn sodro ar gyfer sodro meddal. Aloi ydyw wedi'i wneud o dun a phlwm. Defnyddiwch fflwcs resin ar gyfer sodro meddal.

- Sodrau caled yw **sodrau arian**, gydag ymdoddbwynt o rhwng 625°C ac 800°C. Cânt eu defnyddio ar gyfer nifer o gymwysiadau gwaith morthwyl. Rhaid cael aelwyd bresyddu neu fflam ocsi-asetylen i ariansodro. Mae sodrau arian yn aloion o gopr a sinc gydag ychydig o arian wedi'i ychwanegu. Defnyddiwch fflwcs 'llifrwydd' ar gyfer ariansodro.

- **Presyddu** yw'r math caletaf o sodro caled ac mae'n toddi ar y tymheredd uchaf, sef 875°C. Mae hyn yn rhy boeth ar gyfer gwaith pres a chopr ond yn ddelfrydol ar gyfer dur meddal. Mae sbelter presyddu, y rhoden a ddefnyddir ar gyfer presyddu, yn aloi o gopr a sinc. Defnyddiwch fflwcs boracs ar gyfer presyddu.

Gwneud uniadau sodrog

Rhaid paratoi uniadau a'u dal yn gadarn yn eu lle ar gyfer pob proses sodro. Bydd uniadau'n gryfach bob amser os ychwanegir cryfder mecanyddol iddynt, er enghraifft darnau'n cyd-gloi neu'n slotio i'w gilydd. Dylid rhoi brics tân o amgylch yr uniadau i gynnal a chyfeirio'r gwres sy'n dod o'r fflam.

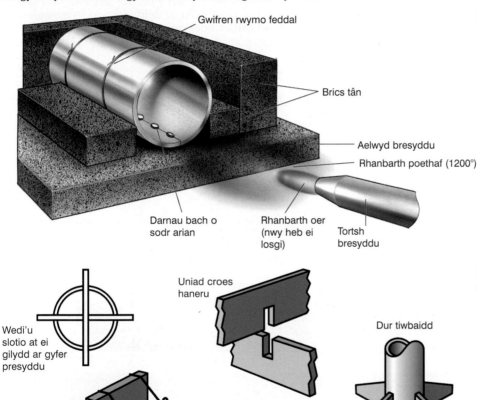

Gwifren rwymo feddal

Brics tân

Aelwyd bresyddu

Rhanbarth poethaf (1200°)

Darnau bach o sodr arian

Rhanbarth oer (nwy heb ei losgi)

Tortsh bresyddu

Ffigur 15.5 *Ariansodro.*

Uniad croes haneru

Wedi'u slotio at ei gilydd ar gyfer presyddu

Dur tiwbaidd

Gwifren rwymo feddal

Stand

Ffigur 15.6 *Paratoi uniad ar gyfer ei bresyddu.*

WELDIO

Mae weldio'n uno defnyddiau â'i gilydd drwy'r broses o doddi'r metel gwreiddiol a'i adael i ymdoddi ynghyd wrth ymsolido. Mae'n broses uno barhaol sy'n fwyaf addas ar gyfer dur, er bod modd ei defnyddio hefyd ar gyfer alwminiwm cyn belled bod yr arwyneb yn cael ei amddiffyn rhag ocsideiddiad gan nwy anadweithiol neu atmosffer rheoledig. Gyda phob math o weldio, rhaid paratoi'r gwaith er mwyn sicrhau uniad cryf. Mae hyn yn arbennig o wir wrth ddefnyddio defnydd trwchus.

Mae tair proses weldio yn gyffredin mewn gweithdai ysgol, ond dylech fedru ateb cwestiynau arholiad yn ddigonol os ydych yn gyfarwydd dim ond ag un ohonynt.

- Mae **weldio ocsi-asetylen** yn defnyddio cymysgedd o ddau nwy i greu fflam boeth iawn (3500°C) a ddefnyddir i doddi'r metel. Mae'r pwll ymdoddedig yn cael ei symud ar hyd llinell yr uniad a chyflwynir defnydd ychwanegol ato o roden lenwi o'r un metel.

- Mae **weldio arc dryda**n yn defnyddio rhoden lenwi wedi'i hargaenu â fflwcs sy'n gweithredu fel electrod. Caiff cerrynt trydanol uchel, foltedd isel ei yrru rhwng y rhoden electrod a'r darn gwaith. Mae'r gwres sy'n cael ei gynhyrchu gan yr arc drydan a grëir gan hyn yn toddi'r rhoden yn ogystal â'r defnydd sy'n mynd i gael ei uno. Mae'r rhoden yn gweithredu fel llenwad ar gyfer yr uniad ac felly'n cael ei llyncu yn y broses weldio ei hun.

- Mae **weldio Nwy Anadweithiol Metel (MIG)** yn broses weldio arc drydan arall. Yn yr achos yma caiff electrod gwifren barhaol ei fwydo o goil drwy'r dortsh weldio. Caiff y broses ei gwarchod gan nwy anadweithiol, sy'n golygu y gellir ei defnyddio ar gyfer weldio alwminiwm. Mae weldio **MIG** wedi dod yn broses sy'n hawdd ei rheoli ac erbyn hyn mae'n un o'r cymwysiadau mwyaf poblogaidd ar gyfer robotiaid.

Ffigur 15.7 *Y broses weldio ocsi-asetylen.*

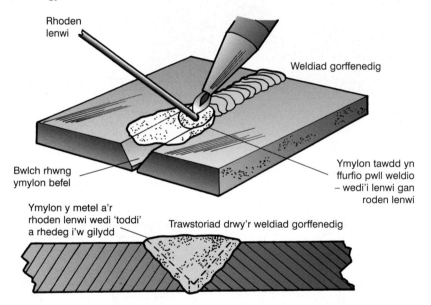

Rhoden lenwi

Weldiad gorffenedig

Bwlch rhwng ymylon befel

Ymylon tawdd yn ffurfio pwll weldio – wedi'i lenwi gan roden lenwi

Ymylon y metel a'r rhoden lenwi wedi 'toddi' a rhedeg i'w gilydd

Trawstoriad drwy'r weldiad gorffenedig

DIOGELWCH

Cofiwch y materion diogelwch sy'n gysylltiedig â phrosesau gwres.

- Diogelu'r llygaid;
- Dillad;
- Gorlenwi'r ardal waith;
- Gofal wrth osod defnyddiau poeth i lawr ar ddiwedd y broses.

Gwiriwch eich gwybodaeth

CWESTIYNAU

A

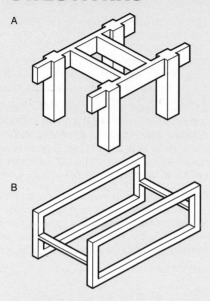

B

Ffigur 15.8 *Dau ddyluniad ar gyfer ffrâm isaf bwrdd coffi.*

Mae Ffigur 15.8 yn dangos dau syniad dylunio ar gyfer ffrâm isaf bwrdd coffi.

Bydd dyluniad A yn cael ei wneud o bren caled, a dyluniad B o diwb metel trychiad sgwâr.

Mae'r cwestiynau isod yn berthnasol i ddyluniadau'r byrddau coffi a welir yma.

C1 Gwnewch frasluniad o'r uniadau a ddefnyddir wrth lunio'r ddwy ffrâm wahanol. Mae'r ddwy ffrâm yn cynnwys dau uniad gwahanol.

C2 Awgrymwch ddilyniant cydosod ar gyfer pob ffrâm.

C3 Mae top y bwrdd coffi wedi'i wneud o bren caled. Un o'r problemau wrth ddefnyddio pren yw ei fod bob amser yn symud rhywfaint dros gyfnod o amser. Gan gofio hyn, gwnewch fraslun sy'n dangos dull o gysylltu'r ddwy ffrâm i dop pren caled.

COFIWCH! Cuddiwch yr atebion os ydych chi'n dymuno.

ATEBION

A1

Dyluniad A

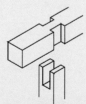 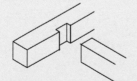

Byddai'r uniad hwn yn cael ei ddefnyddio i gysylltu'r coesau â'r rheiliau hir.

Byddai'r uniad hwn yn cael ei ddefnyddio i gysylltu'r darnau croes â'r rheiliau.

Dyluniad B

Caiff yr uniad hwn ei ddefnyddio ar gyfer corneli; caiff ei blygu o gwmpas ac yna'i bresyddu neu ei weldio.

Caiff yr uniad hwn ei ddefnyddio ar gyfer y traws-aelodau; uniad bôn ydy hwn sydd wedi cael ei bresyddu neu ei weldio o gwmpas yr holl ymylon.

TIWTORIALAU

T1 *Mae hwn yn ateb da ond byddai wedi bod yn well petai uniadau dyfyniad A wedi cael eu henwi. Uniad bagl yw'r cyntaf, a'r enw ar yr uniad rhwng y darn croes a'r rheilen yw uniad rhigol draws.*

Mae uniadau dyluniad B yn briodol iawn. Mae'n well o lawer plygu'r uniad meitr ar y gornel na'i dorri i ffwrdd yn llwyr.

ATEBION

A2

Dyluniad A, y ffrâm bren: dylid cydosod y rheiliau hir a'r darnau croes yn gyntaf fel bod modd eu clampio gyda'i gilydd i orwedd yn fflat. Wedyn gellir cysylltu'r coesau.

Dyluniad B, y ffrâm dur tiwbaidd: dylid weldio'r fframiau ochr petryal yn sgwâr yn gyntaf, ac yna'u cysylltu â'i gilydd gan ddefnyddio'r traws-aelodau.

A3

Dyluniad A

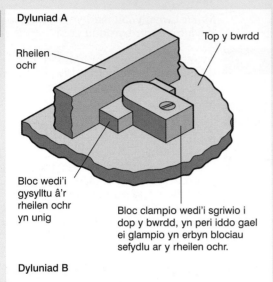

Rheilen ochr

Top y bwrdd

Bloc wedi'i gysylltu â'r rheilen ochr yn unig

Bloc clampio wedi'i sgriwio i dop y bwrdd, yn peri iddo gael ei glampio yn erbyn blociau sefydlu ar y rheilen ochr.

Dyluniad B

Top bwrdd

Sgriw bren bengrwn

Ffrâm dur tiwbaidd

Twll mawr drwy'r tiwb dur

Wasier glampio

TIWTORIALAU

T2

Dyma'r dilyniant cywir ond bydd cwestiwn o'r math hwn bob amser yn elwa o gynnwys brasluniau.

T3

Mae'r ddau syniad yn dda ac yn ateb y pwrpas ond mae posibiliadau eraill cystal a fyddai'n ateb gofynion y dyluniad. Mae'r dulliau o ddarlunio'r dyluniadau yn addas iawn ar gyfer datrysiadau. Braslun isomedrig yw dyluniad A, ond rhaid i ddyluniad B ddangos y manylion mewnol, felly defnyddir golwg trychiadol.

Sylwch: Mae symudiad pren bob amser yn broblem. Os bydd byrddau pren yn cael eu cysylltu'n dynn yna maent yn tueddu i hollti: efallai eich bod wedi gweld hyn mewn hen gypyrddau a drysau. Yr unig ateb yw cynnwys y symudiad yn hytrach na'i gyfyngu.

GEIRIAU ALLWEDDOL

Dyma'r geiriau allweddol. Rhowch dic os ydych chi'n meddwl eich bod chi'n eu deall. Fel arall, chwiliwch am eu hystyr.

ffabrigiad	**adeiladwaith ffrâm**	**sodro**
cydosodiad	**uniadau haneru**	**ariansodro**
adlyn	**uniadau hoelbren**	**presyddu**
PVA	**uniadau cynffonnog**	**weldio ocsi-asetylen**
sment Tensol	**uniadau bôn**	**weldio arc drydan**
resin epocsi	**goruniad**	**weldio MIG**
gludydd cyswllt	**uniad crib**	
glud tawdd poeth	**uniad rhigol draws**	

RHESTR GYFEIRIO ARHOLIAD AR GYFER YR ADRAN HON

Ar ôl astudio gwneud dylech fedru defnyddio a dangos dealltwriaeth o amrywiaeth o offer, sgiliau a thechnegau ar gyfer:

- marcio a pharatoi defnyddiau'n gywir;
- gweithgynhyrchu offer llaw ac offer peiriannau, gan gynnwys defnyddio CAM (gweithgynhyrchu drwy gymorth cyfrifiadur);
- anffurfio ac ailffurfio pren, metel a defnyddiau plastig, yn boeth ac yn oer, yn ôl priodoldeb;
- ffabrigo a chydosod cynhyrchion.

YMARFER AR GYFER ARHOLIAD

Atebion Myfyriwr Sampl a Sylwadau'r Arholwr

1 (a) Cwblhewch y tabl drwy fatsio'r teclyn â'r erfyn cywir.

Nodwch enw cywir pob erfyn.

Mae'r enghraifft gyntaf wedi'i gwneud yn barod.

TECLYN	ERFYN A DDEWISWYD	ENW'R ERFYN PRIODOL
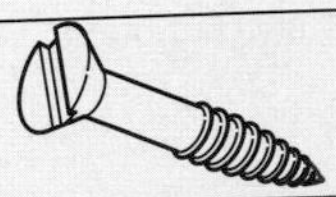	DD	Tyrnsgriw
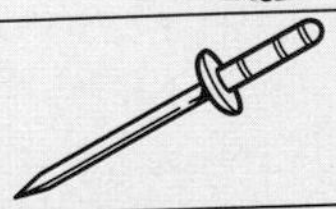	E	Gwn rhybed pop
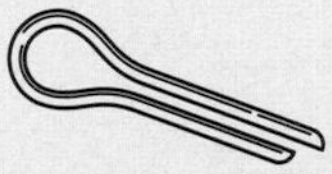	A	Morthwyl
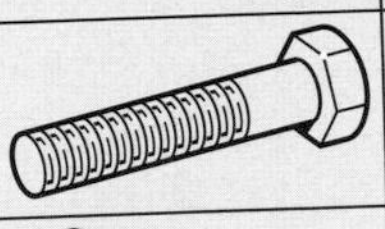	D	Sbaner
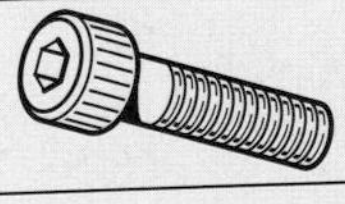	C	Allwedd Allen

(8 marc)

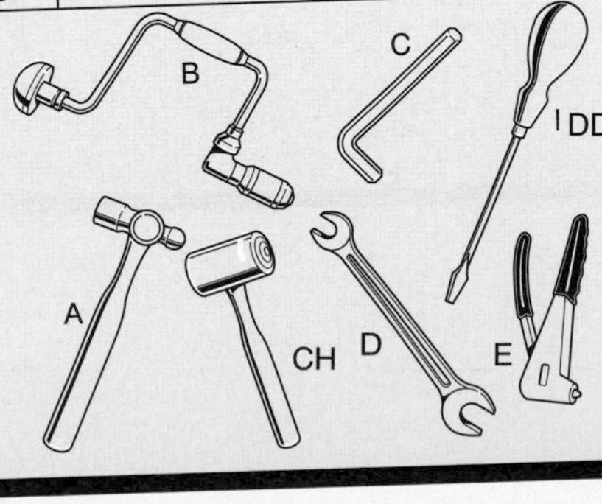

B C DD
A CH D E

(a) *Dyma atebion cywir i'r cwestiwn. Mae cwestiynau byr o'r math yma yn codi'n aml ar ddechrau'r arholiad. Efallai bod y pin hollt yn anghyfarwydd ond mae'n ddyfais a ddefnyddir yn aml i ddal olwynion a phwliau ar siafftiau. Defnyddir y morthwyl i'w fwrw i'w le.*

(b) Mae diogelwch yn fater pwysig ac mae cwestiynau sy'n ymwneud â diogelwch yn boblogaidd mewn papurau arholiad. Fel arfer maent yn hawdd eu hateb.

(c) Mae'r cwestiwn yma'n profi'ch dealltwriaeth o broses gydosod syml a ddylai fod yn gyfarwydd i chi oherwydd eich gwaith project. Os ydych yn gwneud yn siŵr bod eich gwaith ymarferol o safon uchel, yna byddwch yn gallu ateb cwestiynau fel hwn.

(ch) Dyma gwestiwn arall sy'n profi'ch gwybodaeth am ymarfer da. Ni ddylech osod llen blastig ar wresogydd a'i adael yno gan y bydd rhan bychan ohono'n poethi ac yn pothellu. Lleithder wedi'i ddal o fewn y plastig sy'n achosi pothellu. Mae pothellu'n distrywio golwg y gwaith, ac ni ellir ei gywiro.

(b) Nodwch **ddau** ragofal diogelwch y dylid eu hystyried cyn troi'r peiriant drilio ymlaen. Mae wedi'i osod i ddrilio tyllau gyda diamedr o 6mm drwy ddarn fflat o ddur meddal sy'n 9 mm o drwch a 100 mm sgwâr.

1 _Gwisgwch wydrau ar y llygaid_

2 _Gwnewch yn siŵr bod y gwaith wedi'i ddal yn ddiogel_

(4 marc)

(c) Caiff **pren** ei uno â **phren** gan ddefnyddio'r math yma o sgriw.

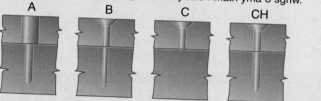

A   B   C   CH

Cwblhewch y brawddegau canlynol. Mae'r gyntaf wedi'i gwneud yn barod.

Mae A yn anghywir oherwydd *does dim gwrthsoddydd ar gyfer pen y sgriw.*

Mae B yn gywir oherwydd _bod twll cliriad gwrthsodd yn y darn pren uchaf a thwll arwain yn y darn pren isaf._

Rhowch reswm pam fod C ac CH yn anghywir.
Mae C yn anghywir oherwydd does dim twll arwain.
Mae CH yn anghywir oherwydd bod y twll cliriad yn rhy ddwfn a byddai'r sgriw yn syrthio i mewn heb eu dal gyda'i gilydd.

(5 marc)

(ch) Mae'r lluniad yn dangos ochr allanol tro sgwâr-onglog sydd wedi'i wneud o blastig 3 mm o drwch. Wrth gael ei wresogi daeth arogl cryf o'r plastig a chlywyd sŵn cracio. Ymddangosodd tyllau a swigod bach ar hyd arwyneb y plastig.

(i) Beth achosodd y broblem?
Aeth y plastig yn rhy boeth.

(2 farc)

(ii) Dywedwch sut mae modd osgoi hyn.
Byddai'n bosibl osgoi hyn drwy gymryd mwy o ofal, peidio â gosod y plastig yn rhy agos at y gwresogydd stribed a chofio ei droi drosodd yn gyson wrth iddo boethi.

(2 farc)

(d) Craciodd darn o alwminiwm gyda diamedr o 9 mm pan gafodd ei blygu'n oer.

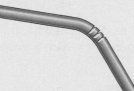

   (i)   Dywedwch beth achosodd y broblem yma.

Mae'n debyg bod gwaith galedu wedi achosi'r broblem yma.

                                                           (2 farc)

   (ii) Dywedwch sut y byddai'n bosibl atal y broblem rhag digwydd.

Mae'n bosibl atal y broblem drwy anelio neu drwy blygu'r metel tra'i fod yn boeth.

                                                           (2 farc)

(dd) Mae'r lluniad isod yn dangos braced ongl wedi'i dorri o bren solet. Wrth gael ei osod torrodd ym mhwynt X.

X →

   (i)   Dywedwch beth achosodd iddo dorri ym mhwynt X.

Torrodd oherwydd y graen byr.

                                                           (2 farc)

   (ii) Dywedwch sut y byddai modd ei atal rhag torri.

Byddai'n bosibl ei atal rhag torri drwy wneud yn siŵr bod y graen yn mynd ar draws y cornel neu drwy ddefnyddio pren haenog yn lle pren solet.

                                                          (2 farc)

EDEXCEL, Llundain, 1997

SYLWADAU'R ARHOLWR

(d) Ceir marciau yn y cwestiwn yma am ddefnyddio'r derminoleg gywir. Mae 'gwaith galedu' yn gysyniad allweddol, fel 'anelio' neu 'normaleiddio', a fyddai hefyd wedi bod yn dderbyniol.

(dd) Mae hon yn ddamwain sy'n digwydd yn aml wrth weithio gyda phren solet. Mae graen byr yn wendid, ac mae'r ateb yn well fyth am ei fod yn awgrymu defnyddio pren haenog yn lle pren solet, sy'n ddatrysiad dylunio gwell o lawer.

Cwestiwn i'w Ateb

Mae'r ateb i Gwestiwn 2 ym Mhennod 21.

2 Rhaid i emyddion ddal eitemau bregus a main fel modrwyau a thlysau yn dynn heb eu difrodi wrth weithio arnynt. Mae Ffigur 1 yn dangos feis gemydd fechan a ddefnyddir at y pwrpas yma.

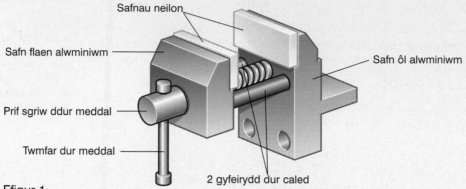

Safnau neilon

Safn flaen alwminiwm

Safn ôl alwminiwm

Prif sgriw ddur meddal

Twmfar dur meddal

2 gyfeirydd dur caled

Ffigur 1

(a) Bydd y safn ôl yn cael ei gwneud drwy gastio ac yna beiriannu.

    (i) Gwnewch fraslun o batrwm y gellir ei ddefnyddio i wneud y safn ôl.

        Ar eich braslun, nodwch ba wynebau y bydd angen eu gorffennu â pheiriant. (4 marc)

    (ii) Mae swndgastio yn broses a allai fod yn beryglus.

        Rhestrwch bedwar rhagofal diogelwch mae'n rhaid eu hystyried (4 marc) wrth swndgastio.

(b) Mae Ffigur 2 yn dangos y cydosodiad twmfar a phrif sgriw.

    Mae gan y brif sgriw dwll yn un pen sy'n dal y twmfar.

    Pan gydosodir y darn, bydd y 'twmfar' yn cael ei ddal yn ei le ond mae hefyd yn rhydd i lithro drwy'r twll yn y brif sgriw.

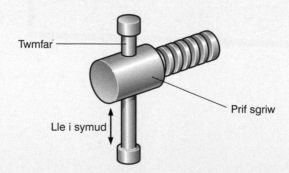

Twmfar

Prif sgriw

Lle i symud

Ffigur 2

    (i) Enwch dri erfyn y mae'n rhaid eu cael er mwyn gosod y brif sgriw yn gywir a'i chlampio i fwrdd peiriant drilio. (3 marc)

    (ii) Defnyddiwch fraslun taenedig a nodiadau i ddangos sut y byddai modd gwneud y 'twmfar' a'i gydosod fel ei fod ynghlwm wrth y brif sgriw ond yn dal yn rhydd i lithro. (6 marc)

MEG, 1998

SYSTEMAU A RHEOLI

SYSTEMAU AC IS-SYSTEMAU

Cysyniad yw system sy'n bodoli o fewn technoleg a dylunio technolegol. Ffordd o edrych ar bethau ydyw felly; mae'n ffordd o geisio deall sut mae pethau'n gweithio fel ei bod yn haws i chi wneud penderfyniadau dylunio.

Grŵp o gydrannau neu ddarnau sy'n cydweithio i berfformio tasg yw system. Gellir seilio systemau ar fecanweithiau, niwmateg, electroneg, adeiladweithiau neu unrhyw gyfuniad o'r rhain. Y pwynt allweddol ynglŷn â systemau yw nad oes rhaid gwybod bob amser sut mae pob rhan o'r system yn gweithio er mwyn ei chydosod a'i defnyddio. Er hynny, bydd o gymorth os byddwch yn deall beth sy'n digwydd ar yr adegau hynny pan fydd arnoch eisiau ychwanegu at y system neu ei gwella er mwyn gwneud i bethau weithio'n well, a hefyd pan fydd pethau'n mynd o'u lle.

Mae beic yn enghraifft dda o system. Mae ganddo ffrâm, olwynion, pedalau, gerau, breciau, ac yn aml, goleuadau. Gyda'i gilydd mae'r pethau hyn yn gwneud beic, a gellir eu gweld fel rhannau o fewn y 'system feic'. Drwy ddadansoddi'r system hon mae modd gweld ei bod wedi'i gwneud o systemau eraill. Yr enw ar y rhain yw is-systemau.

Dadansoddiad o system feic:

- Ffrâm – is-system adeileddol;
- Olwynion – is-system adeileddol;
- System yrru (pedalau a gerau) – is-system fecanyddol;
- System frecio – is-system fecanyddol;
- Goleuadau – is-system drydanol.

Drwy ddeall mai system a luniwyd o is-systemau yw beic, mae'n bosibl edrych ar unrhyw broblem neu ailddyluniad yn ymwneud â beic a'i dorri i lawr er mwyn gallu edrych ar yr is-system briodol. Er enghraifft, os nad yw'r beic yn stopio'n gywir, rhaid bod y broblem o fewn yr is-system frecio.

Weithiau dangosir systemau fel 'diagramau bloc', lle mae mewnbwn, yn aml ar ffurf egni, yn mynd drwy broses o fewn y system er mwyn cynhyrchu'r allbwn a ddymunir. Yn ein henghraifft o feic, mae'r ymdrech o wthio i lawr ar y pedalau yn cael ei thrawsnewid gan beri i'r beic symud ymlaen.

SYSTEMAU AC IS-SYSTEMAU

Gofynion arholiad

Mae pob bwrdd arholi yn chwilio am rywfaint o wybodaeth am systemau mecanyddol ac adeileddol a'u cymwysiadau, ond rhaid i chi gyfeirio at eich maes llafur eich hun i weld faint o fanylder sydd ei angen.

Does dim un o'r byrddau arholi yn gofyn am wybodaeth fanwl o systemau electronig ar gyfer arholiadau Dylunio a Thechnoleg Defnyddiau Gwrthiannol. Er hynny, maent yn gofyn eich bod yn ymwybodol o sut y cymhwysir systemau a reolir gan electroneg neu ficrobrosesydd, ac mae'r esiamplau yn y bennod hon yn rhoi digon o fanylion am hyn. Dylech hefyd gyfeirio at systemau dylunio drwy gymorth cyfrifiadur a gweithgynhyrchu drwy gymorth cyfrifiadur ym Mhenodau 10, 13 ac 19.

Ffigur 16.1

Ffigur 16.2 *Mewnbwn egni i'r pedalau yn cael ei drawsnewid yn fudiant ymlaen.*

125

Ffigur 16.3 *Diagram bloc o system.*

Ffigur 16.4 *System gyda dolen rheoli adborth.*

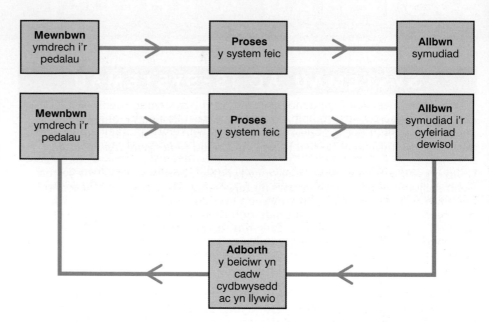

Mae Ffigur 16.3 yn dangos y beic ar ffurf diagram bloc. Y broblem yma, fodd bynnag, yw nad yw'r system dan reolaeth. Mae'n rhaid i rywun ei lywio er mwyn gwneud iddo fynd i'r cyfeiriad iawn. Edrychwch ar Ffig. 16.4. Yn y diagram bloc yma mae dolen reoli yn rhoi adborth. Pan fo rhywun yn rheoli mae'n bosibl rheoli cyfeiriad symudiad yr allbwn.

Nid person sy'n rheoli bob amser. Yn aml bydd system wresogi yn cael ei rheoli gan thermostat; dyma enghraifft o reolaeth electronig. Dyfais yw thermostat sy'n dweud wrth y boeler gwresogi bod yr ystafell yn ddigon poeth a does dim angen mwy o wres. Mae system wresogi a reolir gan thermostat yn arbed egni gwerthfawr ac yn rhatach i'w rhedeg. Mae Ffigur 16.5 yn dangos system wresogi a sut mae modd defnyddio diagram bloc i ddangos y system yn gweithio.

Ffigur 16.5 *System wresogi dan reolaeth thermostat.*

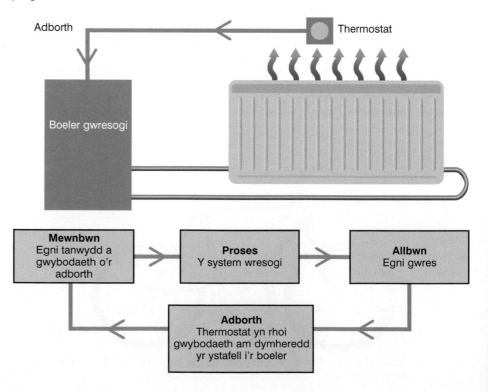

ELECTRONEG A RHEOLI Â MICROBROSESYDD

Mae microbrosesyddion yn ganolog i'r mwyafrif o systemau rheoli. Am fod costau dyfeisiau o'r fath yn lleihau cymaint, mae'n llawer rhatach defnyddio dim ond rhan fechan o'u potensial o fewn system seml nag adeiladu cylched electronig i'r pwrpas. Mibrobrosesydd yw'r rhan honno o gyfrifiadur sy'n gwneud yr holl brosesu a chyfrifo. Mae'n bwysig meddwl ymhellach na'r syniad cyffredin am gyfrifiadur (mewn bocs mawr wedi'i gysylltu â bysellfwrdd a monitor) a gweld y microbrosesydd fel y broses o fewn model 'mewnbwn-proses-allbwn' fel yr un yn Ffig. 16.6.

Ffigur 16.6 Mae microbrosesyddion yn ganolog i nifer o systemau rheoli.

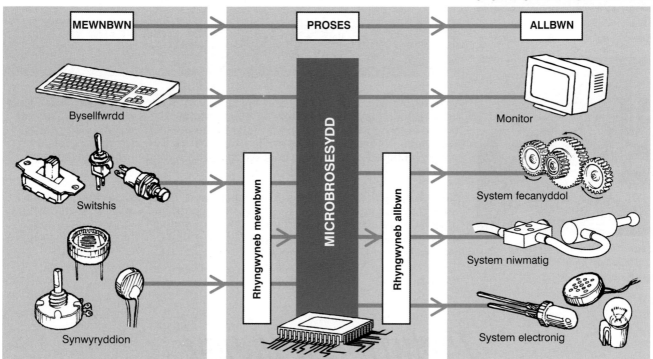

Mae dyfeisiau **mewnbwn** dan reolaeth microbrosesydd yn cynnwys:

- **Switshis** sy'n rhoi mewnbwn digidol i'r system; maent naill ai wedi'u cynnau neu wedi'u diffodd. Gall switshis gael eu rheoli â llaw neu gallant fod yn switshis gogwyddo neu'n switshis tanio agos. Gallant fod yn agored fel rheol neu'n gaeedig fel rheol, yn switshis llithr neu'n switshis botwm.

- **Synwyryddion** sy'n gallu synhwyro golau, gwres, lleithder, sŵn, symudiad, isgoch neu newidiadau mewn foltedd. Gellir prosesu synwyryddion i roi signal digidol neu signal mewnbwn analog sy'n cynnig amrediad o lefelau mewnbwn.

Mae dyfeisiau allbwn dan reolaeth microbrosesydd yn cynnwys:

- **Goleuadau a dangosyddion** i ddangos beth sy'n digwydd o fewn y system;

- **Moduron** i yrru peiriannau, cerbydau robotaidd ac ati;

- **Dangosyddion** i roi gwybodaeth sy'n amrywio o'r amser ar oriawr i'r sgôr mewn gêm pêl-droed;

- **Releiau, switshis a solenoidau** i ryngwynebu â systemau eraill fel systemau hydrolig a niwmatig.

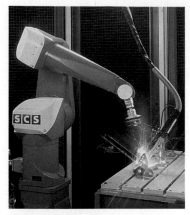

Ffigur 16.7 *Rheolir robotiaid diwydiannol â microbrosesyddion.*

Yn fwyfwy o hyd o fewn bywyd bob dydd mae microbrosesyddion yn dechrau rheoli systemau. Gellir rheoli adeiladau a swyddfeydd cyfan drwy ddefnyddio system reoli â microbrosesydd er mwyn cynnal gweithgareddau pobl o fewn y system. Bydd system o'r fath yn monitro gweithgaredd yn barhaus er mwyn gwneud defnydd effeithiol o egni ac adnoddau. Gallai'r is-systemau gynnwys:

- Gwres, golau ac awyriad – pob un yn arbed egni pan na fydd ardaloedd yn cael eu defnyddio;
- Diogelwch – monitro symudiad o fewn ac o gwmpas yr adeilad;
- Cysylltiadau e-bost a'r Rhyngrwyd - sortio a llwytho i lawr pan nad yw systemau'r swyddfa'n cael eu defnyddio.
- Lifftiau 'smart' – yn dysgu arferion defnyddwyr fel y gallant ragweld anghenion ac aros wrth y lloriau priodol.

DADANSODDI SYSTEMAU A'U PERFFORMIAD

Wrth i systemau dyfu a datblygu'n fwy cymhleth mae'n dod yn bwysicach gallu adnabod a dadansoddi'r system a'i his-systemau. O fewn system fel car mae nifer o is-systemau sy'n gofyn am sgiliau a defnyddiau gwahanol ar gyfer eu cynhyrchu. Er enghraifft, mae cynllun sedd car yn wahanol iawn i gynllun blwch gêr. Does dim rhaid i wneuthurwr y sedd wybod unrhyw fanylion am flwch gêr y car.

Gellir edrych ar ffatrïoedd cyfan fel systemau er mwyn cynllunio a deall sut mae prosesau gweithgynhyrchu cymhleth yn perthyn i'w gilydd ac yn dibynnu ar gyfathrebu a symudiad cydrannau: gweler Pennod 19. Ystyr dadansoddi systemau yw'r broses o dorri'r system i lawr er mwyn deall sut mae'n gweithio, fel y gallwch ei gwella os oes angen.

Ffigur 16.8 *Mae amgylchedd swyddfa fodern yn dibynnu ar systemau cyfrifiadurol.*

Profwch eich hunan

CWESTIYNAU

C1 Eglurwch pam fod y dull 'system' o edrych ar electroneg yn ffordd well o ddeall electroneg gymhleth.

C2 Lluniwch ddiagram bloc yn dangos system glywedol o'r math a welir yn Ffig. 16.9

C3 Meddyliwch am ficrobrosesydd fel calon system gyfrifiadurol.

Rhestrwch bum dyfais mewnbwn a phum dyfais allbwn y gellid eu cysylltu â'r microbrosesydd.

Ffigur 16.9

ATEBION

A1 Mae defnyddio dull systemau yn eich galluo-gi i ddeall systemau mwy cymhleth yn well.

A2

Mewnbynnau CD, tâp, record, signal radio	→	Proses Tiwniwr, mwyhadur, cylchedau rheoli	→	Allbynnau Ffonau pen, uchelseinyddion, dangosyddion

A3 Dyfeisiau mewnbwn – bysellfwrdd, llygoden, swits, synhwyrydd tymheredd, sganiwr.

Dyfeisiau allbwn – monitor, argraffydd, braich robot, system oleuo cyngerdd, erfyn peiriant CNC

TIWTORIALAU

T1 Cywir. Holl bwrpas dull system yw eich galluogi i ddeall sut mae systemau'n gweithio heb orfod delio â'r holl fanylion. Mae hyn yn eich galluogi i 'ryngweithio' â'r system. Mae hyn yn golygu y gallwch ddylunio, datblygu, diweddaru neu gynnal elfennau o'r system heb orfod ymyrryd â phob rhan ohoni.

T2 Mae system glywedol yn enghraifft dda o system y gallwch newid rhannau ohoni os ydych chi'n ei deall. Mewn system fel hon gallwch ychwanegu neu dynnu i ffwrdd chwaraewr CD neu chwaraewr tâp heb wneud unrhyw beth i rannau'r system sy'n ymwneud â phroses neu allbwn y system. Yn yr un ffordd gallech newid yr allbwn o uchelseinyddion i ffonau pen a byddai'r system yn parhau i weithio o unrhyw un o'r mewnbynnau.

T3 Mae'r rhain yn amrediad da o enghreifftiau; mae llawer mwy ar gael, wrth gwrs. Gwnewch yn siŵr eich bod yn meddwl yn eang wrth ateb cwestiynau fel hwn. Meddyliwch am eich prcfiadau eich hun: bysellfwrdd, monitor ac ati, a hefyd mewn cyd-destunau diwydiannol: robot a pheiriant CNC.

GEIRIAU ALLWEDDOL

Dyma'r geiriau allweddol. Rhowch dic os ydych chi'n meddwl eich bod chi'n eu deall. Fel arall, chwiliwch am eu hystyr.

system	**allbwn**	**synhwyrydd**
is-system	**adborth**	**dadansoddi system**
mewnbwn	**dolen reoli**	**perfformiad system**
proses	**microbrosesydd**	

MECANWEITHIAU A SYSTEMAU MECANYDDOL

Ystyr systemau mecanyddol yw systemau sy'n defnyddio mecanweithiau i berfformio gwaith arbennig. Mae gan bob mecanwaith rannau symudol ac mae systemau mecanyddol bob amser yn cynnwys symudiad ac egni.

Mae agorwyr tuniau a dolenni drysau yn enghreifftiau o fecanweithiau syml. Mae mecanweithiau cymhleth fel peiriannau golchi, peiriannau gwnïo, peiriannau torri glaswellt a cheir yn enghreifftiau o **systemau mecanyddol**. Maen nhw'n cynnwys nifer o fecanweithiau symlach, sef is-systemau, sy'n cydweithio.

MANTAIS FECANYDDOL

Mae systemau mecanyddol bob amser yn cael eu dylunio fel bod pobl yn cael mantais wrth eu defnyddio. Maen nhw'n eich galluogi i wneud rhywbeth na allech ei wneud fel arall gan y byddai'n rhy anodd neu'n araf. Mae feis yn eich galluogi i afael yn dynnach nag wrth ddefnyddio'ch dwylo'n unig, a gallwch fynd yn gyflymach o un lle i'r llall ar feic nag wrth gerdded. Mae'r ddwy system fecanyddol yma'n rhoi mantais i chi. Yr enw ar hyn yw **mantais fecanyddol**.

Mae mantais fecanyddol yn gysyniad pwysig. Gellir rhoi gwerth ar fantais fecanyddol (MA) system. Os yw'r ymdrech a rowch i mewn i'r system fecanyddol yn arwain at allbwn sy'n fwy na'r ymdrech, yna bydd gwerth yr MA yn fwy nag un. Er enghraifft, ystyriwch y feis yn Ffig. 17.1. Efallai y byddwch yn rhoi grym o 10 Newton (10N) ar waith a thrwy hynny yn gallu gafael yn rhywbeth gyda grym o 80 Newton (80N), ac felly bydd yr MA yn 8:1 neu'n 8. Ceir y rhif yma drwy rannu'r allbwn (80N) gyda'r mewnbwn (10N).

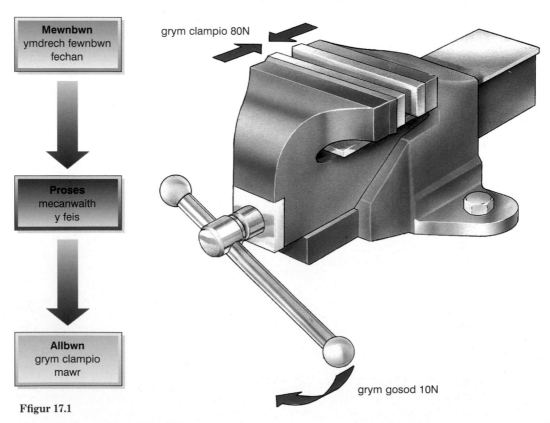

Mewnbwn
ymdrech fewnbwn fechan

Proses
mecanwaith y feis

Allbwn
grym clampio mawr

grym clampio 80N

grym gosod 10N

Ffigur 17.1

SYMUDIAD

Mae pedwar math o fudiant (symudiad) yn gysylltiedig â systemau mecanyddol:

- **Mudiant cylchdro** fel olwyn neu fysedd cloc;
- **Mudiant llinol**, sef mewn llinell syth;
- **Mudiant osgiliadol** fel pendil cloc;
- **Mudiant cilyddol** sef yn ôl ac ymlaen neu i fyny ac i lawr, fel nodwydd mewn peiriant gwnïo.

Swyddogaeth llawer o fecanweithiau yw newid mudiant mewn rhyw ffordd, naill ai drwy ei wneud yn gyflymach neu'n arafach, neu drwy newid ei natur, er enghraifft o fudiant cylchdro i fudiant llinol. Bydd mecanwaith clo yn newid mudiant cylchdro'r allwedd i fudiant llinol y clo. Mae chwisg llaw yn enghraifft o fecanwaith sy'n newid mudiant cylchdro mewn un plân i fudiant cylchdro mewn plân arall.

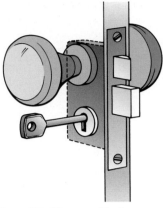

Ffigur 17.2 *Mecanwaith clo.*

LIFERI

Liferi yw un o'r systemau mecanyddol hynaf. Ar ei ffurf symlaf mae lifer yn cynnwys bar anhyblyg sy'n **colynnu** ar bwynt sefydlog. Yr enw ar y mewnbwn i'r system hon yw'r **ymdrech** a'r enw ar yr allbwn yw'r **llwyth**.

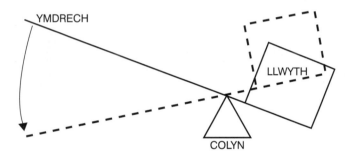

Ffigur 17.3 *Chwisg llaw.*

Ffigur 17.4

Yn y system lifer seml a welir yn Ffig. 17.4 enillir mantais fecanyddol drwy beidio â rhoi'r colyn yng nghanol y lifer. Er mwyn codi llwyth mawr ychydig o bellter, rhaid cael ymdrech fawr dros bellter mwy. Dyma'r cyfaddawd wrth ddefnyddio liferi. Mae hyn yn wir am bob system fecanyddol – ni allwch gael unrhyw beth am ddim.

Cymhareb cyflymder

Mae'r berthynas rhwng y pellter mae'r ymdrech a'r llwyth yn symud o fewn systemau mecanyddol yn cael ei galw'n gymhareb cyflymder (VR).

Os yw'r ymdrech yn symud 500 mm a'r llwyth yn symud 100 mm yna y cymhareb yw 500 wedi'i rannu â 100. Mae hyn yn rhoi VR o 5:1 neu 5.

Mae Ffigur 17.5 yn dangos system lifer seml sy'n cynnwys trosol yn codi blwch. Mae'r ymdrech yn symud 600 mm er mwyn codi'r blwch 150 mm.

Mantais fecanyddol y system yw

$$MA = \frac{\text{Llwyth}}{\text{Ymdrech}} = \frac{50 \text{ N}}{10 \text{ N}} = \frac{5}{1} = 5 : 1 \text{ neu } \mathbf{5}$$

Cymhareb cyflymder y system yw

$$VR = \frac{\text{Pellter a symudwyd gan yr Ymdrech}}{\text{Pellter a symudwyd gan y Llwyth}} = \frac{600 \text{ mm}}{150 \text{ mm}} = \frac{6}{1.5} = 4 : 1 \text{ neu } \mathbf{4}$$

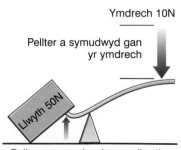

Ymdrech 10N

Pellter a symudwyd gan yr ymdrech

Llwyth 50N

Pellter a symudwyd gan y llwyth

Ffigur 17.5

Ffigur 17.6 *Tri dosbarth o lifer.*

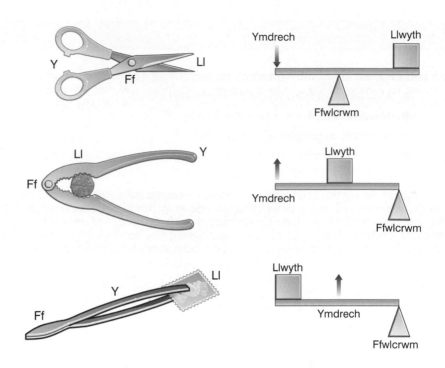

Dosbarthiadau o liferi

Mae'r system lifer a welir yn Ffig. 17.5 yn dangos lifer sy'n perthyn i Ddosbarth 1. Mae Ffigur 17.6 yn dangos y dosbarthiadau eraill o liferi.

- **Dosbarth 1** Trosol a siswrn (dau lifer yn gweithredu o amgylch yr un colyn yw siswrn.)

- **Dosbarth 2** Mae'r llwyth yn agosach at y colyn neu'r ffwlcrwm fel y gwelir mewn gefeiliau cnau a berfa.

- **Dosbarth 3** Gefeiliau bach a systemau liferi tebyg lle mae'r grymoedd yn fach. Mae gan liferi Dosbarth 3 fantais fecanyddol o lai nag 1.

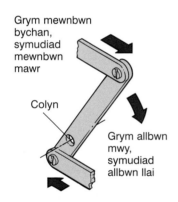

Ffigur 17.7 *Yn y cysylltedd yma mae un ochr i'r colyn yn hirach na'r llall gan greu mantais fecanyddol.*

CYSYLLTEDDAU

Cysyllteddau yw'r elfennau cysylltu o fewn systemau mecanyddol. Maen nhw'n trosglwyddo grymoedd ac yn gallu cael eu defnyddio i newid cyfeiriad.

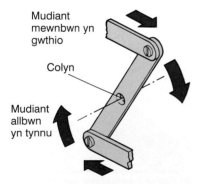

Ffigur 17.8 *Defnyddir y cysylltedd yma i drosglwyddo cyfeiriad y grym mewnbwn.*

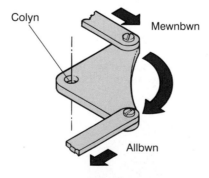

Ffigur 17.9 *Defnyddir y cysylltedd yma, a elwir yn gamdro cloch, i drosglwyddo grym drwy 90°.*

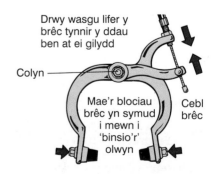

Ffigur 17.10 *Y cysyllteddau o fewn brêc beic.*

CAMAU A CHRANCIAU

Defnyddir camau mewn nifer o fecanweithiau cilyddol i newid mudiant cylchdro yn fudiant i fyny ac i lawr neu yn ôl ac ymlaen. Mewn peiriant car cânt eu defnyddio i agor a chau falfiau a phwyntiau cyswllt dorrwr ac i weithredu pympiau tanwydd.

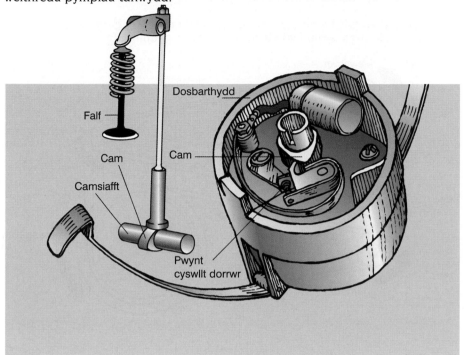

Ffigur 17.11 *Camau o fewn peiriant car.*

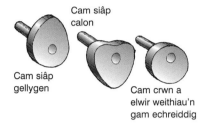

Ffigur 17.12

Y camau mwyaf cyffredin yw camau cylchdro. Cânt eu gwneud yn aml o ddur wedi'i galedu er mwyn achosi llai o draul, ond mae modd eu gwneud hefyd o acrylig neu bren.

Caiff y cam ei ffitio ar siafft cylchdroadol ac mae ganddo ddilynwr sy'n gorwedd arno ac yn symud i fyny ac i lawr wrth i'r siafft gylchdroi. Mae proffiliau'r camau'n amrywio yn ôl y symudiad allbwn sydd ei angen.

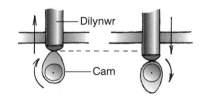

Ffigur 17.13

Defnyddir cranciau mewn ffordd debyg i gamau ond mae'r mudiant allbwn yn gilyddol ac yn unffurf bob amser. Mae cranciau'n ddefnyddiol ar gyfer cael allbwn cylchdroi mawr o fewnbwn cylchdroi llai, er enghraifft mewn treisigl plentyn a'r tegan 'naid' i'w dynnu a welir yn Ffig. 17.14, lle mae'r echel gamdro yn creu mudiant cilyddol.

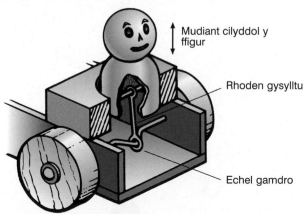

Ffigur 17.14

SYSTEMAU PWLI

Mae systemau pwli yn defnyddio belt neu feltiau i drawsyrru pŵer a mudiant o un rhan o system fecanyddol i ran arall. Pan fo'r pwli ar y siafft fewnbwn (gyrrwr) yn fwy na'r pwli ar y siafft allbwn (gyredig) yna bydd y buanedd allbwn yn gyflymach na'r buanedd mewnbwn; gweler Ffig. 17.15.

Defnyddir pwlïau grisiog fel y rhai a geir ar beiriant drilio i greu newidiadau mewn buanedd drwy symud y belt rhwng y parau gwahanol o bwlïau.

Ffigur 17.15

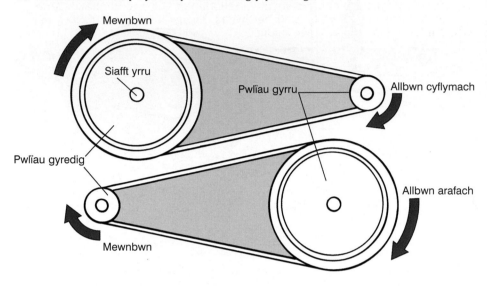

Pwli gyredig

Pwli gyrru

Modur trydan

Crafanc dril

Ffigur 17.16 *Peiriant drilio gyda phwlïau grisiog.*

SYSTEMAU GÊR

Defnyddir systemau gêr hefyd i drawsyrru pŵer a mudiant o amgylch systemau mecanyddol. Gelwir system o erau yn drên gêr; gelwir y gêr mewnbwn yn yrrwr a'r gêr allbwn yw'r gyredig. Yr enw ar y gerau eraill yw gerau cyswllt neu ryngol. Peidiwch â galw gerau yn 'cocs'.

Mae Ffigur 17.17 yn dangos rhai systemau gêr; sylwch ar y ffordd mae cyfeiriad y cylchdro'n newid ar hyd y system. Mae'r gerau cyswllt yn effeithio ar gyfeiriad y cylchdro ond nid ydynt yn effeithio ar y buanedd allbwn. Mae cymhareb y system gêr yn dod o'r berthynas rhwng nifer y dannedd ar y gêr yrru a nifer y dannedd ar y gêr yredig.

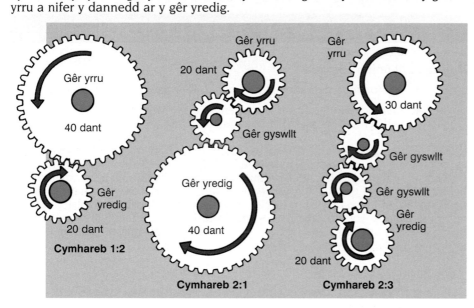

Ffigur 17.17 *Cymarebau gêr.*

Ffigur 17.18 *Gerau befel.*

Yn yr enghraifft gyntaf ceir gêr yrru 40 dant a gêr yredig 20 dant; bob tro y bydd y gêr yrru yn troi unwaith bydd y gêr yredig yn troi ddwywaith. Y fformiwla yw:

$$\text{Cymhareb gêr} = \frac{\text{gyrru}}{\text{gyredig}} = \frac{40}{20} = \frac{2}{1}$$

Ysgrifennir hyn fel cymhareb gêr 1:2 (1 tro gan y gyrrwr = 2 dro gan y gyredig)

Yn yr ail enghraifft mae'r gwrthwyneb yn wir: mae gan y gyrrwr 20 dant a'r gyredig 40 dant. Cofiwch anwybyddu'r gerau cyswllt. Y gymhareb yw:

$$\text{Cymhareb gêr} = \frac{\text{gyrrwr}}{\text{gyredig}} = \frac{20}{40} = \frac{1}{2}$$

Mae hyn yn rhoi cymhareb gêr o 2:1 (2 dro gan y gyrrwr = 1 tro gan y gyredig).

Mae hon yn system gêr sy'n lleihau buanedd.

Gerau arbennig

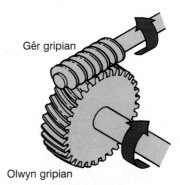

Ffigur 17.19 *Gêr gripian ac olwyn gripian.*

- Defnyddir **gerau befel** mewn parau i newid y cylchdro drwy 90°.
- Mae **gerau cripian** ac **olwyn gripian** hefyd yn newid cylchdro drwy 90°. Mae cymhareb y system yma yn isel iawn a dim ond 1 dant sydd gan y gêr gripian. Rhaid i'r gêr gripian yrru; nid yw'r olwyn gripian yn gallu gyrru'r gêr gripian.
- Mae **rac a phiniwn** yn newid mudiant cylchdro i fudiant llinol. Gêr ar ei gwastad yw'r rac mewn gwirionedd.

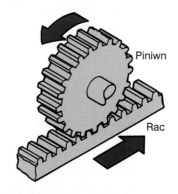

Ffigur 17.20 *Rac a phiniwn.*

Ffigur 17.21 *Adeiledd cragen.*

Ffigur 17.22 *Adeiledd ffrâm.*

Ffigur 17.23 *Mae'r math yma o gadair yn cyfuno adeiledd ffrâm dur tiwbaidd gydag adeiledd cragen polypropylen.*

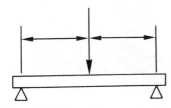

Ffigur 17.25 *Trawst.*

EGNI AC EFFEITHLONRWYDD

Mae pob system fecanyddol yn trosglwyddo egni o fewnbwn i allbwn y system. Petai'r holl egni sy'n mynd i mewn i'r system yn gallu dod allan ar y diwedd byddai'r system yn cael ei disgrifio fel un sy'n 100% effeithlon. Yn anffodus does dim un system yn dod yn agos at fod mor effeithlon â hyn. Mae egni'n cael ei ddefnyddio ac, i bob pwrpas, yn cael ei golli gan y system ei hun. Collir egni ar ffurf y gwres a gynyrchir, sŵn a thraul anfwriadol. Bydd systemau mecanyddol yn fwy effeithlon os yw eu cydrannau wedi eu gwneud yn dda, ac wedi'u hiro a'u cynnal yn gywir.

SYSTEMAU ADEILEDDOL

Mae dau brif fath o adeiledd:

- Monocoque neu adeileddau cragen fel wyau, caniau a chyrff ceir;
- Mae adeileddau ffrâm yn systemau a ffurfiwyd o aelodau sy'n cydweithio, fel sgerbwd neu beilon trydan.

Rhaid i bob adeiledd allu gwrthsefyll y llwythi a'r grymoedd y cynlluniwyd ef ar eu cyfer. Er hynny, nid yw hyn yn golygu bod rhaid i adeileddau fod yn anhyblyg bob amser: dyluniwyd rhai adeileddau i fod yn hyblyg. Yn aml, mae adeileddau hyblyg yn fwy abl i wrthsefyll grymoedd dynamig. Grymoedd yw'r rhain sy'n newid cyfeiriad ac yn dwysáu'n gyflym. Mae cregyn cyrff ceir yn hyblyg am fod hyn yn golygu eu bod yn gallu gafael yn y ffordd yn well; mae hyd yn oed yn bosibl gwneud adeiladau yn hyblyg, fel y rhai a adeiledir mewn rhannau o'r byd sy'n profi daeargrynfeydd.

Gall adeileddau brofi'r mathau canlynol o rymoedd:

- **Cywasgiad** Grym gwthio sy'n ceisio gwasgu neu gwtogi;
- **Tyniant** Grym tynnu sy'n ceisio ymestyn neu estyn;
- **Plygu** Grymoedd sy'n ceisio achosi anffurfiad plygu;
- **Croeswasgu** Grymoedd 'llithro' sy'n gweithredu mewn cyfeiriadau dirgroes;
- **Dirdro** Grymoedd sy'n achosi dirdroad;
- **Allgyrchol** Grymoedd allanol sy'n ganlyniad i arwaith cylchdroadol.

Ffigur 17.24 *Mathau o rymoedd.*

TRAWSTIAU A PHONTYDD

Y ffordd symlaf o gynnal llwyth ar draws bwlch yw drwy ddefnyddio trawst. Dyma'r math symlaf o bont, fel defnyddio boncyff coeden i rychwantu afon. Mewn gwirionedd, yr hyn sy'n digwydd yw bod y grymoedd sy'n gweithredu ar y trawst neu'r bont, a achosir gan y llwyth sydd arno a phwysau'r trawst ei hun, yn cael eu trosglwyddo i'r cynalyddion ar y ddwy ochr, fel yn Ffig. 17.25.

Os yw'r grym yn gweithredu ar ganol y trawst neu'n cael ei ledaenu'n gyson ar ei draws, fel pwysau'r trawst ei hun, yna bydd y grymoedd ar bob pen yn gyfartal. Gyda'i gilydd, mae'r grymoedd hefyd yn gyfartal â chyfanswm y grym sy'n gweithredu tuag i lawr. Gelwir y rhain yn adweithiau hafal a dirgroes. Os symudir y grym tuag at un pen i'r trawst, yna rhaid i'r pen hwnnw adweithio mwy ac felly bydd y pen arall yn adweithio llai, ond gyda'i gilydd maen nhw bob amser yn gyfartal â chyfanswm y grym tuag i lawr.

Edrychwch ar y ddwy enghraifft yn Ffig. 17.26. Yn A bydd yr adweithiau yn X ac Y yn 250 N yr un. Yn B bydd yr adweithiau'n mesur 333.3 N yn X ac 166.6 N yn Y.

Yn ymarferol, y prif gwestiwn dylunio ynglŷn ag adeiladu trawstiau yw sut i wneud y trawst mor ysgafn â phosibl heb ei wanhau, gyda'r perygl y gallai fethu wrth gael ei ddefnyddio. Yr enw ar hyn yw'r 'cymhareb cryfder i bwysau'. Mae siâp trawstoriadol trawstiau modern yn golygu eu bod yn awr yn ysgafnach ond nid yn wannach. Mae Ffig. 17.27 yn dangos amrediad o drychiadau trawst. Mae rhai trawstiau'n gastellaidd er mwyn eu gwneud yn ysgafnach fyth.

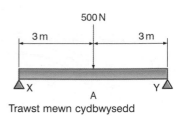

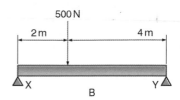

Ffigur 17.26

Mwyaf anhyblyg 'H'

sianel

sgwâr

ongl

leiaf anhyblyg 'ti'

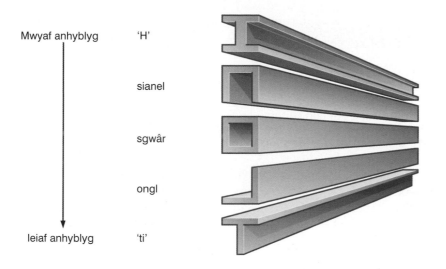

Ffigur 17.27 *Trychiadau trawst.*

Pan fo trawstiau'n plygu caiff yr arwyneb uchaf ei gywasgu a'r arwyneb isaf ei ymestyn fel y gwelir yn Ffig. 17.28. Fe welwch, felly, y dylai trawstiau fod yn gryf ar y top a'r gwaelod. Dydy'r cryfder wrth y llinell ganol ddim yn bwysig. Dyma pam nad yw castelliad a chafnu ac ati yn cael llawer o effaith ar gryfder y trawst.

Ffigur 17.28 *Trawst yn plygu.*

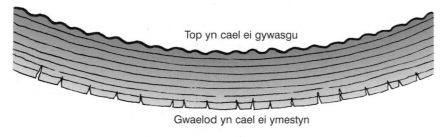

Top yn cael ei gywasgu

Gwaelod yn cael ei ymestyn

Cantilifrau

Trawstiau yw cantilifrau sy'n cael eu dal a'u cynnal yn un pen yn unig, fel braced silff. Yn aml, mae pontydd sy'n edrych fel pontydd trawst mewn gwirionedd yn ddau gantilifer sy'n cyfarfod yn y canol. Caiff llawer o bontydd traffordd eu hadeiladu fel hyn.

Pontydd bwa a chrog

Defnyddir pontydd bwa a chrog ers canrifoedd. Yn yr un ffordd â phont drawst seml, maen nhw'n trosglwyddo'r llwyth i lan yr afon neu ochr y dyffryn. Yn achos pont fwa, caiff y llwyth ei drosglwyddo drwy adeiledd y bwa i gynalyddion y bont (ategweithiau). Mae'r bont grog yn trosglwyddo'r llwyth drwy geblau neu raffau i'r mannau angori ar y lan.

Cantilifer

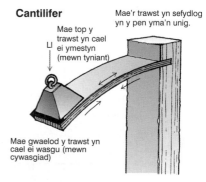

Ffigur 17.29 *Cantilifer*

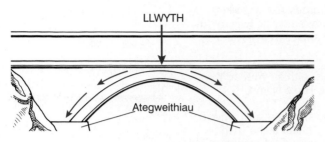

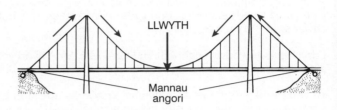

Ffigur 17.30 *Yn achos pontydd bwa trosglwyddir y llwyth i gynalyddion y bont (ategweithiau). Mae hwn yn rym cywasgol.*

Ffigur 17.31 *Yn achos pontydd crog trosglwyddir y llwyth i fannau angori y ceblau. Mae hwn yn rym tynnol.*

SADRWYDD

Ystyr adeiladwaith sefydlog yw adeiladwaith sy'n ddiogel ac na fydd yn methu dan yr amgylchiadau y bwriadwyd ef ar eu cyfer. Mewn llawer o gynhyrchion ffabrigedig mae sadrwydd yn dibynnu ar wneuthuriad da, gydag uniadau cryf ac ati. Yn aml mae adeiladweithiau yn fwy sefydlog os oes ganddynt adeiledd trionglog. Mae sawl enghraifft o adeileddau trionglog i'w cael, fel toeau tai, fframiau beic, peilonau trydan a phontydd hytrawst.

Ffigur 17.32 *Adeileddau trionglog.*

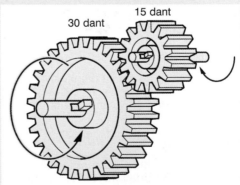

Gwiriwch eich gwybodaeth

CWESTIYNAU

C1 a) Rhowch enghreifftiau o systemau mecanyddol sy'n newid:
   i) mudiant cylchdro i fudiant llinol;
   ii) mudiant llinol i fudiant cylchdro;
   iii) mudiant cylchdro i fudiant osgiliadol.
b) Dadansoddwch system yrru car yn nhermau newidiadau mudiant.

C2 Mae Ffigur 17.33 yn dangos system gêr. Cysylltir y gêr llai â modur sy'n troi ar 3240 cyf. Cyfrifwch fuanedd allbwn y system.

Ffigur 17.33

CWESTIYNAU

C3 Mae system yriant cadwyn a sbroced beic yn debyg i system yriant bwli. Beth yw mantais system gadwyn a sbroced o'i chymharu â system bwli?

C4 Eglurwch y gwahaniaeth rhwng adeileddau cragen ac adeileddau ffrâm. Rhowch un enghraifft o'r naill system adeileddol a'r llall.

C5 Edrychwch ar Ffig. 17.26, trawst B. Pe bai'r grym 500 N yn gweithredu 1 m oddi wrth X a 5 m o Y, yna beth fyddai adweithiau X ac Y?

COFIWCH! Cuddiwch yr atebion os ydych chi'n dymuno.

ATEBION

A1 a) i) feis gwaith coed
    ii) tyrnsgriw clicied
    iii) sychwyr sgrin wynt car

   b) 1 Newidir mudiant cilyddol y pistonau yn fudiant cylchdro gan y crancsiafft.
    2 Mae mudiant cylchdro y siafft yrru, drwy'r blwch gêr, yn troi'r olwynion.
    3 Newidir mudiant cylchdro yr olwynion yn fudiant llinol y car drwy gyffwrdd â'r ffordd.

A2 Y gymhareb gêr yw 2:1.
Bydd y buanedd allbwn, felly, yn
$\frac{3240}{2} = 1620\,cyf$

A3 Dydy'r gadwyn ddim yn gallu llithro dros y sbrocedi, ond gall belt yrru pwli lithro.

A4 Mae adeiledd cragen yn ffurf ddi-dor fel siâp cromen neu dun diod. Mae adeiledd ffrâm wedi'i wneud o wahanol aelodau sy'n cydweithio, fel Tŵr Eiffel.

A5 Byddai'r adwaith yn X yn 416.6N a byddai'r adwaith yn Y yn 83.3N

TIWTORIALAU

T1 *Weithiau mae cwestiynau'n cymryd yn ganiataol bod gennych rywfaint o wybodaeth am systemau technolegol cyffredin, fel car neu feic. Dylech geisio dod i ddeall y pethau hynny y gallech ddod ar eu traws yn gyson.*

T2 *Gallwch ennill marciau hawdd wrth wneud cyfrifiad syml fel hyn. Peidiwch ag anghofio'r unedau - yn yr achos yma cyf (cylchdroeon y funud).*

T3 *Dyma gwestiwn arall sy'n disgwyl i chi fedru cymhwyso'ch gwybodaeth technolegol er mwyn ateb cwestiwn uniongyrchol.*

T4 *Ateb da gydag enghreifftiau addas.*

T5 *Drwy edrych ar y broblem yma a defnyddio ychydig o resymeg, mae'n bosibl gweld bod un adwaith yn cynyddu a'r llall yn lleihau wrth i'r grym agosáu at yr adwaith. Ceir proses a fformiwla ar gyfer enghreifftiau mwy cymhleth o'r problemau hyn, a elwir yn 'cymryd momentau'. Mae hyn y tu hwnt i gwmpas y meysydd llafur arholiad presennol.*

139

GEIRIAU ALLWEDDOL

Dyma'r geiriau allweddol. Rhowch dic os ydych chi'n meddwl eich bod chi'n eu deall. Fel arall, chwiliwch am eu hystyr.

mecanwaith
mantais fecanyddol
cylchdro
llinol
osgiliadol
cilyddol
lifer
colyn
ffwlcrwm
ymdrech
llwyth
cymhareb cyflymder
dosbarthiad liferi
cysyllteddau
cam
cranc
dilynwr
pwli
gerau
trên gêr

cymhareb gêr
gerau befel
cripiwr ac olwyn gripian
rac a phiniwn
egni
effeithlonrwydd
adeiledd [monocoque]
grym dynamig
cywasgiad
tyniant
plygu
croeswasgiad
dirdro
allgyrchol
trawst
cymhareb cryfder i bwysau
sefydlogrwydd
triongliant
cantilifer

RHESTR GYFEIRIO ARHOLIAD AR GYFER YR ADRAN HON

Ar ôl astudio systemau a rheoli dylech fedru:

- datblygu a rheoli systemau ac is-systemau;
- dangos dealltwriaeth o'r cysyniadau sy'n gysylltiedig â model 'mewnbwn-proses-allbwn' a chydnabod yr angen am adborth o fewn system o'r fath er mwyn sicrhau sefydlogrwydd;
- adnabod a defnyddio systemau mecanyddol, electronig, adeileddol a phroses;
- adnabod y cydrannau cyffredin a ddefnyddir mewn systemau mecanyddol ac adeileddol.

YMARFER AR GYFER ARHOLIAD

Atebion Myfyriwr Sampl a Sylwadau'r Arholwr

1 Mae'r tabl isod yn cynnwys rhestr o gynhyrchion cyffredin.

Rhowch dic yn y blychau i ddangos pa fath o system a ddefnyddir i weithredu pob cynnyrch.

Mae'r cyntaf wedi cael ei wneud yn barod.

CYNNYRCH	SYSTEM FECANYDDOL	SYSTEM DRYDANOL NEU ELECTRONIG	
Cymysgydd bwyd	√	√	
Clamp-G	√		(1 marc)
Cloc larwm digidol		√	(1 marc)
Peg dillad	√		(1 marc)
Ffwrn ficrodon	√	√	(1 marc)
CD Walkman	√	√	(1 marc)

SYLWADAU'R ARHOLWR

Mae'r rhain yn atebion cywir i'r cwestiwn yma. Mae cwestiynau byr cyflym o'r math yma yn gyffredin ar ddechrau'r arholiad. Fe welwch fod gan yr enghraifft a wnaed ar eich cyfer ddau dic: mae hyn yn dangos bod dau dic yn ateb derbyniol.

(a) Dyma sut mae trimwyr perthi yn gweithio, ond nid yw'n ymddangos yn unrhyw faes llafur. Er mwyn ateb y cwestiwn yma mae'n rhaid i chi fedru deall 'pethau' mecanyddol yn gyffredinol a gallu meddwl pa fath o newid mudiant fydd ei angen. Er mwyn paratoi ar gyfer eich arholiad, gwnewch yn siŵr eich bod chi'n edrych ar bethau ac yn gofyn pam eu bod nhw fel y maen nhw, sut y cawsant eu gwneud, a pha ddefnydd a ddefnyddiwyd.

(b) Mae hwn yn ateb da i gwestiwn sy'n ceisio darganfod beth yw eich dealltwriaeth o ddyfais benodol, yn yr achos yma cripiwr ac olwyn gripian.

2 Mae trimiwr perth yn defnyddio modur trydan i symud un llafn yn ôl ac ymlaen dros ben llafn tebyg. Isod ceir braslun syml o'r llafnau a'r modur.

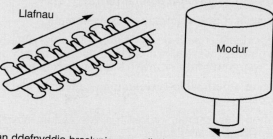

Llafnau

Modur

(a) Gan ddefnyddio brasluniau a nodiadau dangoswch fecanwaith priodol a fydd yn achosi i un o'r llafnau symud pan yw'r modur yn troi, fel y gwelir yn y diagram uchod

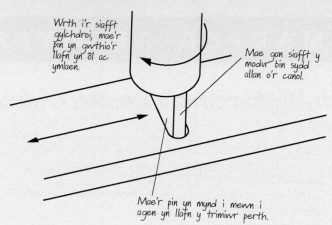

Wrth i'r siafft gylchdroi, mae'r pin yn gwthio'r llafn yn ôl ac ymlaen.

Mae gan siafft y modur bin sydd allan o'r canol.

Mae'r pin yn mynd i mewn i agen yn llafn y trimiwr perth.

(b) Yn aml defnyddir cripiwr ac olwyn gripian i leihau buanedd allbwn y modur. Pam y dewisir cripiwr ac olwyn gripian yn hytrach na thrên gêr?

Mae cripiwr ac olwyn gripian yn cymryd llai o le ac yn cynnwys llai o gydrannau na'r trên gêr y byddai ei angen i gael yr un math o leihad.

AQA NEAB, 1998

Cwestiwn i'w Ateb

Ceir yr ateb i Gwestiwn 3 ym Mhennod 21.

3 Isod gwelir rhan o olwg fewnol torrwr lawnt llaw. Bwriedir creu cymhareb buanedd o 5:1 rhwng y rholer dur a'r llafnau.

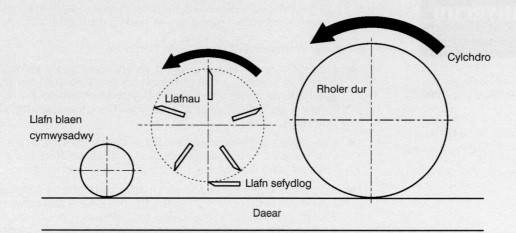

(i) Ychwanegwch fanylion priodol i gopi o'r braslun ac eglurwch yn llawn sut:
  • y byddai mecanwaith yn gwneud i'r llafnau gylchdroi i'r un cyfeiriad â'r rholer (3 marc)
  • y byddai cymhareb buanedd o 5:1 yn cael ei greu (2 farc)
  • y byddai'r llafn sefydlog yn aros pellter sefydlog uwchlaw'r ddaear (3 marc)

(ii) Dangoswch sut y cyfrifwyd y gymhareb buanedd (2 farc)

(iii) Enwch y mecanwaith yr ydych wedi ei ddefnyddio (1 marc)

(iv) Enwch fecanwaith arall a fyddai'n creu'r un gymhareb (1 marc)

(v) Pa un o'r ddau fecanwaith sy'n fwy addas, yn eich barn chi?
Rhowch resymau dros eich ateb (2 farc)

AQA NEAB, 1998

DYLUNIO A MARCHNATA

Mae'n rhaid i wneuthurwyr cynhyrchion wneud elw ac er mwyn gwneud hyn rhaid iddynt gipio a chadw eu siâr o'r farchnad. Mae pethau'n newid yn gyflymach nag erioed o ganlyniad i ofynion defnyddwyr a gwelliannau mewn technolegau gweithgynhyrchu, gan olygu ei bod yn amhosibl sefyll yn llonydd.

Gellir dal gafael ar y farchnad mewn sawl ffordd:

- Mae cyflwyno cynnyrch newydd yn broses ddrud a all olygu y bydd adrannau ymchwil a dylunio mawr yn gweithio arno am fisoedd. Mae dylunio diwydiannol yn weithgaredd disgybledig a rhaid ei gyflawni gyda dealltwriaeth lawn o allu'r cwmni gweithgynhyrchu a'i botensial.

- Mae gwella cynnyrch sydd eisoes ar gael yn golygu dewis cynnyrch sy'n bodoli'n barod, dadansoddi ei fanyleb perfformiad a mynd ati i wneud iddo berfformio'n well neu'n fwy economaidd.

- Mae ailsteilio yn ei hanfod yn ymarfer cosmetig sy'n ceisio gwneud i gynnyrch sydd eisoes ar gael edrych yn 'well' neu'n fwy modern. Effaith hyn yw bod cynhyrchion cystadleuwyr yn edrych yn hen neu wedi dyddio. Mae defnyddwyr yn tueddu i brynu ar sail golwg a ffasiwn yn hytrach na pherfformiad.

- Mae lleihau'r costau gweithgynhyrchu drwy fanteisio ar ddefnyddiau a thechnolegau newydd yn golygu bod modd lleihau'r gost weithgynhyrchu neu gynhyrchu mwy. Drwy wneud hyn bydd modd gwneud mwy o elw neu bydd y pris adwerthu'n llai fel y gellir cipio siâr fwy o'r farchnad. Ffordd arall o leihau costau gweithgynhyrchu yw drwy symud y cynhyrchu i rannau eraill o'r byd lle mae costau llafur yn llai.

- Mae marchnata'n gwerthu cynhyrchion. Rhaid gosod y pris iawn, cael y cynnyrch iawn, hybu yn y ffordd iawn ac, ar gyfer nwyddau traul, rhaid i'r pwynt talu fod yn iawn. Dyma 4 rheol marchnata, ac yn achos cwmnïau gweithgynhyrchu llwyddiannus, mae pob un yn cydweithio.

Ffigur 18.1 *Amrywiaeth eang o ddodrefn fflatpac sy'n defnyddio darnau safonol.*

Mae llawer o wneuthurwyr yn gwneud rhai neu'r cwbl o'r uchod drwy'r amser. Rhaid cofio felly bod rhaid cynnwys goblygiad cost proses barhaol o ddylunio a datblygu ym mhris gwerthu y cynhyrchion sy'n cael eu cynhyrchu a'u gwerthu. Mae angen amser i ddylunio ac oherwydd hynny mae'n gostus. Rhaid buddsoddi mewn cyfarpar a phrosesau newydd hefyd; a gall marchnata a hybu gostio llawer.

Mae'n bosibl y bydd gan gwmnïau eu hadrannau R & D (ymchwilio a dylunio) eu hunain, neu gallant ddefnyddio ymgynghorwyr dylunio i ymchwilio i'r farchnad a datblygu dyluniadau. Yn aml, defnyddir cyfuniad o ymgynghorwyr mewnol ac allanol.

Gellir lleihau costau datblygu'n sylweddol drwy ddefnyddio cydrannau safonol ac is-gydosodiadau yn achos nifer o gynhyrchion. Ystyriwch ddodrefn fflatpac - byddwch yn gweld yr un colfachau a thaclau ar bob dodrefnyn, boed nhw ar gyfer y gegin, yr ystafell wely, y lolfa neu'r swyddfa. Mae defnyddio cydrannau safonol yn golygu bod gwneuthurwyr yn gallu lleihau costau storio, gweinyddu a chydosod.

Ffigur 18.2 *Pan ymddangosodd yn wreiddiol, roedd y Sony Walkman yn gynnyrch adloniant cwbl newydd a oedd yn llwyddiant o'r cychwyn, er gwaetha'r ffaith bod ymchwil marchnata wedi awgrymu nad dyna fyddai'n digwydd.*

Rhaid i wneuthurwyr feddwl yn ofalus am bob buddsoddiad a rhagweld y raddfa amser o'r cyfnod pan gychwynnant weithio ar broject i'r pwynt lle byddant wedi ennill eu buddsoddiad yn ôl ac yn dechrau gwneud elw. Yr enw ar hyn yw'r pwynt adennill costau.

GWTHIAD TECHNOLEG

Wrth weithio i ddatblygu cynhyrchion newydd neu rai sydd eisoes ar gael, mae dylunwyr a gwneuthurwyr yn aml yn pwyso ar dechnolegau newydd sy'n arwain at ddefnyddiau, prosesau a dulliau newydd o weithio. Mae ateb galwadau'r farchnad yn gymhelliad cyffredin o fewn y diwydiant gweithgynhyrchu. Yn aml, fodd bynnag, caiff technoleg newydd ei datblygu i gyflawni un math o waith sy'n cychwyn 'gwthiad technoleg' a all wedyn gael ei addasu ar gyfer cynhyrchion eraill newydd ac arloesol. Mae diwydiannau blaengar fel y diwydiant cyfrifiadurol a'r gofod wedi dechrau nifer o wthiadau technoleg sydd bellach yn gyffredin iawn o fewn cyfathrebiadau a'r cartref. Enghraifft dda o hyn yw Teflon, defnydd a ddatblygwyd i greu araen gyda chyfernod ffrithiant isel iawn ar gyfer hedfan drwy'r gofod, ac sydd yn awr yn cael ei ddefnyddio i wneud arwyneb gwrthlud ar offer cegin.

Ffigur 18.3 *Yn wreiddiol, datblygwyd y Teflon a ddefnyddir i araenu'r pedyll hyn ar gyfer ei ddefnyddio yn y gofod!*

Y DIWYDIANT MODERN

Mae'n beryglus meddwl mai dim ond fersiynau mwy o'r prosesau yr ydych yn gyfarwydd â nhw yn yr ysgol yw'r prosesau diwydiannol a ddefnyddir ar gyfer gweithgynhyrchu. Nid dyma'r gwir, o bell ffordd. Dros y deng mlynedd ar hugain diwethaf mae gweithgynhyrchu diwydiannol o fewn y byd datblygedig wedi datblygu'n fenter soffistigedig iawn sy'n ddibynnol ar gyfrifiaduron ac ar weithlu sy'n arbenigo mewn technoleg.

Mae datblygiad gweithgynhyrchu yn y DU a'r byd datblygedig yn ganlyniad i:

- gystadleuaeth gan y byd sy'n datblygu, lle mae costau llafur yn isel;
- fabwysiadu arferion newydd o ran rheoli a gweithio, a ddatblygwyd yn bennaf yn Japan;
- drefniadau gwaith hyblyg sy'n defnyddio personél gyda chymwysterau gwell a nifer o sgiliau;
- leihad sylweddol ym maint y gweithlu;
- dechnolegau wedi'u seilio ar gyfrifiaduron (gweler Pennod 19).

Fel arfer mae defnyddiau crai yn tueddu i fod yn rhad mewn gweithgynhyrchu. Yr eitemau drud yw buddsoddiad mewn technoleg newydd, amser a phobl. Rhaid gwario arian ar dechnolegau newydd er mwyn bod yn gystadleuol, arbed amser a lleihau'r gweithlu. Hyd yn oed os dim ond o ychydig y bydd y rhain yn cael eu lleihau, gellir arbed llawer o gostau. Mae Ffigur 18.4 yn dangos offer peiriannau yn cael eu gwneud yn 1954. Gallwch weld nifer o bobl a llawer o offer a pheiriannau cyfarwydd.

Ffigur 18.4 *Gwneuthurwyr offer peiriannau Yardley, Lerpwl, 1954.*

Yn Ffig. 18.5 fe welwch gell weithgynhyrchu awtomataidd a ddefnyddir i beiriannu casinau blychau gêr tractorau. Ychydig iawn o bobl sy'n ymwneud â'r gell weithgynhyrchu yma. Mae'r blychau gêr wedi'u peintio'n goch, ac maen nhw wedi'u mowntio ar gerbydau arbennig ar system drac ffurf U. Wrth i bob casin gyrraedd y ganolfan beiriannu, bydd y system yn ei adnabod a bydd yr holl brosesau peiriannu angenrheidiol yn cael eu cyflawni. Mae'r broses yn gyflym, yn effeithlon ac yn hyblyg.

Ffigur 18.5 *Cell weithgynhyrchu awtomataidd ar ffurf U yn cyflawni amrywiaeth o brosesau peiriannu ar systemau trawsyrru tractorau.*

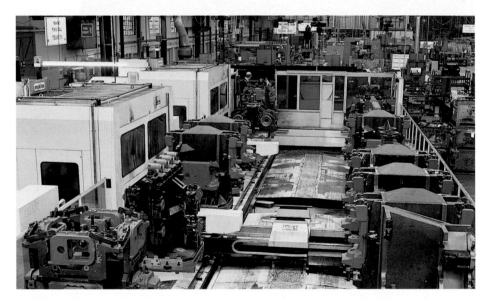

Wrth iddynt gynyddu, mae llawer o brosesau gweithgynhyrchu yn mynd yn soffistigedig iawn er mwyn bod mor effeithlon a chost effeithiol â phosibl.

Dros y 30 mlynedd diwethaf mae allbwn gweithgynhyrchu y gweithiwr yn y DU wedi cynyddu 100 gwaith mewn rhai meysydd. Yn y ffordd yma mae gweithlu llai yn gallu cyflenwi galw llawer mwy. Mae gan hyn, wrth gwrs, oblygiadau cymdeithasol ond nid yw'n bosibl newid y duedd yma; mewn gwirionedd, mae'r duedd yma'n debygol o gynyddu.

Ffigur 18.6 *Poteli wedi'u chwythfowldio ar gyfer hylif glanhau.*

Ffigur 18.7 *Cydrannau car wedi'u gofannu'n boeth, yn dod allan o broses ofannu cwbl-awtomataidd.*

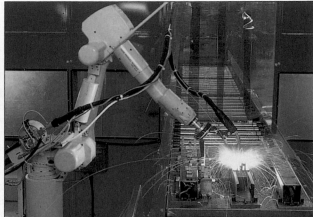

Ffigur 18.8 *Weldio MIG wedi'i wneud gan robot.*

Ffigur 18.9 *Paneli corff car wedi'u gwasgffurfio.*

Ffigur 18.10 *Mae ffatri ceir Nissan yn Sunderland ymhlith goreuon y byd o ran cymhareb allbwn i bob gweithiwr.*

GRADDFA GYNHYRCHU

Dosberthir y mathau o gynhyrchu drwy weithgynhyrchu yn ôl eu graddfeydd, fel hyn:

- **Cynhyrchu proses**, a elwir hefyd yn gynhyrchu parhaus. Mae rhai prosesau, e.e. gweithgynhyrchu dur, yn economaidd dim ond os ydynt ar fynd yn barhaol. Mae cynhyrchu proses yn cyfeirio at y math o weithgynhyrchu sydd fel arfer yn gysylltiedig â phrosesau cynradd fel puro, gweithgynhyrchu cemegol a chynhyrchu olew. Ar gyfer cynhyrchu proses, mae'n rhaid buddsoddi llawer mewn cyfarpar cyfalaf.

- **Masgynhyrchu** Mae hyn yn golygu cynhyrchiad cyfaint uchel o gynhyrchion sy'n cynnwys cyfrifiaduron personol, ceir a setiau teledu, ac is-gydosodiadau safonedig o'r cynhyrchion hyn fel newidyddion a thiwbiau pelydryn catod. Fel yn achos cynhyrchu proses, mae'n rhaid cael cyfarpar arbenigol ar gyfer masgynhyrchu ond, yn yr achos yma, yn aml mae'n rhaid cael gweithlu mawr di-grefft hefyd, yn enwedig mewn adrannau cydosod. Yn aml, torrir prosesau masgynhyrchu i lawr yn weithrediadau bach a syml, hawdd eu dysgu, er mwyn sicrhau digon o hyblygrwydd ar gyfer symud gweithlu di-grefft o gwmpas.

- **Swp-gynhyrchu** Gall swp olygu unrhyw faint penodedig o gynnyrch, o ychydig i ychydig filoedd. Gellir ailadrodd sypiau neu rediadau cynhyrchu

147

Ffigur 18.11

unrhyw nifer o weithiau, yn ôl yr angen. Yn achos swp-gynhyrchu, mae'n bwysig bod y gweithlu, y peiriannau o'r offeru yn hyblyg, a bod modd eu newid yn gyflym o swp-gynhyrchu un cynnyrch i swp-gynhyrchu un arall. Gelwir yr amser newid drosodd yn amser di-fynd. Mae amser di-fynd yn anghynhyrchiol ac felly'n ddrud, felly rhaid gwneud yn siŵr nad yw'n para'n hir.

● **Mân-gynhyrchu** a elwir hefyd yn gynhyrchu mae-angen-un. Mae hyn yn cyfeirio at gynhyrchu un eitem, a gynhyrchir fel arfer yn ôl manyleb cwsmer penodol. Dyma'r math o gynhyrchu gyda'r gost uchaf yn ôl yr uned, ac mae'n cynnwys cynhyrchion fel llongau gofod, llongau, pontydd a gemwaith a ddyluniwyd i'r unigolyn. Mae'n rhaid cael personél crefftus ar gyfer mân-gynhyrchu.

Mewn gwirionedd, mae'r rhan fwyaf o weithgynhyrchu yn gyfuniad o rai o'r mathau yma o brosesau cynhyrchu. Mae swp-gynhyrchu'n golygu y gellir amrywio'r cynhyrchion sy'n cael eu masgynhyrchu. Pan oedd pobl gyffredin yn gallu prynu ceir am y tro cyntaf o ganlyniad i'r masgynhyrchu gan Ford yn America, gallai pob llinell gynhyrchu gyflenwi un math mewn dim ond un lliw. 'Nawr mae'n bosibl bod yn hyblyg hyd yn oed o fewn masgynhyrchu; bydd gan bob car sy'n teithio ar hyd llinell gynhyrchu ei fanyleb ei hun. Gellir gwneud hyn drwy greu amrediadau o feintiau peiriant, cylchoedd gloyw, mathau o glustogwaith ac ati mewn sypiau bach y gellir eu bwydo i mewn i'r broses fasgynhyrchu yn ôl yr angen. Dim ond drwy ddefnyddio systemau cyfrifiadurol integredig datblygedig, fel y gwelir ym Mhennod 19, y daeth yn bosibl rheoli systemau o'r fath.

SYSTEMAU GWEITHGYNHYRCHU

Mae meysydd llafur TGAU yn cyfeirio at nifer o systemau gweithgynhyrchu fel y dulliau o roi trefn ar weithgynhyrchu. Mewn gwirionedd, mae'r systemau hyn yn ddulliau o drefnu agweddau gwahanol ar weithgynhyrchu, ac maen nhw'n gorgyffwrdd â'i gilydd. Mae'n bwysig deall nad ydy'r gwneuthurwr yn defnyddio dim ond y nail system neu'r llall. Defnyddir sawl system, ac yn aml maen nhw'n gydnaws â'i gilydd.

Cellgynhyrchu

Fel arfer mae celloedd cynhyrchu yn cynnwys nifer o weithfannau sy'n cael eu grwpio gyda'i gilydd i gynhyrchu un gydran yn unig neu nifer o gydrannau tebyg.

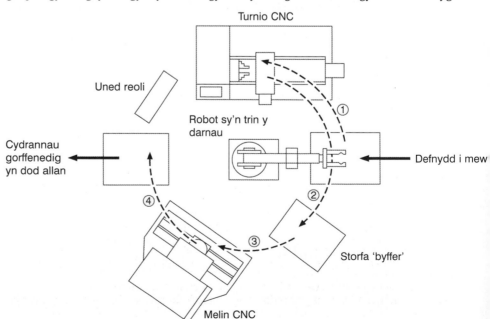

Ffigur 18.12 *Cell gweithggynhyrchu gwbl-awtomataidd, yn cynnwys turnio a melino CNC a robot i drin y darnau.*

Gall y gweithfannau o fewn cell ddelio â phrosesau peiriannu, prosesau llaw, cydosod neu arolygiad. Mae'n bosibl y bydd gan gell dîm o bobl gydag arweinydd tîm, neu efallai y bydd yn gell awtomataidd. Mae celloedd cynhyrchu yn gweithio fel mentrau bach o fewn cwmni mwy. Mae tîm y gell gynhyrchuyn gyfrifol am bob agwedd ar gynhyrchu gan gynnwys rheoli ansawdd a chynnal a chadw yn ôl amserlen.

Cynhyrchu a chydosod mewn llinell

Mae systemau mewn llinell yn rhan o fasgynhyrchu, fel y llinell cydosod ceir yn Ffig. 18.11. Mae gwneud newidiadau i linell yn ddrud ac felly mae systemau mewn llinell yn llai hyblyg na chellgynhyrchu. Mae gan y system yma fanteision, fel gyda phob math o fasgynhyrchu. Tueddir i ddefnyddio llafur rhad, di-grefft, gydag ychydig o lafur lled-grefftus sy'n hyblyg ac yn gallu newid tasg yn ôl yr angen i sicrhau bod y gwaith yn llifo'n esmwyth. Mae Ffig. 18.13 yn dangos proses gynhyrchu mewn llinell sy'n rhan o weithgynhyrchu cydrannau olwyn. Mae'r system yma'n lled-awtomataidd, gyda'r gweithredwr yn symud rhwng y gweithfannau er mwyn sicrhau llif parhaol.

Ffigur 18.13 *Cynhyrchu mewn llinell.*

Systemau gweithgynhyrchu hyblyg (FMS)

Defnyddiwyd y term hyblyg yn aml yn y llyfr yma. Ar hyn o bryd, mae hyblygrwydd yn cael ei weld fel yr allwedd i weithgynhyrchu llwyddiannus. Dydy'r agwedd o 'Dyma fy swydd i a dyna dy swydd di' ddim yn dderbyniol o fewn gweithgynhyrchu modern a blaengar. Ond mae'n rhaid i'r system weithgynhyrchu fod yn hyblyg yn ogystal â'r bobl. Mae swp-gynhyrchu'n addas ar gyfer gweithgynhyrchu hyblyg gan fod y gallu i newid yn gyflym yn hanfodol. Mae gweithgynhyrchu hyblyg wedi digwydd o ganlyniad i'r datblygiadau mewn rheolaeth gyfrifiadurol yn yr ystyr ehangaf, ac nid ar gyfer un peiriant neu swyddogaeth yn unig.

Cyfrifiaduron o fewn gweithgynhyrchu yw thema Pennod 19.

Mewn union bryd (JIT)

Datblygwyd yr athroniaeth 'mewn union bryd' yn Japan mewn ymdrech i gael gwared ar stoc ddrud. Yn ychwanegol at gost y stoc ei hun mae'n rhaid cludo, storio a rheoli stociau o adnoddau, defnyddiau a chydrannau. Egwyddor JIT yw anelu at beidio â chario stoc neu gynhyrchion. Fe drefnir bod y defnyddiau a'r cydrannau'n cyrraedd ar yr union amser pan mae eu hangen ac anfonir cynhyrchion ar unwaith wedi'u cwblhau. Mae cyflenwyr yn gyfrifol am gyflenwi ar amser, nid yn gynnar nac yn hwyr, a rhaid i gynhyrchwyr gadw llyfrau archeb llawn a chadw at eu targedau cyflenwi ar gyfer eu cwsmeriaid. Mae'r system yn gyflym ac yn hyblyg, mae'n cynnwys llai o waith papur a does dim rhaid defnyddio'r stoc i gyd cyn gwneud newidiadau.

Peiriannu cyfamserol

Yn draddodiadol o fewn gweithgynhyrchu, byddai adran ddylunio yn cwblhau cynllun ac yna'n ei drosglwyddo i'r adran periannu cynnyrch a fyddai wedyn yn dechrau treialu a datblygu manyleb weithgynhyrchu ac ati. Yn y ffordd yma byddai'r broses yn symud yn ei blaen tuag at y cynhyrchu. Pwrpas peiriannu cyfamserol neu gydamserol yw lleihau'r amser sydd ei angen i gynhyrchu cynnyrch. Mae hyn yn digwydd drwy daclo'r dylunio, y manylebu, y prototeipio a'r cynhyrchu peilot yn gyfochrog â'i gilydd. Mae gwneud hyn yn golygu bod pob agwedd ar R & D (Ymchwil a Datblygiad) ynghlwm wrth y gwaith ac mae'n annog cyfathrebu gwell rhwng adrannau a llai o amser aros rhwng y cysyniad a'r gweithgynhyrchu.

Ffigur 18.14 *Model o beiriannu cyfamserol.*

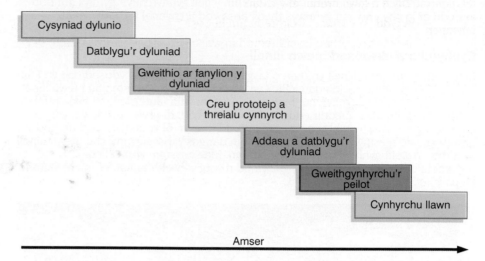

Cysyniad dylunio

Datblygu'r dyluniad

Gweithio ar fanylion y dyluniad

Creu prototeip a threialu cynnyrch

Addasu a datblygu'r dyluniad

Gweithgynhyrchu'r peilot

Cynhyrchu llawn

Amser

SICRWYDD ANSAWDD

Nid cost yw'r unig ffactor sy'n dylanwadu ar ddefnyddwyr a gweithgynhyrchwyr wrth ddewis cynnyrch. Yn aml, y prif resymau dros ddewis un cynnyrch yn hytrach nag un arall yw ansawdd y dylunio, y gweithgynhyrchu (ansawdd adeiladu), perfformiad, a bodlonrwydd y cwsmer. Mae sicrwydd ansawdd yn cynnwys pob agwedd ar berfformiad gweithgynhyrchu, o'r dylunio i'r cludo. **ISO 9000** yw'r Safon Ansawdd Ryngwladol a roddir i gwmnïau sy'n dangos y safonau ansawdd uchaf ym mhob rhan o'u gweithgareddau. Mae hyn yn rhan o'r ymgais i sicrhau **Rheolaeth Ansawdd Gyflawn (TQM)**, cysyniad sy'n ymwneud â chreu agweddau ynglŷn ag ansawdd sy'n berthnasol i bob rhan o'r cwmni ac nid i'r sectorau gweithgynhyrchu'n unig. Mae'r cyfrifoldeb am TQM yn nwylo'r timau rheoli, sy'n arwain drwy esiampl, gan annog sefydlu **cylchoedd ansawdd** o fewn meysydd cynhyrchu i gyfarfod a thrafod unrhyw faterion a fydd yn effeithio ar ansawdd canlyniad y cynnyrch.

RHEOLI ANSAWDD

Mae hwn yn rhan o swyddogaeth sicrwydd ansawdd. Mae rheoli ansawdd yn golygu cyrraedd safonau ansawdd y cytunwyd arnynt a monitro'r safonau hyn ym mhob cam o'r broses, o'r defnydd crai neu'r cyflenwr hyd at y cynnyrch gorffenedig. Mae rheoli ansawdd yn ymwneud ag arolygu a phrofi. (Gweler hefyd 'Goddefiant ac Arolygu â Medrydd'.)

Arolygu

Mae arolygu'n golygu archwilio'r cynnyrch a'r defnyddiau y cafodd ei wneud ohonynt weld a yw'n cyrraedd y safon a nodwyd. Bydd hyn yn cynnwys:

- cywirdeb dimensiynol;
- gorffeniad arwyneb;
- ymddangosiad;
- cyfansoddiad ac adeiledd materol;

Profi

Mae profi'n ymwneud ag agweddau gweithredol y cynnyrch:

- Ydy e'n gweithredu fel y dylai?
- A fydd yn parhau i weithredu am ei oes?
- A fydd yn parhau i weithredu dan wahanol amgylchiadau: poeth, oer, cyrydol, ac ati?

Mae rhai profion yn gwthio cynnyrch i'r pen er mwyn gweld pryd bydd yn methu; yn achos rhai cynhyrchion gall hyn fod yn ddrud. Gelwir y rhan fwyaf o brofi yn **brofi annistrywiol (NDT)**.

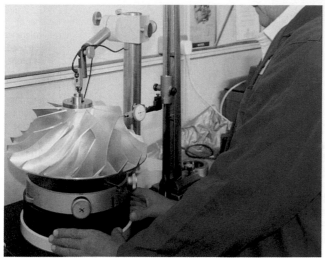

Ffigur 18.15 *Arolygiad o fodur tyrbin gan ddefnyddio dangosyddion deial i brofi a yw'n wastad ac yn gydganol.*

Ffigur 18.16 *Trac NDT sy'n defnyddio dull goleusensitif i ddarganfod craciau.*

GODDEFIANT

Yn ymarferol, caiff pob cynnyrch a chydran a weithgynhyrchir eu gwneud i lefel o dderbynioldeb neu oddefiant. Byddai ceisio bod yn drachywir pan nad oes angen hynny yn wastraff amser ac adnoddau, gan arwain at gynnyrch drutach o lawer yn y pen draw. Mae'r term '**goddefiant**' yn disgrifio i ba raddau mae'n dderbyniol bod cydran yn amrywio o'r **maint enwol**. Mae goddefiant yn gysyniad pwysig.

Er enghraifft:

Ystyriwch olwyn seml ar gyfer troli neu ferfa a gafodd ei chynllunio i redeg yn ddirwystr ar echel sefydlog, fel y gwelir yn Ffig. 18.18.

Mae'n amlwg bod angen rhywfaint o gliriad rhwng arwyneb beryn yr olwyn a'r echel, neu fe fyddai'n dynn ac yn methu cylchdroi. Edrychwch ar Ffig. 18.18.

- **Echel** 20 mm yw maint enwol yr echel, ac ni ddylai fod yn fwy na hyn, ond mae'n gallu bod hyd at 0.3 mm yn llai. Gelwir ei maint yn $20\,\text{mm}^{+0.00}_{-0.30}$
- **Beryn** Rhaid i feryn yr olwyn fod o leiaf 0.2 mm yn fwy na'r echel fel bod cliriad bob amser. Gelwir ei faint yn $20\,\text{mm}^{+0.20}_{+0.50}$

Ffigur 18.17

Yn Ffig. 18.18 mae'r dimensiynau hyn wedi'u dangos mewn ffordd wahanol.

Ffigur 18.18 *Beryn ac echel olwyn wedi'u dimensiynu.*

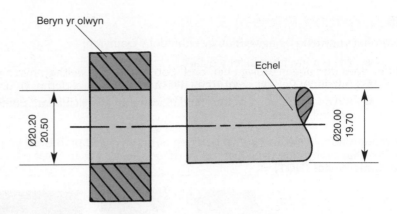

Beryn yr olwyn

Echel

Mae'n hanfodol bwysig gwybod, pan fydd cynnyrch yn barod i'w gydosod, y bydd unrhyw gydrannau a ddyluniwyd i ffitio gyda'i gilydd yn gwneud hynny heb orfod cael eu dewis yn benodol. Yn yr enghraifft uchod, bydd gan unrhyw olwyn a wnaed yn ôl y goddefiannau hyn ffit gliriad gydag unrhyw echel a wnaed yn ôl y goddefiant.

AROLYGU Â MEDRYDD

Gellir arolygu â medrydd er mwyn penderfynu a yw cydran o fewn ei therfan goddefiant. Mae hyn yn fwy cyflym na mesur, ac yn llai tebygol o wneud camgymeriadau. Mae medryddion yn offer manwl gywir; weithiau maen nhw'n niwmatig neu'n electronig, ond yn aml iawn, maen nhw'n syml, fel y medrydd bwlch a'r medrydd plwg a ddangosir yn Ffig. 18.19. Y peth allweddol i'w gofio yw nad ydy medryddion yn dangos maint; maen nhw'n dangos derbynioldeb drwy sicrhau bod y gydran o fewn y terfan goddefiant.

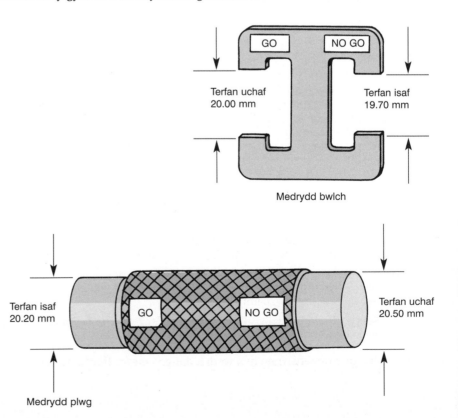

Ffigur 18.19 *Medryddion syml.*

RHEOLI ANSAWDD DRWY YSTADEGAU

Fel arfer does dim angen arolygu neu brofi pob cynnyrch a weithgynhyrchir yn ôl proses fasgynhyrchu neu swp-gynhyrchu. Fel arfer caiff sampl dethol yn unig eu harolygu a'u profi. Yna gellir cofnodi canlyniadau'r arolygu a'r profi ar siartiau rheoli ansawdd fel yr un yn Ffig. 18.20.

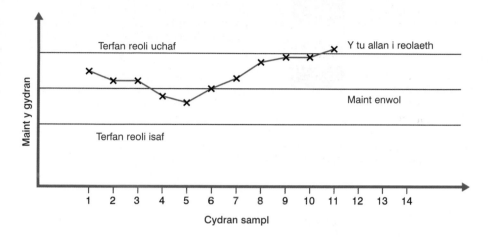

Ffigur 18.20 Siart rheoli ansawdd ar gyfer cydran a durniwyd, yn dangos amrywiaeth meintiau'r samplau a arolygwyd gan beiriant medryddu a reolir gan gyfrifiadur.

Mae maint a chysondeb y sampl a gymerir ar gyfer arolygu a phrofi yn dibynnu ar natur y cynnyrch a maint y cynhyrchu. Penderfynir ar feintiau ac amseroedd yn ôl fformiwlâu mathemategol er mwyn sicrhau bod samplau cynrychiadol yn cael eu harolygu a'u profi ar adegau sy'n briodol i'r gydran a'r broses.

Pwrpas yr ymarfer yw chwilio am amrywiadau gweithgynhyrchu a gwneud rhywbeth amdanynt cyn i'r broses fynd y tu allan i reolaeth a chynhyrchu cydrannau sydd y tu allan i'r terfan goddefiant. Gall amrywiadau ddigwydd o ganlyniad i:

- gamgymeriadau dynol;
- offer sydd wedi treulio;
- peiriannau'n methu;
- amrywiadau yn y defnyddiau a'r cydrannau a ddefnyddir;
- cyflyrau amgylcheddol.

Pan fydd sampl yn mynd 'y tu allan i reolaeth', hynny ydy, y tu allan i'r goddefiant derbyniol diffiniedig, yna rhaid gwneud rhywbeth i ddatrys y broblem.

Yn aml, perfformir y broses yma gan beiriannau sydd dan reolaeth cyfrifiadur, a gwneir yr arolygaeth ei hun gan synwyryddion sy'n cael eu rheoli gan ac yn cyfathrebu â'r cyfrifiadur. Defnyddir peiriannau mesur cyfesurynnau fel yr un yn Ffig. 18.21 ar gyfer samplu all-lein. Maen nhw'n defnyddio chwiliedyddion sydd â'r gallu i symud mewn gofod tri dimensiwn gan roi cofnod manwl gywir o nodweddion dimensiynol a geometregol fel:

- lleoliadau a diamedrau tyllau;
- dimensiynau llinol;
- canol a diamedr sffêr;
- gwastadrwydd;
- mesuriad onglog rhwng dau blân.

Ffigur 18.21 Peiriant mesur cyfesurynnau ar waith.

Gwiriwch eich gwybodaeth

CWESTIYNAU

C1 Eglurwch ddwy ffordd y gallai gwneuthurwr cynnyrch electronig ystyried adennill cyfran fwy o'r farchnad defnyddwyr.

C2 Meddyliwch am swydd neu broses weithgynhyrchu a oedd yn bodoli yn ystod y 18fed ganrif yng nghyfnod y chwyldro diwydiannol. Disgrifiwch sut y mae agweddau ar y swydd wedi newid dros y 200 mlynedd diwethaf.

C3 Mae cellgynhyrchu wedi dod yn drefniad gweithgynhyrchu poblogaidd, yn arbennig o fewn cwmnïau mawr. Beth yw'r manteision ar gyfer cwmni mawr?

C4 Disgrifiwch y camau y gall cwmni gweithgynhyrchu eu cymryd er mwyn sicrhau ansawdd yn hytrach na'i reoli'n unig.

COFIWCH! Cuddiwch yr atebion os ydych chi'n dymuno.

ATEBION

A1 Gallai'r gwneuthurwr ailsteilio'r cynnyrch er mwyn iddynt apelio at amrywiaeth fwy o ddefnyddwyr. Gallai hyn olygu targedu marchnad ieuengach ar gyfer cynnyrch fel setiau teledu a pheiriannau CD.

Gallai'r gwneuthurwr hefyd wella manyleb dechnegol y cynnyrch drwy wneud iddi berfformio'n well am yr un gost.

Beth bynnag y bydd y gwneuthurwr yn dewis ei wneud, mae'n bwysig ei fod wedyn yn hybu ac yn hysbysebu'r cynnyrch.

A2 Cyfeiriwch at yr adran diwtorial.

A3 Mae cynhyrchu cell yn rhannu cwmni'n unedau gweithgynhyrchu llai, lle mae gweithwyr yn cymryd cyfrifoldeb am eu cyfraniad penodol nhw i'r cynnyrch cyfan. Mae hyn yn fanteisiol o safbwynt trefniadau gweithio hyblyg a rheoli ansawdd.

A4 Mae modd sicrhau ansawdd drwy dalu sylw i faterion ansawdd ym mhob cam o'r broses gynhyrchu. Mae'n rhaid cynllunio ansawdd fel rhan o'r cynnyrch a chreu teimlad o gyfrifoldeb am ansawdd ym mhob cam o'r broses. Dylai'r cwmni sicrhau bod ansawdd ei reoli'n gosod esiampl.

TIWTORIALAU

T1 *Mae'r ateb hwn yn cynnwys dau bwynt da ac wedi gwneud sylw am farchnata ar ben hynny. Byddai wedi bod yn bosibl i awgrymu cyflwyno cynnyrch newydd hefyd, er mai dyma'r dewis drutaf, a meddwl am ffyrdd o leihau'r costau gweithgynhyrchu fel y bydd y defnyddiwr yn talu llai o arian.*

T2 *Bydd yr ateb hwn yn dibynnu ar y swydd a ddewiswyd gennych chi, ond mae'n werthfawr gwneud yr ymarfer yma. Defnyddiwch lyfrau eraill a gwyddoniadur, a siaradwch â phobl hŷn. Gallech edrych ar weldio. Roedd hyn yn arfer bod yn rhan o waith y gof, ac erbyn hyn mae wedi datblygu'n weithrediad a wneir gan robot dan reolaeth cyfrifiadur, ond roedd nifer o gamau rhwng y naill a'r llall. Doedd dim plastigion na thrydan yn y 18ed ganrif; beth fu effaith y datblygiadau hyn ar y diwydiant gweithgynhyrchu?*

T3 *Nid yw'r ateb yma'n fanwl iawn. Mae cell yn hyblyg am fod pobl yn rhannu'r cyfrifoldebau ac yn cydweithio tuag at un nod. Mae'n ymwneud â defnyddio timau, ac mae bod yn rhan o dîm yn codi morâl y gweithlu. Mae pawb yn hoffi teimlo'n rhan o rywbeth a chyfrannu tuag at ei lwyddiant. Yn aml, gall gweithwyr ar linell gynhyrchu deimlo fel arall ac felly mae safon eu gwaith yn dirywio ac absenoldeb yn cynyddu.*

T4 *Dyma ateb da. Mae sicrwydd ansawdd yn ymwneud â'r ymdriniaeth gyfan â phob agwedd ar ansawdd o fewn cwmni, ac nid â rheoli ansawdd o fewn y prosesau cynhyrchu'n unig.*

GEIRIAU ALLWEDDOL

Dyma'r geiriau allweddol. Rhowch dic os ydych chi'n meddwl eich bod chi'n eu deall.
Fel arall, chwiliwch am eu hystyr.

gweithgynhyrchu
cynhyrchiad
elw
ailsteilio
marchnata
R & D (ymchwil a datblygiad)
cydrannau safonol
gwthiad technolegol
cynnyrch gweithgynhyrchu
graddfa gynhyrchu
cynhyrchu proses
masgynhyrchu
swp-gynhyrchu
mân-gynhyrchu
amser di-fynd
cynhyrchu cell / celloedd gweithgynhyrchu

cynhyrchu mewn llinell
llinell gydosod
systemau gweithgynhyrchu hyblyg (FMS)
mewn union bryd (JIT)
peirianneg gyfamserol
sicrwydd ansawdd
rheolaeth ansawdd gyflawn (TQM)
ISO 9000
rheoli ansawdd
arolygiad
profi
goddefiant
maint enwol
arolygu â medrydd
rheoli ansawdd drwy ystadegau

PENNOD 19

CYFRIFIADURON O FEWN Y DIWYDIANT GWEITHGYNHYRCHU

Mae technoleg gyfrifiadurol yn cael ei chynnwys yn gynyddol o fewn pob agwedd ar y diwydiant gweithgynhyrchu a hefyd mewn arholiadau TGAU. Mae'r rhan fwyaf o bapurau arholiad yn cynnwys cyfeiriad at TGCh (Technoleg Gwybodaeth a Chyfathrebu), yn aml drwy gyfeirio'n uniongyrchol at reolaeth gyfrifiadurol ar brosesau a'r defnydd o gyfrifiaduron o fewn diwydiant a masnach. Mae'r meysydd llafur TGAU yn amrywio o ran y ffordd maen nhw'n cyfeirio'n benodol at y defnydd o gyfrifiaduron, ond mae pob un ohonynt yn disgwyl eich bod yn ymwybodol o'r ffordd mae cyfrifiaduron yn cael eu defnyddio a sut maen nhw wedi helpu i ddatblygu'r dulliau newydd o weithgynhyrchu a nodwyd yn y bennod flaenorol.

Dalier sylw!

Mae'r bennod hon yn trafod cyfrifiaduron o fewn y diwydiant gweithgynhyrchu. Mae trafodaeth ar y defnydd creiddiol o gyfrifiaduron o fewn dylunio a gwneud i'w chael mewn penodau ar ddechrau'r llyfr hwn. Dylech ddefnyddio'r cyfeiriadau canlynol ar gyfer dod o hyd i'r wybodaeth hanfodol honno. Edrychwch ar:

- Pennod 10: **CAD** cynllunio drwy gymorth cyfrifiadur
  CADD cynllunio a drafftio drwy gymorth cyfrifiadur
- Pennod 13: **CNC** rheolaeth rifol cyfrifiadur
  CAM gweithgynhyrchu drwy gymorth cyfrifiadur
  CAD / CAD cynllunio a gweithgynhyrchu drwy gymorth cyfrifiadur

Heb dechnoleg gyfrifiadurol, ni fyddai diwydiant gweithgynhyrchu y byd datblygedig yn gallu cystadlu. Cyfrifiaduron sydd wedi gwneud y cyfraniad unigol mwyaf i'r cynnydd yng nghynhyrchedd gweithgynhyrchu. Cynhyrchedd yw'r berthynas rhwng faint o gynnyrch a gynhyrchir a'r gost o'u cynhyrchu: po leiaf y gost, po fwyaf y cynhyrchedd.

GWEITHGYNHYRCHU A GYFANNIR DRWY GYFRIFIADUR (CIM)

Roedd cyfeiriadau blaenorol at gyfrifiaduron yn ymwneud â'u defnyddio ar gyfer swyddogaethau dylunio a gweithgynhyrchu penodol: CAD, CAM ac ati. Mae gweithgynhyrchu a gyfannir drwy gyfrifiadur yn cysylltu'r swyddogaethau hyn â swyddogaethau eraill sy'n digwydd drwy gymorth cyfrifiadur.

Ffigur 19.1 Cyfannu cyfrifiadurol o fewn y cylchred gweithgynhyrchu.

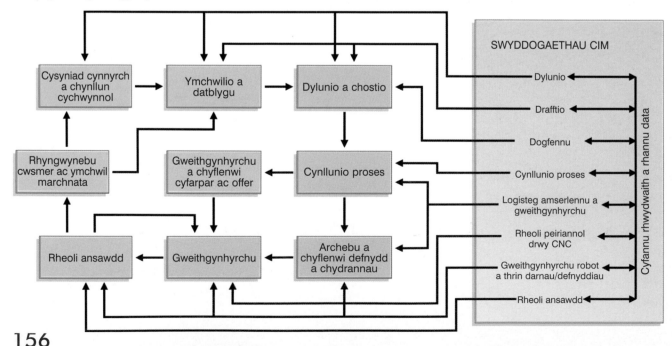

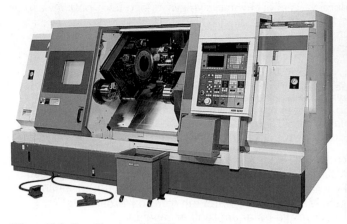

Ffigur 19.2 *Canolfan turnio CNC.*

Ffigur 19.3 *Manylyn yn dangos tyredau offer a gwerthydau gyriant.*

Ceir rhwydwaith cymhleth o weithrediadau o fewn gweithgynhyrchu diwydiannol. Mae Ffigur 19.1 yn rhoi golwg cyffredinol ar system weithgynhyrchu nodweddiadol sy'n cynnwys yr holl swyddogaethau cyfrifiadurol y gellir eu cyfannu drwy system prif gyfrifiadur neu weinydd ganolog. Mae'r graddau o gyfathrebu o fewn y system yn golygu bod modd trosglwyddo newidiadau cynllun, gofynion adnoddau ac oediadau annisgwyl i bob agwedd ar weithgynhyrchu ar unwaith, a bod gweithredu addas yn digwydd o ganlyniad i hynny. Ni allai'r cysyniad JIT y cyfeiriwyd ato yn y bennod flaenorol ddigwydd heb y lefel yma o gyfannu.

Mae gweithgynhyrchu ar raddfa ddiwydiannol wedi arwain at ddatblygu offer peiriannau amlswyddogaethol sydd gan amlaf yn amrywiaethau ar offer a ddefnyddir yn y rhan fwyaf o weithdai mewn ysgolion. Mae Ffigurau 19.2 a 19.3 yn dangos canolfan durnio CNC sy'n cyfuno holl weithrediadau turn traddodiadol mewn un peiriant. Caiff yr offer eu mowntio ar dwred ac yna mae'r rhaglen gyfrifiadurol yn rhoi cyfarwyddiadau i'r peiriant i ddewis yr erfyn priodol, yn gosod y porthiannau a'r cyflymderau, yn troi'r oerydd ymlaen, yn lleoli a dal y cydrannau, yn perfformio holl weithrediadau'r peiriant ac yna'n bwrw'r gydran orffenedig allan. Mae gan y peiriant yn y llun ddau werthyd a dau dyred offer 12-safle. Ar ôl un gweithrediad gall y gydran rannol-orffenedig gael ei bwydo i'r tyred arall fel bod modd dechrau gweithio ar y pen arall. Gellir gwneud y ddau weithrediad turnio ar yr un pryd.

Mae'r un egwyddorion CNC ar waith wrth dynnu defnydd o stoc llenddefnyddiau, er enghraifft drwy wasgu, pwnsio, cropio, plygu a thorri, a hefyd yn ystod gweithrediadau proses eraill fel weldio, gofannu, cydosod, arolygu a phacio. Mae hyn yn arwain at fwy o gywirdeb, mwy o gysondeb ansawdd a llawer llai o wastraff. Gall y rhain a phrosesau eraill ffurfio rhan o system weithgynhyrchu hyblyg.

Ffigur 19.4 *System FMS.*

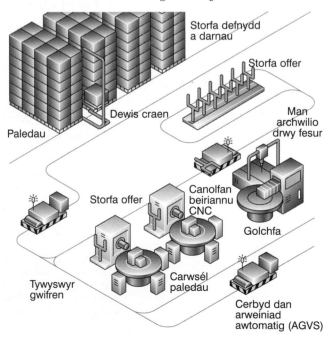

Storfa defnydd a darnau

Storfa offer

Dewis craen

Man archwilio drwy fesur

Paledau

Storfa offer

Canolfan beiriannu CNC

Golchfa

Tywyswyr gwifren

Carwsél paledau

Cerbyd dan arweiniad awtomatig (AGVS)

Ffigur 19.5 *Cell gynhyrchu cydosod a weldio drwy gyfrwng robot. Mae cydrannau'n dod i mewn ac yn mynd allan ar gludydd.*

SYSTEMAU GWEITHGYNHYRCHU HYBLYG (FMS)

Cyflwynwyd FMS a chellgynhyrchu ym Mhennod 18. Drwy CIM mae'n bosibl cysylltu celloedd cynhyrchu o fewn trefniad gweithgynhyrchu hyblyg. Gall system weithgynhyrchu hyblyg gynnwys grŵp o gelloedd neu weithfannau, fel arfer peiriannau Rheolaeth Rifol Cyfrifiadur (CNC) wedi'u cysylltu gyda'i gilydd gan system trin defnyddiau awtomataidd, a'r cyfan yn cael ei reoli gan system gyfrifiadur gyfannol.

O fewn y math yma o system weithgynhyrchu hyblyg bydd tîm o weithredwyr technegol yn cydosod y peiriannau a'r offer, ac yn cynnal y cyfarpar ac yn atgyweirio yn ôl yr angen. Maen nhw'n gyfrifol am fonitro'r broses a'r systemau cyfrifiadurol, a chymryd gofal am reoli ansawdd.

CERBYDAU DAN ARWEINIAD AWTOMATIG (AGVS)

O fewn llawer o sefydliadau gweithgynhyrchu, rhaid cael ffordd fwy hyblyg o drawsgludo defnyddiau, cydrannau ac offer rhwng canolfannau gweithgynhyrchu a chelloedd FMS na chludyddion a chraeniau uwchben. Gellir rhaglennu AGVau i deithio ar hyd llwybrau parod i leoliadau penodol. Fel arfer cânt eu harwain gan wifrau anwythol sy'n rhedeg ar neu o dan lawr y ffatri ac felly maen nhw'n rhydd i fynd ble bynnag mae'r gwifrau. Gellir rhaglennu llwybrau drwy ddefnyddio microbrosesydd ar-fwrdd sy'n gallu ymateb i synwyryddion sydd wedi'u hymgorffori yn y cerbyd. Mae hyn yn ei alluogi i fwydo gwybodaeth ynglŷn â lleoliad a llwytho yn ôl i'r brif system.

ROBOTIAID

Mae trin defnyddiau a darnau yn rhan bwysig o bob proses weithgynhyrchu ac yn bwysicach fyth o fewn system fel FMS, sy'n cynrychioli buddsoddiad mawr o arian ac sydd, o bosibl, yn defnyddio system JIT. Rhaid trawsgludo cydrannau a darnau at a rhwng prosesau ac ar, ac oddi ar, beiriannau.

Mae gan robotiaid lawer o fanteision o fewn y diwydiant gweithgynhyrchu:

- Maen nhw'n hybu'r defnydd o beiriannau.
- Maen nhw'n golygu does dim rhaid i bobl wneud tasgau diflas, ailadroddus.
- Maen nhw'n gallu perfformio dan amgylchiadau peryglus ac anffafriol.
- Maen nhw'n fwy cywir ac yn gryfach na bodau dynol, ac yn gallu ymestyn ymhellach.
- Mae technoleg gyfrifiadurol fodern yn golygu y gellir ailraglennu robotiaid yn gyflym, gan olygu eu bod nhw'n hyblyg, yn addasadwy ac yn abl i berfformio llawer o dasgau amrywiol.

Prif nodwedd y rhan fwyaf o robotiaid diwydiannol yw'r fraich fecanyddol a gynlluniwyd i ddynwared symudiadau dynion. Fodd bynnag, mae rhai robotiaid wedi'u cynllunio'n symlach o lawer ar gyfer gweithrediadau 'dewis a gosod'. Caiff y rhain eu defnyddio'n aml ar gyfer y gwaith o osod cydrannau mewn byrddau cylched electronig.

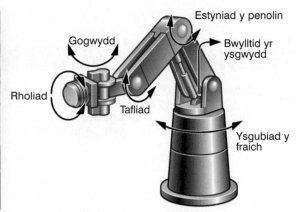

Ffigur 19.6 *Weldio MIG drwy gyfrwng robot.*

Ffigur 19.7 *Anatomi robot.*

Mae robotiaid diwydiannol yn cynnwys pedair system sylfaenol:

- Yr adeiladwaith mecanyddol fel braich gymalog neu ffurfwedd symlach;

- Y system yriant a all fod yn drydanol (c.u. moduron serfo neu 'camwr'), yn niwmatig, yn hydrolig neu'n gyfuniad o'r cyfan;

- Yr offeru (effeithiwr pen) a fydd yn dibynnu ar y dasg y disgwylir i'r robot ei pherfformio. Y dull mwyaf cyffredin o drin defnyddiau yw drwy ddefnyddio crafanc fecanyddol lle mae un set neu fwy o fysedd mecanyddol, a luniwyd fel arfer i fatsio ffurf y gydran, yn gafael yn y gydran.

- Y rheolydd, sef gan amlaf system reoli dolen gaeedig sy'n cludo signalau adborth am safle'r cymalau a'r effeithwyr pen er mwyn sicrhau cywirdeb ac ailadrodd symudiadau di-dor. Gall rheolwyr robot datblygedig ryngweithio â pheiriannau eraill i osgoi gwrthdaro, i wneud penderfyniadau pan fydd pethau'n mynd o'u lle, cyflenwi data ac ymateb i fewnbynnau synhwyraidd fel golwg peiriant.

Rhaglennu robot

Mae tair ffordd o raglennu neu ddysgu robotiaid i berfformio dilyniant o symudiadau:

- Cerdded trwodd (gerfydd y trwyn) Mae gweithredydd yn symud braich y robot â llaw drwy'r dilyniant. Wedi gwneud hyn mae'r robot yn cadw'r data am ei safleoedd fel y gall ei ddefnyddio eto.

- Arweiniad trwodd Mae hyn yn debyg i gerdded drwy'r dilyniant ond defnyddir ffon reoli neu flwch rheoli i gychwyn y symudiadau.

- All-lein (cyswllt drwy gyfrifiadur pell). Un agwedd bwysig ar CIM yw'r gallu i raglennu'r robot o weithfannau cyfrifiadur pell, yn yr un ffordd ag y mae peiriannau CNC yn gallu derbyn cyfarwyddiadau. Gellir cynllunio ac efelychu symudiadau robot drwy ddefnyddio meddalwedd graffig bywluniedig wrth ddylunio, datblygu a chynllunio cynhyrchiad.

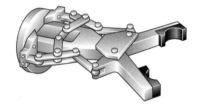

Ffigur 19.8 *Effeithiwr pen*

GEIRIAU ALLWEDDOL

Dyma'r geiriau allweddol. Rhowch dic os ydych chi'n meddwl eich bod chi'n eu deall. Fel arall, chwiliwch am eu hystyr.

CAD	cynhyrchedd	robotiaid
CADD	gweithgynhyrchu a gyfannir drwy gyfrifiadur	trin defnyddiau a darnau
CNC	canolfannau peiriannu	dewis a gosod
CAM	FMS	effeithiwr pen
CAD / CAM	cerbydau dan arweiniad awtomatig (AGV)	rhaglennu all-lein

159

Gwiriwch eich gwybodaeth

CWESTIYNAU

C1 Sut mae cyfannu cyfrifiadurol yn helpu system weithgynhyrchu i fod yn hyblyg?

C2 Edrychwch yn ôl ar Ffig. 19.4 'System FMS'. Beth yw swyddogaeth yr olchfa o fewn y system yma?

C3 a) Enwch ddwy ffordd o raglennu robot.

b) Rhowch fraslun o rai o fanteision ac anfanteision robotiaid o fewn y diwydiant gweithgynhyrchu.

COFIWCH! Cuddiwch yr atebion os ydych chi'n dymuno.

ATEBION

A1 Mae'r gweithgynhyrchu a rheoli ansawdd o fewn y system yn derbyn data gan y system gyfrifiadurol. Pan fo rhaid gwneud newidiadau a chael system hyblyg, mae'n hawdd, o fewn system gyfannol, i ddiweddaru pob agwedd ar unwaith.

A2 Mae'n bwysig cael golchfeydd o fewn systemau gweithgynhyrchu awtomataidd er mwyn sicrhau nad ydy cydrannau'n cario naddion a malurion wrth gael eu trawsgludo o un broses i'r nesaf, rhywbeth a fyddai'n effeithio ar y lleoli wrth gychwyn ar y gweithrediad nesaf.

A3 a) Gellir rhaglennu robot drwy ei arwain drwy'r symudiadau y bydd angen iddo'u hailadrodd neu drwy ei raglennu all-lein.

b) Mae robotiaid yn gallu gweithio dan amodau anffafriol, er enghraifft mewn mannau chwistrellu paent a chemegau lle mae pobl mewn perygl o gael anafiadau, ac maen nhw'n gwneud gwaith diflas, ailadroddus. Maen nhw hefyd yn gallu gweithio oriau hir heb orfod cael toriad.

Anfantais robotiaid yw eu bod yn cymryd gwaith oddi ar bobl, hyd yn oed os yw'r gwaith yn ddiflas.

TIWTORIALAU

T1 Y pwynt allweddol ynglŷn â chyfannu cyfrifiadurol yw cyfathrebu: yr hyn sydd ar goll yn yr ateb yma yw cydnabyddiaeth bod cyfannu'n cyfrannu tuag at yr hyblygrwydd sy'n ofynnol gan y system weithgynhyrchu gyfan. Ni ellir cael hyblygrwydd mewn un neu ddau o feysydd yn unig. Mae cyfannu'n golygu bod pob rhan gyfrannol yn derbyn yr wybodaeth ddiweddaraf: cyflenwyr defnyddiau a chydrannau, cynllunio, trin defnyddiau a darnau, gweinyddu ac anfon y cynnyrch, yn ogystal â'r gweithgynhyrchu a rheoli ansawdd.

T2 Nid yw cwestiwn fel hwn yn disgwyl i chi gofio gwybodaeth; mae'n disgwyl i chi ddefnyddio'ch rhesymeg a'ch de40alltwriaeth o brosesau gweithgynhyrchu. Mae'n gofyn i chi 'Pam ydych chi'n meddwl bod angen golchfa?' yn hytrach na 'Ydych chi'n gwybod pam fod angen golchfa?'

T3 a) Dyma ateb da a chryno. 'Arwain trwodd ...' yw'r math o raglennu a ddefnyddir ar gyfer chwistrellu paent lle mae symudiadau person yn rhai cymhleth iawn. Mae rhaglennu all-lein hefyd yn gysyniad pwysig.

b) Mae hwn yn ateb diddorol. Mae'r manteision yn amlwg a chânt eu nodi, ynghyd â rhai eraill, yn y bennod. Ni ddylid annog ymateb sy'n nodi'r anfanteision yn ymwneud â cholli gwaith. Mae'n rhaid i gwmni fod yn gystadleuol ac yn effeithlon er mwyn iddo lwyddo. Os yw cwmni'n methu cynhyrchu oherwydd costau uchel cyflogi, yna ni fydd yn gallu gweithredu o gwbl ac fe gollir yr holl swyddi.

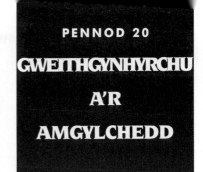

GWRTHDARO BUDDIANNAU

O fewn dylunio a thechnoleg mae'n bwysig meithrin gwerthoedd cyfrifol wrth ystyried datblygiadau technolegol. Weithiau mae'n hawdd iawn cael eich hudo gan yr elfen gyffrous a cholli golwg ar y canlyniadau. Yn aml, bydd gwrthdaro buddiannau'n digwydd pan nad ystyrir canlyniadau pellgyrhaeddol datblygiadau technolegol neu pan ystyrir bod anghenion yr unigolyn yn bwysicach nag anghenion cymdeithas. Mewn cymdeithas rydd, nid ydym yn rhyfeddu bod unigolion yn berchen ar geir ac yn eu defnyddio; mae problem sylweddol yn codi, fodd bynnag, os bydd ar weddill y byd eisiau car hefyd.

Mae'r darlun traddodiadol o ddiwydiant yn cynnwys simneiau budr sy'n chwydu mwg sylffyraidd. Yn ôl y Ddeddf Rheoli Llygredd, Deddf Amddiffyn yr Amgylchedd a Deddf yr Amgylchedd mae'n rhaid i ddiwydiant gadw at ofynion cyfreithiol er mwyn sicrhau bod yr amgylchedd yn cael ei amddiffyn. Mae pris ar ddeddfwriaeth o'r fath, fodd bynnag, ac mae'n arwain at gostau gweithgynhyrchu uwch a drosglwyddir drwy'r diwydiant i'r cwsmer yn y pen draw.

Ffigur 20.1 *Mae effaith y diwydiant gweithgynhyrchu ar yr amgylchedd yn achos pryder.*

Mae gweithgynhyrchu'n parhau i gyfrannu at:

- brinhau adnoddau anadnewyddadwy'r byd;
- yr 'effaith tŷ gwydr';
- y gwastraff sydd wedi'i greu gan nifer fawr o weithgareddau diwydiannol;
- newidiadau mewn cymdeithas a phatrymau byw cymdeithasol.

Mae gan ddefnyddwyr gyfrifoldeb sylweddol. Mae tueddiad ar hyn o bryd i:

- brynu cynhyrchion rhad yn hytrach na chynhyrchion sy'n para;
- gynhyrchu gwastraff o ganlyniad i ystyriaethau sy'n ymwneud â ffasiwn;
- fynnu gormodedd o ddefnydd pacio;
- beidio ag ailgylchu;
- annog y byd gweithgynhyrchu i ymateb i'w gofynion;
- wastraffu egni drwy orgynhesu a goroleuo adeiladau aneffeithlon sy'n cael eu defnyddio rhy ychydig;
- wastraffu egni ar systemau cludo aneffeithlon.

Ffigur 20.2 *O bosibl bydd sgiliau traddodiadol megis sgiliau gofaint, yn diflannu am byth.*

Dyma rai ffigurau diddorol:

- Defnyddiwyd yr un faint o olew rhwng 1960-70 yn yr economïau datblygedig yn unig â chyfanswm yr olew a gynhyrchwyd cyn 1960.

- Ers 1940 defnyddiwyd mwy o lo na chyfanswm y glo a ddefnyddiwyd yn y naw can mlynedd blaenorol.

- Mae 25% cyfoethocaf o boblogaeth y byd yn defnyddio:
  - 80% o egni'r byd;
  - 85% o gynhyrchiad cemegol y byd;
  - 90% o gynhyrchiad modurol y byd.

Er y dylai technoleg gyfrifiadurol chwarae rhan bwysig mae hefyd yn gyfrifol am broblemau eraill sy'n effeithio'n uniongyrchol ar y cymunedau a fu'n gartref traddodiadol i ddiwydiannau gweithgynhyrchu. Rydym eisoes wedi gweld bod y galw cynyddol am gynhyrchiad uwch o fewn y diwydiant gweithgynhyrchu wedi arwain at dwf systemau cynhyrchu cyfrifiadurol, awtomataidd, a'r ffordd mae'r cynnydd mewn cynhyrchiad yn cael ei gydbwyso gan leihad mewn adnoddau dynol. Gall hyn gael effaith sylweddol ar unigolion a chymunedau lleol. Wrth i rai ennill gwaith mae eraill wedi dioddef diweithdra eang, hir dymor. Mae hyn yn creu newid mewn patrymau cymdeithasol ac amgylchiadau byw, wrth i gyfoeth o sgiliau gweithgynhyrchu traddodiadol sy'n anghymarus â thechnoleg gyfrifiadurol ddiflannu o'r byd diwydiannol.

GWASTRAFF

Yn y cyfnod ers 1945 bu cynnydd mawr mewn cynhyrchu cynhyrchion traul, a chynnydd, felly, mewn gwastraff. Am nifer o flynyddoedd ni cheisiwyd rheoli'r cynnydd hwn.

- Yn aml, credir bod cynhyrchion nad oes angen eu hamnewid yn gyson yn gwneud drwg i fusnes.

- Mae cynnyrch sy'n para yn golygu bod llai o brynu, amnewid ac atgyweirio.

- Mae ffasiwn a marchnata yn annog y 'gymdeithas taflu i ffwrdd'.

Caiff llawer o'r gwastraff solet a grëir ei gladdu neu ei losgi.

Ffigur 20.3 *Elifyn diwydiannol.*

CLADDU SBWRIEL

Fel arfer, mae claddu sbwriel yn achosi nwyon claddu sbwriel sy'n ychwanegu at yr effaith tŷ gwydr unwaith y byddant wedi mynd i mewn i'r atmosffer. Gall gwastraff hylifol hefyd gael ei gludo i gladdfeydd sbwriel a rhaid cymryd gofal mawr i sicrhau nad yw sylweddau o'r fath yn trwytholchi i'r tir o amgylch a'r ffynonellau dŵr. Gellir cael gwared ar fathau eraill o wastraff hylifol mewn afonydd, hyd at lefelau penodol, er ei bod yn anodd gwirio'r lefelau mewn gwirionedd. Mae bron pob diwydiant gweithgynhyrchu yn defnyddio ac yn gorfod cael gwared ar gemegau ar ryw bwynt yn y broses gynhyrchu.

LLOSGI

Mae llosgi'n gallu creu lludw gweddill a chynhyrchu nwyon hylosgiad a all gynnwys deuocsinau gwenwynig. Cynhyrchir ffwranau drwy losgi cyfansoddion sy'n cynnwys clorin, fel plastigion a phapur can. Mae asiantaethau'r llywodraeth yn monitro'r rheolaeth ar allyriannau o'r fath a rhaid i weithfeydd gyrraedd y safonau uchaf ar gyfer hidlo'r fath lygryddion. Mae technoleg newydd wedi

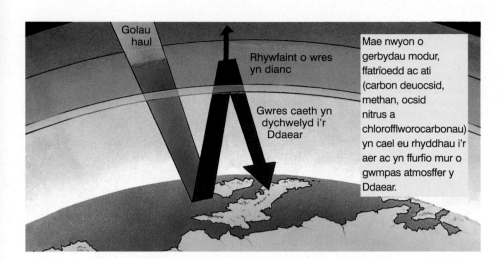

Ffigur 20.4 *Yr effaith tŷ gwydr.*

Labels in figure:
- Golau haul
- Rhywfaint o wres yn dianc
- Gwres caeth yn dychwelyd i'r Ddaear
- Mae nwyon o gerbydau modur, ffatrïoedd ac ati (carbon deuocsid, methan, ocsid nitrus a chlorofflworocarbonau) yn cael eu rhyddhau i'r aer ac yn ffurfio mur o gwmpas atmosffer y Ddaear.

arwain at adennill egni gwres a thrydan o weithfeydd llosgi ond mae Prydain yn parhau i lusgo'i thraed y tu ôl i'n prif gystadleuwyr diwydiannol o ran faint o egni a gaiff ei adennill o wastraff.

Mewn ymdrech i leihau effaith gwastraff diwydiannol, mae gwaith yn cael ei wneud i geisio darganfod ffyrdd o droi gwastraff un broses yn ddefnydd crai ar gyfer proses arall.

DADANSODDI CYLCHRED OES (LCA)

Nod dadansoddi cylchred oes yw ceisio lleihau maint y gwastraff a geir gan weithgynhyrchion a'r prosesau a ddefnyddir i'w gwneud. Mae LCA'n ymwneud â mesur hyd oes cynnyrch yn fanwl, o echdynnu'r defnyddiau crai, drwy'r gweithgynhyrchu, y defnyddio, y posibilrwydd o ailgylchu, a'r gwaredu terfynol. Gall gwneuthurwyr fesur faint o egni a defnyddiau crai a ddefnyddir, a faint o wastraff solet, hylifol a nwyol a gynhyrchir yn ystod pob cam o gylchred oes cynnyrch. Mae'r data a geir o hyn yn dangos i'r gwneuthurwr beth fydd effaith y cynnyrch ar yr amgylchedd. Yna gall gwybodaeth o'r fath gael ei defnyddio i ddatblygu cynhyrchion sy'n fwy cyfeillgar i'r amgylchedd ac yn defnyddio llai o adnoddau ac egni. Mewn byd sy'n talu sylw i'r amgylchedd, mae gwneuthurwyr yn dechrau gweld bod gan gynhyrchion a gynhyrchwyd ar sail LCA fantais yn y farchnad.

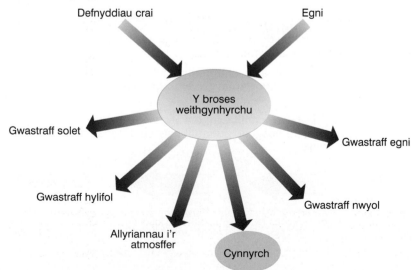

Labels in figure:
- Defnyddiau crai
- Egni
- Y broses weithgynhyrchu
- Gwastraff solet
- Gwastraff egni
- Gwastraff hylifol
- Gwastraff nwyol
- Allyriannau i'r atmosffer
- Cynnyrch

Ffigur 20.5 *Dadansoddi cylchred oes.*

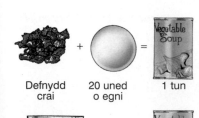

Defnydd crai | 20 uned o egni | 1 tun

Defnydd wedi'i ailgylchu | 1 uned o egni | 1 tun

Ffigur 20.6 *Ailgylchu.*

AILGYLCHU

Mae ailgylchu defnyddiau gwastraff ac egni gwastraff bob cyfle a geir yn hanfodol i sicrhau ffyniant tymor hir holl drigolion y Ddaear. Gall ailgylchu fod yn effeithlon iawn os yw'r gwastraff ar gael yn barod. Fel rheol, casglu, cludo a dethol gwastraff ailgylchadwy yw'r hyn sy'n ei gwneud yn broses ddrud ac anymarferol.

Edrychwch ar Ffig. 20.6. O ran defnyddio egni, mae'n 20 gwaith mwy effeithiol i ailgylchu alwminiwm nag i'w gynhyrchu o fwyn bocsit crai.

Mae ailgylchu gwastraff yn:

- arbed adnoddau anadnewyddadwy a'u safleoedd;
- leihau'r defnydd o egni ac allyriannau nwyon tŷ gwydr;
- reoli'r llygredd sy'n dod o brosesau gweithgynhyrchu, trin a gwaredu;
- leihau'r ddibyniaeth ar ddefnyddiau crai.

Fwy a mwy mae diwydiannau o fewn y cenhedloedd diwydiannol datblygedig yn dangos agwedd gyfrifol tuag at ailgylchu gwastraff. Mae llawer o gynhyrchion, yn enwedig y rhai a wneir o fwydion pren, fel papur a cherdyn, yn cael eu hybu ar sail y ffaith eu bod wedi'u gwneud o ddefnyddiau crai sydd wedi'u hailgylchu. Mae ailgylchu yn dda i fusnes. Mae'r term 'ailgylchadwy' fodd bynnag yn cael ei roi ar lawer o gynhyrchion, ond gall hyn fod yn ffordd o drosglwyddo'r cyfrifoldeb i rywun arall.

Mae llywodraethau hefyd yn helpu wrth gynnig cymhellion drwy gyfrwng trethi a deddfwriaeth er mwyn annog ailgylchu. Nid yw diwydiant mewn gwledydd tlotach, er hynny, yn debygol o allu edrych y tu hwnt i'r enillion sy'n eu galluogi i gystadlu â'u cymdogion cyfoethocach. I wneud pethau'n waeth, mae nifer o wledydd o fewn y byd sy'n datblygu yn gallu cael gafael ar fineralau, coed a thanwyddau ffosil a'u defnyddio er mwyn ymateb i'r galw cynyddol am nwyddau traul wedi'u gweithgynhyrchu.

Ffigur 20.7 *Gellir ailgylchu darnau gwyrdd y car yma. Mae'r darnau glas eisoes wedi'u gwneud o ddefnyddiau ailgylchedig.*

Targedau ar gyfer ailgylchu:

- **Lleihau ac atal gwastraff** Mae'n well delio â hyn o fewn prosesau cynhyrchu drwy weithgynhyrchu, o ble yr amcangyfrifir y daw 90% o lygredd. Y neges yw 'Peidiwch â chreu'r gwastraff yn y lle cyntaf'.

- **Ailgylchu cyn cyrraedd y defnyddiwr ac ailddefnyddio gwastraff o'r cynhyrchu** Mae'n rhwyddach ac yn fwy economaidd i ddiwydiant ailgylchu nag i ailgylchu defnyddiau sydd wedi bod yn nwylo'r defnyddiwr.

- **Ailddefnyddio'r cynnyrch** Mae adennill a / neu atgyweirio yn golygu bod cynnyrch yn ddefnyddiol am fwy o amser, e.e. cynwysyddion diod y gellir eu dychwelyd, ail-wneud gwadnau teiars car, ac ati.

- **Adferiad sylfaenol** Mae ailgylchu defnyddiau i greu defnyddiau crai newydd yn briodol ar gyfer papur, cerdyn, ffabrigau, metelau a sawl math o blastig.

- **Adferiad eilaidd** Mae adennill egni o wastraff yn cynnwys egni trydanol o weithfeydd llosgi ac adennill nwy claddfeydd sbwriel fel ffynhonnell danwydd.

LLEIHAU	AILDDEFNYDDIO	ADENNILL	GWAREDU
Lleihau'r cynhyrchu gwastraff yn y lle cyntaf	Defnyddio gwrthrychau fel poteli eto.	Ailgylchu, troi'n wrtaith neu losgi er mwyn adennill egni.	Y dewis lleiaf deniadol. Does dim manteision o gwbl.

Ffigur 20.8 *Strategaeth wastraff / ailgylchu.*

Gwiriwch eich gwybodaeth

CWESTIYNAU

C1 Eglurwch y termau canlynol:
i) adnoddau anadnewyddadwy;
ii) yr effaith tŷ gwydr;
iii) ailgylchu cyn cyrraedd y defnyddiwr.

C2 Eglurwch sut mae dadansoddi cylchred oes yn helpu i greu agwedd fwy cyfrifol tuag at faterion amgylcheddol.

C3 Beth gall llywodraethau ei wneud i leihau llygredd a gwastraff?

COFIWCH! Cuddiwch yr atebion os ydych chi'n dymuno.

ATEBION

A1
i) Adnoddau anadnewyddadwy yw'r rhai y gellir eu defnyddio dim ond unwaith, fel glo ac olew.
ii) Mae'r effaith tŷ gwydr yn ymwneud â nwyon yn casglu o gwmpas atmosffer y Ddaear, gan arwain at gynhesu byd-eang.
iii) ystyr ailgylchu cyn cyrraedd y defnyddiwr yw ailgylchu gwastraff cyn iddo adael y gwneuthurwr.

A2 Mae dadansoddi cylchred oes yn ymwneud â'r egni a'r defnyddiau crai sy'n ffurfio'r cynnyrch a sut y gellir defnyddio'r wybodaeth yma i helpu i ddylunio mwy o gynhyrchion sy'n gyfeillgar i'r amgylchedd.

A3 Mae llywodraethau'n gallu pasio deddfwriaeth fel Deddf yr Amgylchedd ac yna'n gallu dirwyo gwneuthurwyr sy'n achosi llygredd a gwastraff.

TIWTORIALAU

T1 *Mae'r rhain yn atebion da. Gellid ystyried y pwyntiau canlynol yn ogystal:*
i) *Mae adnoddau anadnewyddadwy eraill yn cynnwys mwynau metel.*
ii) *Fe'i gelwir yn effaith tŷ gwydr am ei fod yn gadael golau haul i mewn ac yna'n dal y gwres yn union fel tŷ gwydr.*
iii) *Mae ailgylchu cyn cyrraedd y defnyddiwr yn rhatach o lawer na chasglu gwastraff ar ôl gwerthu'r cynnyrch. Mae'n llai tebygol y bydd angen ei gludo neu ei sortio.*

T2 *Dim ond rhan o'r ateb yw hyn. Mae LCA hefyd yn ymwneud â gwastraff a gynhyrchir a'r potensial i ailgylchu'r gwastraff a'r cynnyrch. Mae'n golygu dod i ddeall y cynnyrch yn llawn er mwyn darparu gwybodaeth ar gyfer dyluniadau yn y dyfodol.*

T3 *Unwaith eto, dim ond rhan o'r ateb yw hyn. Mae llywodraethau'n gallu cynnig cymhellion treth a grantiau i helpu gwneuthurwyr i greu llai o lygredd. Gallant hefyd osod esiamplau eu hunain mewn meysydd fel gweinyddu a'r lluoedd arfog.*

GEIRIAU ALLWEDDOL

Dyma'r geiriau allweddol. Rhowch dic os ydych chi'n meddwl eich bod chi'n eu deall.
Fel arall, chwiliwch am eu hystyr.

gwrthdaro	dadansoddi cychred oes (LCA)	adennill
cyfrifoldeb	ailgylchu	claddfa sbwriel
effaith tŷ gwydr	lleihau	llosgi
gwastraff	ailddefnyddio	

RHESTR GYFEIRIO ARHOLIAD AR GYFER YR ADRAN HON

Ar ôl astudio gweithgynhyrchu diwydiannol dylech ddeall y raddfa a'r gwahaniaethau rhwng gweithgynhyrchu diwydiannol ac ymarferion yn yr ysgol mewn perthynas â:

- dylunio a marchnata o fewn diwydiant;
- graddfa ymarfer diwydiannol;
- trefniadaeth gweithgynhyrchu;
- systemau gweithgynhyrchu;
- sicrwydd a rheoli ansawdd;
- defnyddio systemau sy'n seiliedig ar gyfrifiaduron ar gyfer trefnu a gweithgynhyrchu.

Dylech fod yn ymwybodol o'r materion a'r pryderon amgylcheddol sy'n ymwneud â gweithgynhyrchu diwydiannol a'r amgylchedd.

YMARFER AR GYFER ARHOLIAD

Atebion Myfyriwr Sampl a Sylwadau'r Arholwr

SYLWADAU'R ARHOLWR

(a) *Dyma amrediad da o ymatebion rhesymegol iawn. Er hynny, dylai'r myfyriwr fod wedi cyfeirio at swp-gynhyrchu ar gyfer cadair A a masgynhyrchu ar gyfer cadair B. Mae'r rhesymau yn yr ateb a roddwyd ond ni ddefnyddir y derminoleg.*

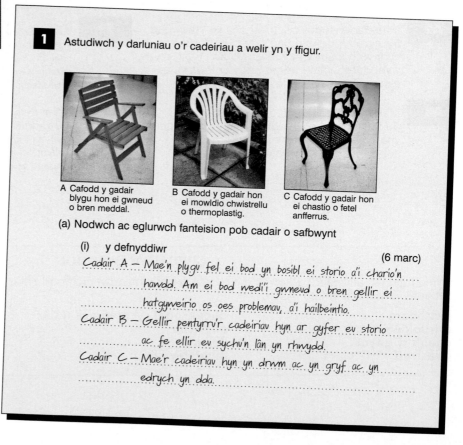

1 Astudiwch y darluniau o'r cadeiriau a welir yn y ffigur.

A Cafodd y gadair blygu hon ei gwneud o bren meddal.

B Cafodd y gadair hon ei mowldio chwistrellu o thermoplastig.

C Cafodd y gadair hon ei chastio o fetel anfferrus.

(a) Nodwch ac eglurwch fanteision pob cadair o safbwynt

(i) y defnyddiwr

(6 marc)

Cadair A — Mae'n plygu fel ei bod yn bosibl ei storio a'i chario'n hawdd. Am ei bod wedi'i gwneud o bren gellir ei hatgyweirio os oes problemau, a'i hailbeintio.

Cadair B — Gellir pentyrru'r cadeiriau hyn ar gyfer eu storio ac fe ellir eu sychu'n lân yn rhwydd.

Cadair C — Mae'r cadeiriau hyn yn drwm ac yn gryf ac yn edrych yn dda.

(ii)   Y gwneuthurwr   (6 marc)

Cadair A — Gellir ei gwneud ag offer confensiynol iawn ac
          mae digon o bren meddal ar gael.

Cadair B — Gwneir y cadeiriau yma drwy fowldio chwistrellu,
          felly maen nhw'n ddrud i'w gosod ar gyfer
          gweithgynhyrchu ond wedyn yn rhad iawn i'w gwneud.

Cadair C — Mae'r cadeiriau hyn yn ddrutach ond mae eu cynllun
          yn ffansi ac maen nhw'n gallu cyd-fynd â dewis o
          ddodrefn, fel byrddau.

Yn yr hysbysebion dywedir bod cadair A wedi'i gwneud o adnodd adnewyddadwy a bod cadair C wedi'i gwneud o ddefnydd a ailgylchwyd.

(b)   Gan gyfeirio at y cadeiriau eglurwch y gwahaniaeth rhwng adnodd adnewyddadwy a defnydd a ailgylchwyd.   (4 marc)

Mae adnodd adnewyddadwy fel yr un a ddefnyddiwyd ar gyfer
cadair A yn ddefnydd megis pren meddal y gellir ei dyfu eto wrth
i goed gael eu torri i lawr. Bydd y gadair yn C wedi cael ei
gwneud o fetel sydd wedi'i adennill o sgrap — dyma enghraifft o
ailgylchu.

Mae rhai cynhyrchion yn defnyddio symbol i ddangos eu bod wedi cael eu gwneud o ddefnyddiau a ailgylchwyd.

(c)   Yn y gofod isod gwnewch fraslun o'r symbol a ddefnyddir.   (2 farc)

AQA, NEAB, 1998

(b)   Mae'r atebion hyn yn dda ac i'r pwrpas. Er hynny, camddefnyddir y term 'sgrap' ar y cyfan. Nid yw defnydd yn sgrap os yw'n gallu cael ei ailgylchu. Ni soniodd y myfyriwr am y metel a ddefnyddir ar gyfer y gadair. Alwminiwm fydd hwn.

(c)   Mae'r cwestiwn yma'n dibynnu ar eich gwybodaeth gyffredinol am weithgynhyrchu ac ailgylchu. Mae'n symbol cyffredin iawn sy'n siŵr o fod yn gyfarwydd i chi.

SYLWADAU'R ARHOLWR

(a) *Mae hwn yn ateb da. Gellid bod wedi defnyddio'r geiriau arolygiad a phrofi mewn perthynas â rheoli ansawdd.*

(b) *Cywir*

(c) *Mae hwn yn ateb cywir ond mae'n gadael allan rai o'r pwyntiau allweddol. Defnyddir arolygu â medrydd i sicrhau bod meintiau o fewn goddefiant – mae hwn yn air pwysig. Gallai'r myfyriwr hefyd fod wedi ychwanegu bod yr arolygu â medrydd yn lleihau'r angen am fesur ac felly'n gyflymach, gyda llai o bosibilrwydd o gamgymeriadau.*

---

2 Mae rheoli ansawdd yn un o swyddogaethau sicrwydd ansawdd.

(a) Eglurwch y gwahaniaeth rhwng rheoli ansawdd a sicrwydd ansawdd.
(4 marc)

> Mae rheoli ansawdd yn rhan o sicrwydd ansawdd. Mae sicrwydd ansawdd yn ymwneud ag agwedd gyflawn cwmni tuag at ansawdd tra defnyddir rheoli ansawdd i wneud yn siŵr bod y gweithgynhyrchu'n ddigon da.

Er mwyn sicrhau rheoli ansawdd, mae'n rhaid arolygu cynhyrchion.

(b) Enwch un math o arolygu â medrydd
(2 farc)

> Medrydd plwg ar gyfer gwirio tyllau.

(c) Eglurwch beth a olygir wrth 'arolygu â medrydd'.
(4 marc)

> Ystyr arolygu â medrydd yw defnyddio medryddion fel medryddion plwg neu fedryddion bwlch i sicrhau bod nodweddion cydrannau'n gywir.

Cwestiwn i'w Ateb

Mae'r ateb i Gwestiwn 3 ym Mhennod 21.

3 Mae llawer o gwmnïau gweithgynhyrchu yn dechrau defnyddio ymarferion peirianneg gyfamserol. Trafodwch yr athroniaeth weithgynhyrchu fodern hon gan gyfeirio at:

(a) Amseroedd aros byrrach

(b) Sicrwydd ansawdd

MEG, 1998

ADRAN 2 DEFNYDDIAU A CHYDRANNAU

Ateb

2   Yn achos cynhyrchion cegin fel tegellau a sosbenni rhaid i ddylunwyr ystyried y ffactorau canlynol:

Yr amgylchedd
Gan fod pethau'n cael eu gollwng a'u tasgu mewn cegin, ni ddylai'r defnydd staenio'n hawdd.

Gwydnwch
Yn aml, caiff cynhyrchion cegin eu bwrw wrth gael eu rhoi mewn cypyrddau a'u tynnu allan nifer fawr o weithiau. Yn ogystal, byddant yn cael eu cynhesu a'u hoeri'n gyflym, felly mae'n rhaid i'r defnydd allu gwrthsefyll yr eithafion yma.

Ffasiwn
Mae'n rhaid i gynhyrchion cegin fod yn ffasiynol a llawn steil, ac ar gael mewn sawl lliw. Rhaid i'r defnydd edrych yn dda a chadw ei liw. Dylai fod ganddo ei liw ei hunan neu dylai fod yn bosibl ei orffennu â lliw.

Sylwadau'r Arholwr

Dyma amrediad da o atebion gan fod y cyfan yn ymwneud â defnyddiau sy'n addas ar gyfer y gegin ac anghenion cynhyrchion cegin. Yn aml, mae atebion myfyrwyr i'r math yma o gwestiwn yn crwydro o'r pwynt ac yn ymdrin â dylunio mewn ffordd gyffredinol, gan ganolbwyntio ar bethau fel maint, cost, diogelwch a materion eang iawn sy'n berthnasol i unrhyw gynnyrch. Os yw'r cwestiwn yn un penodol, gwnewch yn siŵr bod eich ateb yn benodol hefyd.

ADRAN 3 DYLUNIO

Ateb

2   a) i)

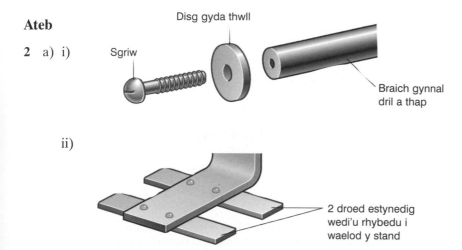

Sgriw · Disg gyda thwll · Braich gynnal dril a thap

ii)

2 droed estynedig wedi'u rhybedu i waelod y stand

Sylwadau'r Arholwr

Bydd gan gwestiynau dylunio o'r math yma nifer o atebion bob amser. Mae'r atebion hyn yn cwrdd â meini prawf y cwestiwn. Dylai datrysiadau rhan (i) sicrhau nad yw'r rholyn yn disgyn oddi ar y fraich a'i bod yn bosibl ei newid pan fydd yn wag, felly ni fyddai'n dderbyniol gwneud y fraich yn sownd. Yn rhan (ii) byddai marciau wedi cael eu colli pe na bai'r dull o sefydlogi'r 'traed' wedi cael ei ddangos yn glir.

Ateb

b) i)   Fel nad oes corneli miniog a allai grafu pobl neu ddodrefn.
   ii)   Fel bod y rholyn yn gallu rhedeg yn rhydd pan dynnir y wifren i ffwrdd.

Sylwadau'r Arholwr

Mae'r rhain yn atebion cywir. Gallai rhan (ii) hefyd gynnwys y gallu i amnewid y rholyn yn hawdd ac yn gyflym.

ADRAN 4   GWNEUD

Ateb

2   a)   i)

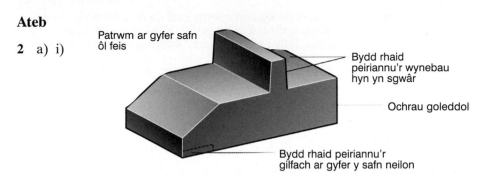

Patrwm ar gyfer safn ôl feis

Bydd rhaid peiriannu'r wynebau hyn yn sgwâr

Ochrau goleddol

Bydd rhaid peiriannu'r gilfach ar gyfer y safn neilon

Sylwadau'r Arholwr

Mae'r patrwm wyneb gwastad yma yn ddatrysiad da a fydd yn haws ei gastio na phatrwm sy'n cynnwys y gilfach ar gyfer y safn neilon, gan y byddai hynny'n golygu defnyddio patrwm hollt. Pan gewch gwestiwn am batrymau castio, gwnewch yn siŵr eich bod yn cynnwys y 'drafft' castio sy'n galluogi'r patrwm i gael ei dynnu o'r tywod. Nid yw'n hawdd dangos hyn ar fraslun ac felly mae'r ateb yma'n nodi 'ochrau goleddol'.

Yn ogystal, mae'r cwestiwn yn gofyn pa wynebau y mae'n rhaid eu gorffennu â pheiriant. Y cysyniad pwysig yma yw dim ond treulio amser ar yr wynebau hynny y mae'n rhaid iddynt fod yn wastad neu'n sgwâr. Yn yr achos hwn, mae'n golygu'r darn a fydd yn cael ei leoli ar ymyl mainc neu fwrdd, a'r gilfach ar gyfer y safn neilon. Gall gweddill y safn aros 'yn ôl y castio'. Byddai marciau'n cael eu colli am beiriannu'r safn yn fwy nag sydd angen.

Ateb

ii)   1. Dillad diogelu fel menig neu ffedog ledr
   2. Mwgwd sy'n cuddio'r wyneb
   3. Uned echdynnu mygdarthau
   4. Ardal glir gyda digon o le rhwng pobl

Sylwadau'r Arholwr

Mae pob un o'r rhain yn atebion da a fydd yn ennill y marciau sydd ar gael. Ni fyddai'n dderbyniol, fodd bynnag, rhestru dim ond pedair eitem o ddillad gwarchod.

Ateb

b) i)   Sgwâr peiriannydd
   Bloc V a chlamp
   Clamp-G

Dydy hwn ddim yn gwestiwn hawdd oni bai eich bod chi wedi profi hyn o fewn eich gwaith project eich hyn. Rhaid bod yn fanwl gywir wrth osod a chlampio er mwyn drilio twll drwy far. Defnyddir y sgwâr peiriannydd (nid sgwâr profi) i alinio safle'r twll. Mae angen y bloc V i leoli'r brif sgriw gron, tra bod y clamp bloc V yn ei dal yn y bloc. Wedyn mae angen clamp G neu ffurf arall ar glampio i ddal y cyfan i lawr ar y bwrdd peiriant drilio.

Ateb

ii)

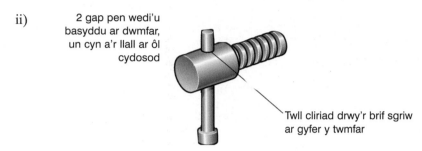

2 gap pen wedi'u basyddu ar dwmfar, un cyn a'r llall ar ôl cydosod

Twll cliriad drwy'r brif sgriw ar gyfer y twmfar

Sylwadau'r Arholwr

Dyma fraslun clir yn dangos sut y gellid cydosod y twmfar a'r brif sgriw a sicrhau symudiad rhydd. Ni sonnir, er hynny, am weithgynhyrchu'r ddau gap pen ar gyfer y twmfar. Byddai wedi bod yn ddigonol cynnwys y geiriau 'wedi'u turnio' (2 gap pen wedi'u turnio …)

ADRAN 5   SYSTEMAU A RHEOLI

Ateb

3   i)   Byddai belt neu gadwyn yn gwneud i'r llafnau droi i'r un cyfeiriad â'r rholer.
Gellid cael y gymhareb gywir drwy ddefnyddio belt ddanheddog sy'n cynnwys pum gwaith cymaint o ddannedd ar y pwli mawr ag sydd ar y pwli bach.
Gellir gosod y llafn sefydlog bellter uwchlaw'r llawr drwy sicrhau bod modd cymhwyso uchder y rholer blaen.

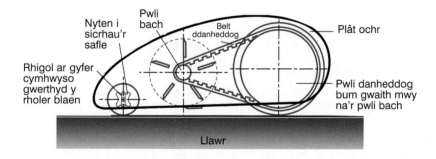

Nyten i sicrhau'r safle

Pwli bach

Belt ddanheddog

Plât ochr

Rhigol ar gyfer cymhwyso gwerthyd y rholer blaen

Pwli danheddog bum gwaith mwy na'r pwli bach

Llawr

Sylwadau'r Arholwr

Dyma ateb da. Gallai atebion eraill ddangos system yriant cadwyn neu hyd yn oed system gêr gyda gêr ryngol i gadw'r rholer a'r llafnau'n cylchdroi i'r un cyfeiriad.

Ateb

ii) Cymhareb buanedd $= \dfrac{\text{gyrrwr}}{\text{gyredig}} = \dfrac{35 \text{ dant}}{7 \text{ dant}} = 5:1$

Sylwadau'r Arholwr

Ffigurau'r ymgeisydd ei hun yw'r rhain ond maen nhw'n dangos cymhareb sy'n gweithio. Cyfrifir cymhareb belt ddanheddog yn yr un ffordd â chymhareb gêr.

Ateb

iii) Gyriant belt ddanheddog

Sylwadau'r Arholwr

Marc hawdd a ddefnyddir i ganolbwyntio sylw'r ymgeisydd ar y rhan nesaf o'r cwestiwn.

Ateb

iv) Gyriant cadwyn

Sylwadau'r Arholwr

Ie, byddai unrhyw ddewis arall sy'n gweithio yn dderbyniol yma.

Ateb

v) Gyriant belt ddanheddog.
Mae'r system hon yn well gan y byddai'n dawelach i'w defnyddio ac mae'n haws amnewid belt na chadwyn.

Sylwadau'r Arholwr

Mae hwn yn ateb da. Manteision eraill fyddai 'nid yw'n rhydu' neu 'rhatach i'w amnewid'.

ADRAN 6   GWEITHGYNHYRCHU DIWYDIANNOL

Ateb

3 a) Prif nod peirianneg gyfamserol yw lleihau amseroedd aros. Mae'n golygu y gall cynhyrchion fynd oddi wrth y dylunydd i'r cwsmer yn gyflymach. Gwneir hyn drwy orlapio'r gweithrediadau gwahanol, fel dylunio a modelu, ac annog gwell cyfathrebu rhwng adrannau.

    b) Mae'r cynnydd mewn cyfathrebu a ddaw gyda pheirianneg gyfamserol yn annog mwy o gyfrifoldeb ac mae hyn yn creu agweddau gwell tuag at bob agwedd ar ansawdd.

Sylwadau'r Arholwr

Mae hwn yn gwestiwn anodd a anelir at yr ymgeisydd A*. Dyma atebion da sy'n gadael allan dim ond mân bwyntiau'r seicoleg. Drwy wneud mwy i gynnwys pobl ym mhob cam o'r broses o weithgynhyrchu, o'r cysyniad i'r marchnata, byddwch yn creu teimlad o 'berchenogaeth' yn y cwmni a'r cynnyrch sy'n cael ei wneud, a dyma'r cam pwysicaf o ran sicrwydd ansawdd.

Mae'r bennod olaf hon yn cynnwys pum cwestiwn arholiad arall sydd wedi'u cymryd o bapurau'r blynyddoedd diwethaf. Mae arholiad nodweddiadol yn cynnwys pum cwestiwn.

Sylwch sut mae pob cwestiwn yn cael ei ymestyn i gynnwys sawl agwedd ar ddylunio a thechnoleg. Mae hyn yn nodweddiadol o'r mwyafrif o gwestiynau arholiad.

1 Mae Ffigur 22.1 yn dangos tegan plentyn.

Ffigur 22.1

(a) Nodwch dair nodwedd ddylunio y gellid eu hychwanegu neu eu gwella er mwyn gwneud y tegan yma'n fwy addas ar gyfer ei bwrpas. (3 marc)

1 _Gallech ei wneud yn degan i'w dynnu._

2 _Gallai gynnwys dirwynydd ar gyfer y bach ar y craen._

3 _Gallech ei wneud yn ddigon mawr i blentyn eistedd arno._

(b) Mae Ffigur 22.2 yn dangos cynllun sylfaenol tegan tractor pren.

Wrth i'r tractor gael ei dynnu neu ei wthio, mae'r gyrrwr yn symud i fyny ac i lawr.

(i) Ar Ffig. 22.2 darluniwch fecanwaith sy'n gwneud i'r gyrrwr symud i fyny ac i lawr. (3 marc)

GOLWG TRYCHIADOL O'R TRACTOR

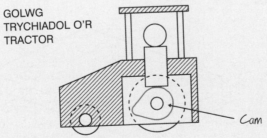

Cam

Ffigur 22.2

(ii) Enwch y mecanwaith a luniwyd gennych. (1 marc)

Mecanwaith cam a dilynwr.

(iii) Rhowch un rheswm dros fodelu'r mecanwaith (2 farc)

I roi cynnig arno a gwneud yn siŵr y bydd yn gweithio.

SYLWADAU'R
ARHOLWR

(c) (i) *Bydd y jig syml yma ar gyfer drilio yn gwneud ei gwaith yn effeithiol ond gellid ei gwella drwy ei chlampio i'w lle mewn rhyw ffordd. Nid yw'r braslun yn dangos sut mae'r ddau ddarn ochr yn cael eu dal ar y plât uchaf. Byddai nodyn ynglŷn â phresyddu neu weldio wedi bod yn briodol.*
(ii) *Rhaid cysylltu'r olwynion yn sownd â'r echel er mwyn gallu gyrru'r mecanwaith cam, a PVA yw'r math o lud y dylid ei ddefnyddio. Dylech gofio'r enw.*

(iv) Tynnwch lun mecanwaith a fydd yn gwneud i'r gyrrwr godi'n araf a disgyn yn gyflym wrth gael ei dynnu.
(1 marc)

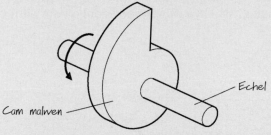

Echel

Cam malwen

(v) Enwch y mecanwaith a welir yn eich llun.
(1 marc)
Cam malwen yw hwn.

(vi) Eglurwch un anfantais o ddefnyddio'r math hwn o fecanwaith.
(2 farc)
Ni fydd yn gweithio os bydd y tractor yn cael ei wthio mysg y cefn.

(c) Mae ugain tractor i gael eu gweithgynhyrchu.

Cysylltir to a chorff y tractor â hoelbrennau. Dangosir eu safleoedd yn Ffigur 22.3.

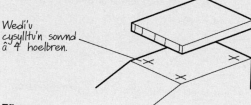

Wedi'u cysylltu'n sownd â 4 hoelbren.

Ffigur 22.3

(i) Cynlluniwch jig a fydd yn golygu y gellir drilio'r pedwar twll yn nho a chorff y tractor yn gyflym ac yn gywir.
(3 marc)

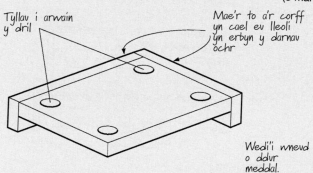

Tyllau i arwain y dril

Mae'r to a'r corff yn cael eu lleoli yn erbyn y darnau ochr

Wedi'i wneud o ddur meddal.

(ii) Disgrifiwch sut y gellid cysylltu olwynion y tegan pren â'r echel ôl.
(2 farc)
Gan eu bod nhw'n olwynion pren byddai'n bosibl eu cysylltu â'r echel bren gyda glud pren PVA.

MEG, Papur enghreifftiol

174

2 Mae Ffigur 22.4 yn dangos rhai o ddarnau bloc pwli.

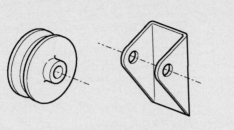

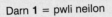
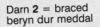

Darn **1** = pwli neilon

Darn **2** = braced
beryn dur meddal

Darn **3** = plât ôl
dur meddal

Ffigur 22.4

(a) Caiff y bloc pwli ei gydosod gan ychwanegu siafft dur meddal, sef darn Rhif 4, nad yw'n cael ei ddangos.

(i) Cwblhewch y rhestr ddarnau ganlynol ar gyfer y cydosodiad bloc pwli. (2 farc)

RHIF Y DARN	ENW	DEFNYDD	NIFER
1	pwli	neilon	1
2	braced beryn	dur meddal	1
3	plât ôl	dur meddal	1
4	siafft	dur meddal	1

(ii) Mae gan y pwli yn Ffig. 22.4 gnap canolog uchel ar bob ochr. Eglurwch y rheswm am y nodwedd ddylunio yma sydd mor gyffredin mewn pwlïau. (2 farc)

Dim ond rhan fechan ohono sy'n cyffwrdd ac felly mae llai o ffrithiant.

(b) *Mae'r atebion hyn yn gywir. Sylwch nad oes angen trychu nodweddion fel pwlïau a siafftiau pan fyddwch yn lluniadu golygon trychiadol.*

(a) *Gallai ffactorau eraill fod wedi cynnwys: cyrydiad, cost amnewid, fandaliaeth ac ymosodiadau gan ffwng.*

(b) *Mae llawer o atebion posibl yma eto, yn enwi gwahanol brennau, metelau a phlastigion. Os oes un o'r atebion yn dweud nad oes angen triniaeth, cofiwch egluro pam.*

(b) Mae Ffigur 22.5 yn dangos braslun anghyflawn o drychiad drwy'r bloc pwli sydd wedi'i gydosod.

Braced beryn   Plat ôl

Pwli

Siafft

Ffigur 22.5

(i) Cwblhewch y braslun drwy ychwanegu'r cydrannau eraill. (2 farc)

(ii) Nodwch ddau ddull o gysylltu'r braced beryn a'r plat ôl yn barhaol. (2 farc)

1 _Presyddu_

2 _Rhybedu_

(iii) Mae'n angenrheidiol bod y pwli'n gallu dod yn rhydd o'r cydosodiad bloc pwli.

Eglurwch beth yw mantais gallu tynnu cynhyrchion mecanyddol yn ddarnau. (2 farc)

Ar gyfer cynnal a chadw, fel y gallwch amnewid darnau sydd wedi treulio.

(iv) Mae'r pwli'n 'rhedeg yn rhydd' ar y siafft.

Rhowch ddau reswm pam ei fod yn well i'r pwli redeg yn rhydd ar y siafft nag i'r siafft redeg yn rhydd yn y braced beryn.

Rheswm 1 _Mae neilon yn rhedeg yn hawdd yn erbyn dur._ (2 farc)

Rheswm 2 _Byddai'r siafft ddur yn rhydu i'r beryn dur._ (2 farc)

MEG, 1998

3 Rhaid ystyried yn ofalus wrth ddethol defnyddiau ar gyfer cynhyrchion a ddefnyddir yn yr awyr agored.

(a) Gallai gwrthsefyll tywydd gwlyb fod yn un ffactor. Nodwch ddwy arall. (2 farc)

1 _Newidiadau mewn tymheredd_

2 _Golau uwchfioled_

(b) Enwch ddau ddefnydd, o blith y prennau, y metelau a'r plastigion a astudiwyd gennych, sy'n addas ar gyfer cynhyrchion awyr agored. Nodwch unrhyw driniaeth arbennig y byddant ei angen. Os nad oes angen triniaeth arbennig, dywedwch pam ddim. Rhowch reswm dros eich dewis o ddefnyddiau. (6 marc)

1 Enw'r defnydd a'r rheswm

Pren meddal, rhad ac yn hawdd ei weithio

Triniaeth arbennig (os oes angen)

Cadwolion neu beintio

2 Enw'r defnydd a'r rheswm

Alwminiwm, ysgafn a rhad

Triniaeth arbennig (os oes angen)

Does dim angen triniaeth, ddim yn gyrydol

Llawer o flynyddoedd yn ôl, roedd hambyrddau hadau yn cael eu gwneud o bren, fel y gwelir isod. Heddiw, cânt eu ffurfio â gwactod o blastigion.

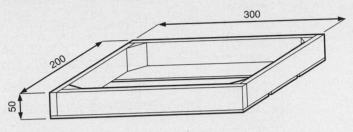

300

200

50

Ffigur 22.6

(c) Rhowch **ddau** reswm am y newid o bren i blastig. (2 farc)

1 *Mae plastig yn rhatach na phren.*

2 *Mae'n rhatach masgynhyrchu hambyrddau plastig.*

(ch) Enwch blastig sy'n addas ar gyfer gwneud hambyrddau wedi'u ffurfio â gwactod. (1 marc)

Polystyren

(d) (i) Gan ddefnyddio brasluniau a nodiadau, gwnewch ddyluniad addas ar gyfer hambwrdd hadau wedi'i ffurfio â gwactod, yn seiliedig ar ddimensiynau'r hambwrdd hadau pren. Dylech ystyried y fanyleb ganlynol:
   • rhaid i'r hambwrdd fod yn gryf pan gaiff ei ddal ar un ochr tra'n llawn o bridd neu wrtaith (4 marc)
   • rhaid i'r hambwrdd ddraenio dŵr pan fydd gormodedd ohono (1 marc)
   • rhaid darparu ar gyfer cludo llawer o hambyrddau gwag (2 farc)

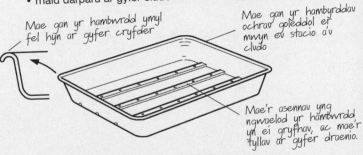

Mae gan yr hambwrdd ymyl fel hyn ar gyfer cryfder

Mae gan yr hambyrddau ochrau goleddol er mwyn eu stacio a'u cludo

Mae'r asennau yng ngwaelod yr hambwrdd yn ei gryfhau, ac mae'r tyllau ar gyfer draenio.

(ii) Tynnwch lun a labelwch olwg trawstoriadol o'r ffurfydd a ddefnyddir i gynhyrchu'r hambwrdd hadau. (4 marc)

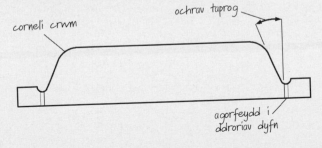

corneli crwm

ochrau taprog

agorfeydd i ddroriau dyfn

SYLWADAU'R ARHOLWR

(c) Unwaith eto mae llawer o resymau eraill: mae'n hawdd ei lanhau, gellir ei ailddefnyddio, mae'n gwrthsefyll pydredd, mae'n hawdd ei storio.

(ch) Ie, hefyd ABS, PVC ac acrylig.

(d) Mae cwestiynau fel hyn yn rhoi cyfle i chi ddangos eich gwybodaeth am y pwnc. Mae'r cwestiwn yma'n eich cyfeirio at yr ateb mewn sawl ffordd; mae hyn yn digwydd yn aml. Gwnewch yn siŵr eich bod yn cyfeirio at bob un ohonynt yn eich ateb a defnyddiwch yr un derminoleg.

(dd) Ffordd arall o gynhyrchu hambyrddau mwy yw drwy ddefnyddio mowldio chwistrellu.

(i) Mae Ffigur 22.7 yn dangos trychiad drwy beiriant mowldio plastigion.

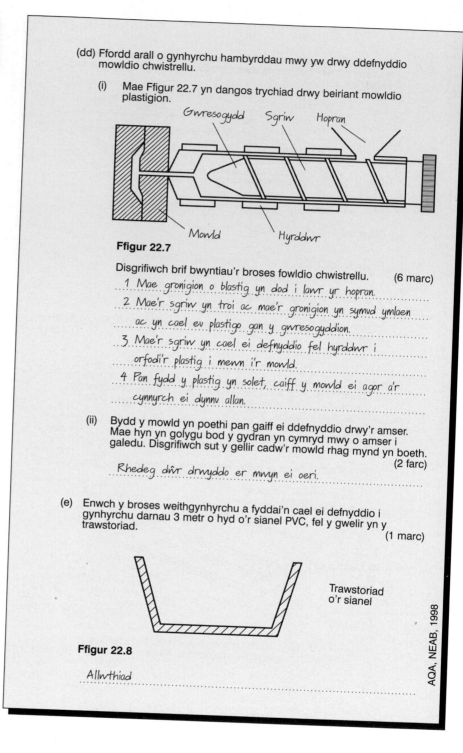

Ffigur 22.7

Disgrifiwch brif bwyntiau'r broses fowldio chwistrellu. (6 marc)

1 Mae gronigion o blastig yn dod i lawr yr hopran.

2 Mae'r sgriw yn troi ac mae'r gronigion yn symud ymlaen ac yn cael eu plastigo gan y gwresogyddion.

3 Mae'r sgriw yn cael ei defnyddio fel hyrddwr i orfodi'r plastig i mewn i'r mowld.

4 Pan fydd y plastig yn solet, caiff y mowld ei agor a'r cynnyrch ei dynnu allan.

(ii) Bydd y mowld yn poethi pan gaiff ei ddefnyddio drwy'r amser. Mae hyn yn golygu bod y gydran yn cymryd mwy o amser i galedu. Disgrifiwch sut y gellir cadw'r mowld rhag mynd yn boeth. (2 farc)

Rhedeg dŵr drwyddo er mwyn ei oeri.

(e) Enwch y broses weithgynhyrchu a fyddai'n cael ei defnyddio i gynhyrchu darnau 3 metr o hyd o'r sianel PVC, fel y gwelir yn y trawstoriad. (1 marc)

Trawstoriad o'r sianel

Ffigur 22.8

Allwthiad

AQA, NEAB, 1998

4 Mae Ffigur 22.9 yn dangos cynllun sylfaenol ar gyfer drych bychan cymwysadwy. Mae'r ochrolwg yn dangos manylion teilsen ddrych a'r defnydd cefnu.

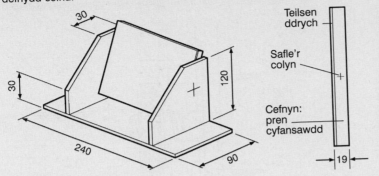

30

30

240

90

120

Teilsen ddrych

Safle'r colyn

Cefnyn: pren cyfansawdd

19

Ffigur 22.9

(a) Bydd y gwaelod a'r cilbyst yn cael eu gwneud o un darn o bren caled fel y gwelir yn Ffigur 22.10.

Cwblhewch Ffig. 22.10 i ddangos sut y dylid marcio'r gwaelod a'r cilbyst er mwyn osgoi gwastraffu pren caled. (3 marc)

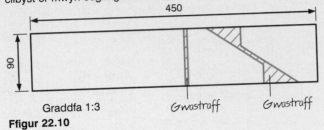

450

90

Graddfa 1:3   *Gwastraff*   *Gwastraff*

Ffigur 22.10

(b) Enwch adeiladwaith a fyddai'n addas ar gyfer cysylltu'r gwaelod â'r cilbyst. (1 marc)

Uniad rhigol draws

Mae Ffigur 22.11 yn dangos ochrolwg o'r drych cymwysadwy heb y cilbost ar yr ochr dde. Mae'r drych wedi'i golynnu rhwng y cilbyst a gellir ei ddal ar unrhyw ongl rhwng 0° a 45°.

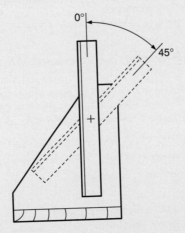

0°

45°

Ffigur 22.11

(c) Mae hwn yn ateb rhagorol hyd at ryw bwynt, ond nid yw'n ateb y cwestiwn cyfan. Bydd y ffitiad hwn yn galluogi drych i ogwyddo a chloi mewn unrhyw safle ond does dim byd yma i gyfyngu'r symudiad i rhwng 0° a 45°. Byddai'n bosibl defnyddio pegiau hoelbren syml ar gyfer hyn. Rhaid i chi wneud yn siŵr eich bod chi'n astudio'r cwestiwn yn fanwl ac nad ydych chi'n ateb yn rhy gyflym, gan adael darnau allan.

(a) Dyma'r rheswm mwyaf perthnasol ar gyfer defnyddio alwminiwm yma.

(b) Mae cwestiynau am ddiogelwch yn ymddangos yn aml mewn papurau arholiad. O ran rhif y dannedd: mae gan ddefnyddiau meddal bitsh bras a defnyddiau caled bitsh mân, ond dylech ddefnyddio pitsh mân bob amser gyda thiwbiau a thrychiadau tenau er mwyn sicrhau bod mwy o ddannedd yn cyffwrdd â'r defnydd.

(c) Ie, dylai fod angen dim mwy na thrawiad ysgafn ar gyfer gwthffit, ac ni ddylai ddisgyn allan.

(c) Yn y gofod isod, defnyddiwch frasluniau a nodiadau i ddangos dull addas o golynnu a chloi fel y gellir dal y drych ar unrhyw ongl (0-45°) rhwng y cilbyst. Enwch y defnyddiau ac unrhyw ffitiadau a ddefnyddir.
(8 marc)

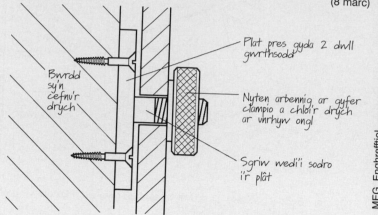

Plat pres gyda 2 dwll gwrthsodd

Bwrdd sy'n cefnu'r drych

Nyten arbennig ar gyfer clampio a chloi'r drych ar unrhyw ongl

Sgriw wedi'i sodro i'r plât

MEG, Enghreifftiol

5 Mae Ffigur 22.12 yn dangos cydosodiad troed ar gyfer system arddangos. Mae'r coesau wedi eu gwneud o alwminiwm tiwbaidd D/M 25 mm D/A 30 mm. Mae'r traed yn 'gwthffitio' i mewn i'r coesau ac mae'n bosibl newid eu huchder.

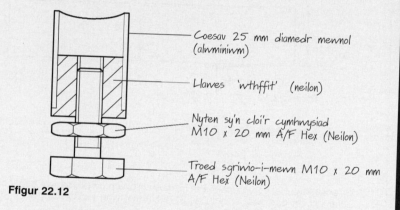

Coesau 25 mm diamedr mewnol (alwminiwm)

Llawes 'wthffit' (neilon)

Nyten sy'n cloi'r cymhwysiad M10 × 20 mm A/F Hex (Neilon)

Troed sgriwio-i-mewn M10 × 20 mm A/F Hex (Neilon)

Ffigur 22.12

(a) Rhowch un rheswm pam fod alwminiwm tiwbaidd yn ddefnydd da ar gyfer system arddangos.
(1 marc)

Mae alwminiwm tiwbaidd yn ysgafn

(b) Defnyddir haclif law i dorri'r tiwb alwminiwm i'r hyd iawn ar gyfer y coesau.

Rhestrwch dri phrawf y dylid eu rhoi ar lafn yr haclif i sicrhau y caiff ei ddefnyddio mewn ffordd ddiogel a chywir ar gyfer y dasg hon. (3 marc)

1 *Gwnewch yn siŵr does dim crac yn y llafn.*

2 *Gwnewch yn siŵr bod y tensiwn yn gywir.*

3 *Gwnewch yn siŵr bod y llafn gywir yn yr haclif, h.y. un â'r nifer cywir o ddannedd.*

(c) Eglurwch beth a olygir wrth 'gwthffit'
(1 marc)

Mae'n ffitio'n dynn wrth gael ei gydosod, heb orfod cael ei orfodi i mewn.

(ch) Mae Ffigur 22.13 yn dangos y cam cyntaf wrth wneud y droed 'sgriwio-i-mewn'. Yn y gofod isod disgrifiwch gam wrth gam sut y caiff turn canol ei ddefnyddio i wneud y droed 'sgriwio-i-mewn', hyd at y cam yma, ar ben rhoden Neilon hecsagonol A/F 20 mm, hyd stoc.

(8 marc)

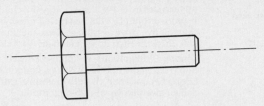

Ffigur 22.13

1 Brasnaddu

2 Gorffen turnio i'r maint cywir

3 Siamffro'r pen

4 Partio

5 Siamffro'r pen arall

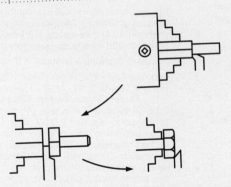

(d) Mae'r cwmni sy'n datblygu'r system arddangos wedi gweld marchnad bosibl a fydd angen 8000 o draed 'sgriwio-i-mewn' Neilon bob mis.

(i) Enwch broses a fyddai'n addas ar gyfer cynhyrchu'r nifer yma o draed.

(1 marc)

Mowldio chwistrellu

(ii) Rhowch **ddau** reswm pam y dylai'r cwmni ddefnyddio'r broses a enwyd gennych yn rhan (i) yn lle peiriannu pob troed o'r rhoden neilon Hecsagonol A/F 20 mm.

(2 farc)

1 Mae'r costau fesul uned yn isel iawn.

2 Bydd yr ansawdd yn ddigon da ar gyfer y gwaith y bydd rhaid iddynt ei wneud.

MEG, Enghreifftiol

SYLWADAU'R ARHOLWR

(ch) *Mae'r ateb yn gywir ond mae'r disgrifiad o'r camau braidd yn fyr: er enghraifft, does dim cyfeiriad at galiperau neu ficromedrau er mwyn gwirio maint y gydran. Os oes gennych chi'r wybodaeth yna rhowch hi yn eich ateb. Ni allwch fyth fod yn siŵr faint o fanylder mae'r arholwr yn chwilio amdano.*

(d) *(i) Ie.*
(ii) Mae'n amlwg y byddai costau buddsoddiad uchel wrth offeru ond wedyn byddai'r costau fesul uned yn isel iawn. Gall ansawdd cynhyrchion wedi'u mowldio chwistrellu fod yn dda iawn, yn dibynnu ar safon y mowld a chyflymder y broses.

Y fersiwn Saesneg:
Cyhoeddwyd yn Saesneg yn wreiddiol gan HarperCollins Publishers Cyf. o dan y teitl: GCSE Design and Technology Resistant Materials

© 2002 Colin Chapman
Cydnabyddir hawl foesol Colin Chapman fel awdur y gwaith hwn.

Y fersiwn Cymraeg:
© 2004 Awdurdod Cymwysterau, Cwricwlwm ac Asesu Cymru (ACCAC)

Cyhoeddwyd y fersiwn Cymraeg dan drwydded gan HarperCollinsPublishers Cyf. gan Gwasg APCC, APCC, Heol Cyncoed, Caerdydd CF23 6XD
cgrove@uwic.ac.uk   029 2041 6515

ISBN 1-902724-89-5

Cyfieithiad **Siân Owen**

Golygu **Gwenda Lloyd Wallace**

Trefniadau hawlfraint **Glyn Saunders Jones, @ebol**

Dylunio **the info group**

Argraffu **HSW Print**

Comisiynwyd gyda chymorth ariannol Awdurdod Cymwysterau, Cwricwlwm ac Asesu Cymru (ACCAC).

Cydnabyddiaethau

Dymuna'r awduron a'r cyhoeddwr ddiolch i'r canlynol am ganiatâd i atgynhyrchu deunydd hawlfraint yn y cyhoeddiad hwn:

British Standards Institution (t. 59, Fig 9.5). Mae detholiad o BS5940: Rhan 1: 1980 wedi'i atgynhyrchu trwy ganiatâd BSI: Trwydded Rhif PD/1998 1847. Gellir derbyn copïau cyflawn o'r safonau hyn drwy gysylltu â: Gwasanaethau Cwsmeriaid BSI, 389 Chiswick High Road, Llundain W4 4AL.

London Examinations, is-adran o Edexcel Foundation (t. 6 [Ffig 1.4], t.121-123). Nid yw London Examinations na'r Edexcel Foundation yn derbyn unrhyw gyfrifoldeb am gywirdeb y dulliau gweithio yn yr atebion a roddir.

Northern Examinations and Assessment Board (t.5 [Ffig 1.3], 83-84, 142 -143, 166-167, 176-178). Yr awdur sy'n gyfrifol am yr atebion/datrysiadau posibl a'r sylwadau ar yr hen gwestiynau o'r Bwrdd Arholi hwn. Fe all fod atebion/datrysiadau eraill i'r cwestiynau hyn.

Oxford Cambridge and RSA Examinations (t.3, [Ffig 1.2]. Atgynhyrchwyd trwy ganiatâd University of Cambridge Local Examinations Syndicate/Midland Examining Group (t.55, 85, 124, 168, 173-176, 179-181). Nid yw Cambridge Local Examinations Syndicate/Midland Examining Group yn derbyn unrhyw gyfrifoldeb am yr atebion enghreifftiol i'r cwestiynau a ddefnyddiwyd o'u hen bapurau arholiad sydd wedi'u cynnwys yn y cyhoeddiad hwn.

Southern Examining Group (t.2 [Ffig 1.1])

Rebecca Capper, Spalding Girls' High School (t. 20 1, Ffig.3.15); Hannah Loy, Lincoln Christ's Hospital School (t.16-17, Ffig. 3.7 – 3.11); Xerxes Sethna, William Farr High School (t. 18-19, Ffig. 3.12-3.14); Jason Gunn, Cyn Fyfyriwr Dylunio a Thechnoleg ym Mhrifysgol Greenwich (t.21-4, Ffig. 3.16-3.19). Mae'r tudalennau dylunio hyn wedi eu cymryd o set o ddeunyddiau arddangos a gynhyrchwyd gan Ganolfan Dylunio a Thechnoleg, Prifysgol Greenwich. Os hoffech dderbyn manylion pellach am y deunyddiau hyn a deunyddiau eraill yna ffoniwch 0181 331 8040 neu anfonwch ffacs 0181 331 8034 neu anfonwch neges e-bost at HYPERLINK mailto:j.w.golden@gre.ac.uk

Ffotograffau

Black & Decker (12.16); BMW (20.7); Boxford Ltd (13.17, 13.19, 19.3); British Steel (18.16); BT Archives (7.1,7.2); Colin Chapman (3.6); Draper Tools (12.8, 12.13, 12.14, 12.15, 13.9, 13.31); Dupont (18.3); EMA Model Supplies (10.9, 10.10); Mike Finney (1.1a, 2.1); Great Universal (18.1); Sally a Richard Greenhill (9.3, 6.9); Halfords (16.1); Hulton Getty (18.4); Julia Kendall (10.15); Liberty (3.3); AGCO Limited (18.5, 18.12, 18.13); Moore & Wright (3.24); Tom Morgan, Ysgol De Aston, Market Rasen (3.4, 3.5, 10.16); AQA/NEAB (20.9a, 20.9b, 20.9c); Nissan (18.10); Mel Peace (6.8, 3.103); Peugeot Partnership Centre (18.21); Fredk. Pollard & Co Ltd (19.2); Record Tools (7.5, 12.17, 13.2, 13.14, 13.15); RPC Containers (7.3, 18.6); John H. Rundle Ltd (14.25); Science Photo Library (4.2, 5.1, 5.2, 16.7, 17.21, 17.22, 18.7, 20.1, 20.2, 20.3); Sony (18.2); Stäubli Unimation (18.8, 19.5); Telegraph Colour Library (18.9); Tony Stone Images (9.4).

Arlunwaith

Karen Donelly, Mike Badrocke, Tim Cooke, Sam Denley, Gecko Ltd, Simon Girling Associates (Graham Bingham, Alex Pang, Stephen Sweet, Chris Etheridge, Mike Taylor), Dalton Jacobs, Graham-Cameron Illustration (Jeremy Bays, Tony Dover), David Lock, Linda Rogers Associates (Ann Baum), Malcolm Ryan, Ken Vail Graphic Design.